utb 6064

Eine Arbeitsgemeinschaft der Verlage

Brill | Schöningh – Fink · Paderborn
Brill | Vandenhoeck & Ruprecht · Göttingen – Böhlau · Wien · Köln
Verlag Barbara Budrich · Opladen · Toronto
facultas · Wien
Haupt Verlag · Bern
Verlag Julius Klinkhardt · Bad Heilbrunn
Mohr Siebeck · Tübingen
Narr Francke Attempto Verlag – expert verlag · Tübingen
Psychiatrie Verlag · Köln
Ernst Reinhardt Verlag · München
transcript Verlag · Bielefeld
Verlag Eugen Ulmer · Stuttgart
UVK Verlag · München
Waxmann · Münster · New York
wbv Publikation · Bielefeld
Wochenschau Verlag · Frankfurt am Main

Psychologie für Lehramtsstudierende

herausgegeben von Heike M. Buhl und
Katrin B. Klingsieck

Jessica Gnas · Elena Mack · Julia Matthes · Franzis Preckel

Intelligenz, Kreativität und Hochbegabung

verstehen – erkennen – fördern

BRILL | SCHÖNINGH

Die Autorinnen
Jessica Gnas, **Elena Mack** und **Julia Matthes** sind wissenschaftliche Mitarbeiterinnen im LemaS-Teilprojekt LUPE der Abteilung für Hochbegabtenforschung und -förderung an der Universität Trier.
Jessica Gnas beschäftigt sich in ihrer Forschung mit Hochbegabung, diagnostischen Kompetenzen von Lehrpersonen und mit dem sozio-emotionale Erleben von Schule bei Schülerinnen und Schülern.
Elena Macks Forschungsschwerpunkte sind Talententwicklung und pädagogisch-psychologische Diagnostik und hier insbesondere die diagnostischen Kompetenzen von Lehrpersonen und Eltern.
Julia Matthes erforscht Merkmale von Lernenden, die die schulische Leistungsentwicklung beeinflussen. Im Vordergrund steht dabei die kognitive Motivation (sog. Need for Cognition).
Franzis Preckel ist Professorin im Fach Psychologie an der Universität Trier und leitet dort die Abteilung für Hochbegabtenforschung und -förderung. Ihre Forschungsschwerpunkte sind psychologische Diagnostik, Intelligenz, Hochbegabung und Talententwicklung sowie Einflussfaktoren auf die Leistungsentwicklung.

Umschlagabbildung: https://stock.adobe.com/de/search/images?k=glühbirne+bunt&search_type=usertyped&asset_id=58319339

Online-Angebote oder elektronische Ausgaben sind erhältlich unter www.utb.de

Bibliografische Information Der Deutschen Nationalbibliothek

Die Deutsche Nationalbibliothek verzeichnet diese Publikation in der Deutschen Nationalbibliografie; detaillierte bibliografische Daten sind im Internet über https://www.dnb.de abrufbar.

Internet: www.schoeningh.de

Printed in Germany.
Herstellung: Brill Deutschland GmbH, Paderborn
Einbandgestaltung: siegel konzeption | gestaltung

UTB-Band-Nr: 6064
ISBN 978-3-8252-6064-4
eISBN 978-3-8385-6064-9

Inhaltsverzeichnis

Vorwort der Herausgeberinnen

Lehrkräfte haben eine Vielzahl von Aufgaben. Unter anderem unterstützen sie Schülerinnen und Schüler beim Lernen, sie motivieren sie zu mehr Anstrengung, sie berücksichtigen die besonderen Fähigkeiten, das Vorwissen und den Entwicklungsstand der Lernenden, sie diagnostizieren ihren Lernfortschritt, sie kooperieren mit anderen Lehrkräften sowie Eltern – kurz, Lehrkräfte arbeiten mit und für Menschen. Daher ist die Psychologie, die Lehre vom Erleben und Verhalten der Menschen, ein zentraler Bestandteil im bildungswissenschaftlichen Teil des Lehramtsstudiums. Viele Elemente aus der Psychologie fließen beispielsweise auch in die Erziehungswissenschaften, die Didaktik und die Sozialpädagogik ein. Die Reihe „Psychologie für Lehramtsstudierende" bringt diese psychologischen Grundlagen professionellen Lehrerwissens und – handelns in mehreren Bänden auf den Punkt. Alle Bände werden von Expert*innen mit einem breiten Erfahrungshintergrund in der psychologischen Forschung und Praxis geschrieben, beziehen sich konsequent auf die Anwendung des psychologischen Wissens im Berufsalltag von Lehrkräften und regen dazu an, das eigene Denken und Handeln zu reflektieren. Zielgruppe der Buchreihe sind dabei Lehramtsstudierende sowie Referendar*innen und Lehrer*innen.

Alle Bände stehen für sich und können unabhängig von den anderen Bänden gelesen werden. Es wird jeweils praxisnah ein Schwerpunkt gesetzt, der für Studium und Beruf relevant ist. Die Bände sind so konzipiert, dass sie sowohl für die Verwendung in Lehrveranstaltungen als auch für das Selbststudium und die Prüfungsvorbereitung sowie als Nachschlagewerk im Berufsalltag geeignet sind. Dabei wird kein psychologisches Wissen vorausgesetzt, alle zentralen Begriffe werden eingeführt und erläutert. Durch Fallbespiele und Reflexionsanlässe wird konsequent Praxisbezug hergestellt. Gleichzeitig wird durch die Erläuterungen von Theorien, Methoden, Befunden und ihrem Zusammenspiel in das psychologische Denken und Arbeiten eingeführt.

Im vorliegenden Band „Intelligenz, Kreativität und Hochbegabung – verstehen, erkennen und fördern" stellen die Autorinnen Jessica Gnas, Elena Mack, Julia Matthes und Franzis Preckel die Konstrukte der Intelligenz, Kreativität und Hochbegabung sowie deren Relevanz im Schulkontext vor. Im ersten Teil führen sie durch die Grundlagen, welche zum Verständnis des jeweiligen Konstrukts im Lernkontext notwendig sind, während sie sich im zweiten Teil auf die Frage fokussieren, welche Anzeichen für Intelligenz, Kreativität und Hochbegabung auffallen und wie die individuellen Ausprägungen von Schüler*innen festgestellt (diagnostiziert) werden können. Jedes Kapitel schließt mit der Vorstellung und Reflexion von konkreten Fördermöglichkeiten.

Vorwort der Autorinnen

Schülerinnen und Schüler unterscheiden sich in ihren Lernvoraussetzungen. Hierzu gehören auch Unterschiede in ihrer Intelligenz und Kreativität, die mit unterschiedlichen Lernmöglichkeiten und Lernbedürfnissen einhergehen. Intelligenz und Kreativität sind darüber hinaus wichtige Ressourcen, die zu (schulischem) Lernerfolg von Schülerinnen und Schülern beitragen, aber in ihrer Entwicklung in der Schule auch auf Anregung und Unterstützung angewiesen sind. Ihr Zusammenspiel wird im Themenfeld Hochbegabung deutlich, in dem sie gemeinsam mit weiteren Merkmalen die Leistungs- und Persönlichkeitsentwicklung von Schülerinnen und Schülern beeinflussen. In diesem Buch geht es insbesondere um intelligente, kreative und hochbegabte Schülerinnen und Schüler. Wir nehmen einen ressourcenorientierten Blick ein und schauen auf Möglichkeiten von Lehrpersonen, Intelligenz, Kreativität und Hochbegabung bei ihren Schülerinnen und Schülern zu erkennen und zu fördern. Denn die Schule, der Unterricht und jede einzelne Lehrperson können hier einen echten Unterschied machen und die Entwicklung der Schülerinnen und Schüler positiv beeinflussen. Dies erfordert Grundlagenwissen sowie diagnostische und didaktische Kompetenzen. Es geht darum, Intelligenz, Kreativität und Hochbegabung zu *verstehen* und bei den Schülerinnen und Schülern zu *erkennen* und zu *fördern*. Mit diesem Buch möchten wir Sie, als angehende oder berufstätige Lehrperson, dabei unterstützen. Der Dreiklang aus *verstehen, erkennen* und *fördern* findet sich in jedem der drei Themenfelder wieder und bildet somit den Gliederungsrahmen.

Wir haben viele Gespräche mit (angehenden) Lehrpersonen geführt und alle bestätigten uns, dass Intelligenz, Kreativität und Hochbegabung im Studium und Referendariat thematisch zu kurz kommen und eher eine Nebenrolle spielen. Daher ist es uns wichtig, diese Themenfelder in diesem Buch durch Fallbeispiele, Denkanstöße und Übungen sowie kurze Zusammenfassungen möglichst praxisnah zu vermitteln. Das Buch bietet immer wieder die Möglichkeit, das erworbene Wissen im Hinblick auf den eigenen Unterricht zu reflektieren. Weiterhin melden sich „Stimmen aus der Praxis" zu Wort, die von ihren persönlichen Erfahrungen aus dem Unterricht berichten. Insbesondere und ganz herzlich bedanken wir uns bei:

- *Annette Hellmann*, Schulleiterin im Ruhestand (Grundschule Amshausen, Steinhagen),
- *Nadja Mezger*, Realschullehrerin,
- *Maren Nolte*, Grundschullehrerin (Westricher Grundschule, Dortmund),
- *Imona Otte*, Grundschullehrerin (Eigenherd-Schule Kleinmachnow),
- *Michaela Pössinger*, Rektorin einer Grundschule (Gemeinschaftsgrundschule Waldschule Lohmar),
- *Mirjam Rehm*, Grundschullehrerin (Grundschule Neuwiesen, Ravensburg),
- *Mira Rommelspacher*, Diplom Pädagogin, Grundschullehrerin (Grundschule Neuwiesen, Ravensburg),
- *Irene Sonnenberg*, Studiendirektorin, Gymnasialschullehrerin, Leiterin der Schule für Hochbegabtenförderung / Internationale Schule (Auguste-Viktoria-Gymnasium Trier),

- *Michaela Streicher*, Grundschullehrerin (Gemeinschaftsgrundschule Waldschule Lohmar),
- *Thea Tröger-Hartmann*, Studienrätin der Grundschule, Grundschullehrerin (Grundschule Kirchenplatz, Fürth),
- *Susanne Vogt*, Grundschullehrerin & stellvertretende Schulleiterin (Grund- und Mittelschule Strullendorf),
- den Referendarinnen der Eigenherd-Schule Kleinmachnow
- sowie bei den Mitarbeitenden der Abteilung für Hochbegabtenforschung und -förderung an der Universität Trier: Markus Feuchter, Moritz Breit, Jule Neumahr, Marina Castor, Pia Rinker, Ellen Steeg.

Wir freuen uns, wenn unser Buch einen Beitrag für die Unterrichtspraxis leistet, nützliches Wissen vermittelt, zur Reflexion einlädt und den Austausch mit Kolleginnen und Kollegen anregt. Wir wünschen uns, dass es Sie dabei unterstützt, den eigenen Blick für die Ressourcen und Potenziale intelligenter, kreativer und begabter Schülerinnen und Schüler zu schärfen und dass es Lust darauf macht, Intelligenz, Kreativität und Begabung bei allen Schülerinnen und Schülern wertzuschätzen und zu fördern.

Trier, im Februar 2023
Jessica Gnas, Elena Mack, Julia Matthes & Franzis Preckel

Intelligenz, Kreativität und Hochbegabung: Was denken wir darüber im Alltag?

Annahmen zu Intelligenz, Kreativität und Hochbegabung

Wir alle haben bestimmte Annahmen zu Intelligenz, Kreativität und Hochbegabung. Für (angehende) Lehrpersonen sind diese Annahmen besonders relevant. Denn was Lehrpersonen über diese Merkmale denken, kann sich darauf auswirken, wie sie mit unterschiedlich intelligenten, kreativen oder begabten Schülerinnen und Schülern umgehen. Annahmen von Lehrpersonen beeinflussen ihr Verhalten und ihre Haltungen gegenüber den Schülerinnen und Schülern und darüber auch das Verhalten und Erleben der Lernenden selbst (Matheis, Eulberg, Hagelauer & Preckel, 2019). Es ist somit wichtig, sich als (angehende) Lehrperson mit den eigenen Annahmen zu Intelligenz, Kreativität und Hochbegabung auseinanderzusetzen, diese kennenzulernen und zu überprüfen. Darum soll es in diesem Kapitel gehen.

Eigene Annahmen entstehen aus unseren Erfahrungen und sind uns oft nicht bewusst. Sie werden charakterisiert durch ein Zusammenspiel aus (Halb-)Wissen, Assoziationen, Werten, Einstellungen und Überzeugungen sowie etwaigen Stereotypen von und Vorurteilen gegenüber Personen (Preckel & Vock, 2021).

Stereotype stellen vereinfachende Vorstellungen dar, die genutzt werden, um eine Person oder eine Gruppe zu beschreiben und kategorisieren (z. B. „Hochbegabte können alles“).
Vorurteile beschreiben hingegen wertende Urteile, die von positiven oder negativen Gefühlen begleitet werden (z. B. „Hochbegabte sind verrückte Alleskönner“).

Annahmen von Lehrpersonen sind Teil ihrer professionellen Kompetenz. Abbildung 1 zeigt das COACTIV-Modell (*Cognitive Activation in the Classroom*) nach Kunter et al. (2011), welches die professionelle Kompetenz von Lehrpersonen über vier Aspekte charakterisiert.

Zum *Professionswissen* gehören das Verständnis des Faches und der Didaktik sowie das Wissen über Klassenführung oder Lernprozesse. Die *Selbstregulation* beschreibt den Umgang von Lehrpersonen mit eigenen Ressourcen und Anforderungen, beispielsweise die Fähigkeit, bei hohem Engagement gleichzeitig auch eine hohe Widerstandsfähigkeit zu

Abbildung 1. COACTIV-Modell der professionellen Kompetenz von Lehrpersonen nach Kunter et al. (2011), angepasst für den Fokus auf Werthaltungen und Überzeugungen zu intelligenten, kreativen und begabten Schülerinnen und Schülern

zeigen. *Motivationale Orientierungen* umfassen den Enthusiasmus von Lehrpersonen für das Unterrichten von Schülerinnen und Schülern und ihre Selbstwirksamkeitserwartung beim Unterrichten. Diese beschreibt das Vertrauen in die eigenen Fähigkeiten, auch in schwierigen Situationen erfolgreich handeln zu können. Die Selbstwirksamkeitserwartung ist damit eine entscheidende Voraussetzung dafür, tatsächlich aktiv zu werden. *Werthaltungen und Überzeugungen* stellen Annahmen von Lehrpersonen über ihr Fach, das Unterrichten oder die eigene Rolle als Lehrperson dar. Hierzu gehören auch subjektive Theorien und Vorstellungen zu bestimmten Schülerinnen und Schülern oder Gruppen von ihnen, zum Beispiel den besonders Intelligenten, Kreativen oder Begabten. Beispielsweise geht es um Annahmen dazu, wie sich diese Schülerinnen und Schüler verhalten, welche Persönlichkeitseigenschaften sie haben, ob sie eine besondere Förderung benötigen oder ob ihre Fähigkeiten angeboren oder erworben sind. Solche Annahmen von Lehrpersonen beeinflussen ihre motivationalen Orientierungen, wie zum Beispiel ihre Selbstwirksamkeitserwartung, diese Schülerinnen und Schüler unterrichten zu können. Annahmen sind damit unmittelbar mit dem unterrichtspraktischen Handeln verbunden. Im Folgenden berichten wir ausgewählte Inhalte und Befunde zu Annahmen und Vorstellungen zu Intelligenz, Kreativität und Hochbegabung.

1 Intelligenz

Wir beginnen mit einer kleinen Übung, die dazu dient, die eigenen Annahmen zu Intelligenz besser kennenzulernen.

Denkanstoß
Bitte beantworten Sie die folgenden drei Fragen jeweils durch Ankreuzen oder Notieren einer der Zahlen von 1 bis 6.

Jede Person ist mehr oder weniger intelligent und das kann man ...

❑ 1 ❑ 2 ❑ 3 ❑ 4 ❑ 5 ❑ 6

nicht ändern *ändern*

Der Erwerb von Wissen wirkt sich ...

❑ 1 ❑ 2 ❑ 3 ❑ 4 ❑ 5 ❑ 6

kaum auf die Intelligenz aus *merklich auf die Intelligenz aus*

Die Intelligenz ist ein Merkmal, das ...

❑ 1 ❑ 2 ❑ 3 ❑ 4 ❑ 5 ❑ 6

festgelegt ist *veränderbar ist*

Werten Sie Ihre Antworten aus, indem Sie den Mittelwert berechnen. Dazu addieren Sie die drei Zahlen und teilen die Summe, die Sie erhalten, durch 3.

Veränderbarkeit von Intelligenz

Stabilitätsannahme

Veränderbarkeitsannahme

In der Übung geht es um Ihre eigenen Annahmen zur Veränderbarkeit von Intelligenz. Die Fragen sind angelehnt an Dweck, Chiu und Hong (1995) und Spinath und Schöne (2003). Man kann Intelligenz als eher stabil und beständig (*Stabilitätsannahme*) oder als eher veränderbar und entwickelbar betrachten (*Veränderbarkeitsannahme*; Dweck & Leggett, 1988). Für Personen mit einer klaren Stabilitätsannahme ist Intelligenz eine festgelegte Eigenschaft. Sie gehen davon aus, dass Individuen mit einer geringen Intelligenz nie in der Lage sein werden, besondere intellektuelle Leistung zu erbringen. Hinter hohen intellektuellen Leistungen vermuten sie stets hohe Intelligenz. Personen mit einer klaren Veränderbarkeitsannahme sind hingegen der Ansicht, dass Intelligenz ein formbares Merkmal ist, das sich durch Anstrengung und Fleiß verbessern kann – auch wenn die Intelligenz anfänglich gering ausgeprägt ist. Sie erwarten zwar nicht, dass sich jeder in seiner eigenen Intelligenz grenzenlos weiterentwickeln kann, aber sie gehen davon aus, dass hinter besonderen Leistungen in der Regel auch harte Arbeit steckt. Die beiden Annahmen bilden die extremen Pole auf der Antwortskala, auf der auch Werte dazwischen möglich sind.

Veränderbarkeits- oder Stabilitätsannahmen treten bei Schülerinnen und Schülern in etwa zu je 40% der Fälle auf; 20% können nicht eindeutig zugeordnet werden (Dweck, 2008). Auch Lehrpersonen unterscheiden sich hier untereinander. Abbildung 2 zeigt Ergebnisse von 430 Grundschullehrpersonen, die im Jahr 2019 an einer Befragung des vom Bundesministerium für Bildung und Forschung (BMBF) geförderten Projekts „Leistung macht Schule" (LemaS) teilgenommen haben und mit ähnlichen Fragen befragt wurden, die Sie eingangs beantwortet haben.

Die Antworten der befragten Lehrpersonen weisen insgesamt eher auf die Veränderbarkeitsannahme der Intelligenz hin als auf die Stabilitätsannahme. 68% der Lehrpersonen liegen mit ihren Antwortwerten im Bereich zwischen 3,2 und 5,4. Darüber hinaus lassen sich große Unterschiede zwischen den Personen erkennen. Wo liegt nun Ihr eigener Wert? Die Antwortskala kann grob in der Mitte (Wert von 3,5) geteilt werden. So können Sie einschätzen, ob Sie eher zu einer Veränderbarkeitsannahme (Wert > 3,5) tendieren oder eher zu einer Stabilitätsannahme (Wert < 3,5). Je höher Ihr eigener Wert ist, desto stärker ist bei Ihnen die Veränderbarkeitsannahme ausgeprägt, je niedriger, desto stärker die Stabilitätsannahme. In Kapitel 4 kommen wir wieder auf dieses Thema und seine praktische Bedeutung zurück und in Kapitel 6.4 erfahren Sie, welche der Annahmen eher zutrifft. Zuvor geht es um Annahmen zu Kreativität und Hochbegabung.

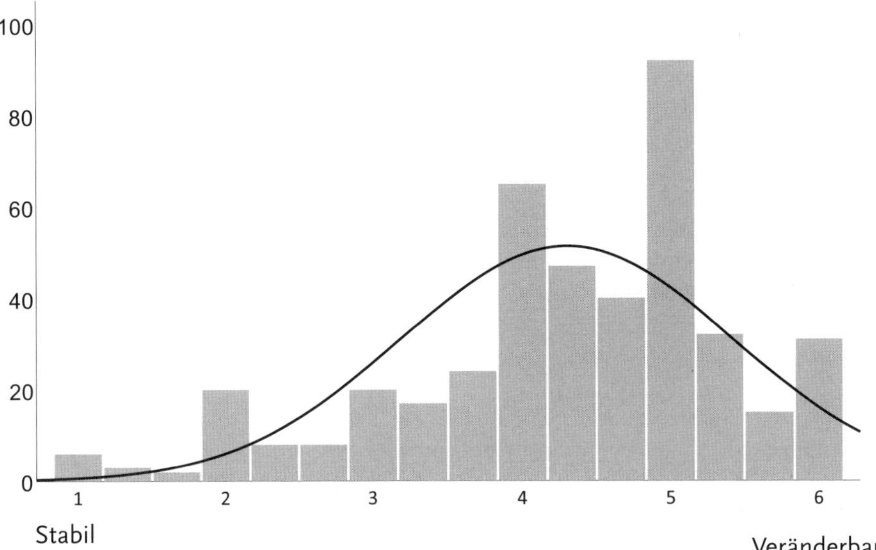

Abbildung 2. Häufigkeitsverteilung der Annahmen zu Intelligenz (Mittelwerte) bei 430 Grundschullehrpersonen, befragt im vom BMBF geförderten Projekt LemaS

2 Kreativität

In unserer Gesellschaft gibt es das stereotype Bild einer kreativen Person, die zwar einerseits durch besondere, kreative Leistung herausragt, gleichzeitig aber auch etwas zerstreut, verrückt oder teilweise sogar psychisch auffällig ist. Vielleicht haben Sie jetzt dazu bereits jemanden im Kopf. Interessanterweise sind von diesen Stereotypen vor allem Personen aus der Kunst und Wissenschaft betroffen (Haager, 2019b). Oder fällt Ihnen beispielsweise eine besonders kreative und „verrückte“ Person ein, die im Sozialwesen oder im Handel tätig ist?

Die Forschung findet keine überzeugende Evidenz dafür. Hoch kreative Personen zeigen keine negativeren Verhaltensweisen oder Persönlichkeitseigenschaften und keine geringere psychische Gesundheit als weniger kreative Personen. Doch zeigen Studien mit Lehrpersonen, dass auch sie Kreativität teilweise mit Nicht-Konformität, Impulsivität und Störverhalten bei Schülerinnen und Schülern verbinden (J. C. Kaufman, Beghetto & Dilley, 2016). Dies mag auch an entsprechenden Vorstellungen von „lebhaften“ Schülerinnen und Schülern liegen, welche im Unterricht unerwartete Fragen stellen oder auf ungewöhnliche Problemlösungen kommen. Eine Ursache für diese Vorstellungen könnte das oftmals noch sehr traditionelle und wenig auf kreative

Denkleistungen ausgerichtete Schul- und Bildungssystem in Deutschland sein (Krampen, 2019; s. Kapitel 12.1). Aber es gibt auch Lehrpersonen, die besonders kreative Schülerinnen und Schüler schätzen und entsprechend positiv beurteilen (J. C. Kaufman et al., 2016).

Stimmen aus der Praxis
Ich finde unsere Gesellschaft benötigt kreative, ideenreiche Menschen, die Lösungen für die Probleme unserer Zeit finden, die für Alltagserleichterungen sorgen oder Dinge erfinden. – Michaela Streicher, Grundschule

3 Hochbegabung

Disharmoniehypothese
Harmoniehypothese

Auch wenn es um das Thema Hochbegabung geht, finden sich viele Stereotype. Oft fallen Begriffe wie „Nerds“, „Überflieger“, „Wunderkind“ oder „verrückte Genies“ (Baudson, 2016). Sie lassen sich grob zwei gegenläufigen Hypothesen zuordnen. Die sogenannte *Disharmoniehypothese* besagt, dass eine überdurchschnittliche Begabung mit geringen sozio-emotionalen Fähigkeiten, Verhaltensauffälligkeiten und einer höheren Anfälligkeit für psychische Probleme einhergeht. Diese Hypothese war vor allem zu Beginn der Begabungsforschung weit verbreitet, findet sich aber auch heute noch. Im Vergleich dazu besagt die sogenannte *Harmoniehypothese,* dass Hochbegabte nicht nur in ihren intellektuellen Fähigkeiten, sondern auch in anderen Bereichen besser abschneiden. Sie sind demnach anderen auch psychisch und körperlich überlegen und besitzen günstigere Persönlichkeitseigenschaften (ursprüngliche Formulierung in Terman-Studie; Preckel & Vock, 2021, S. 51 ff.).

Die Forschung zeigt, dass Lehrpersonen oft Annahmen im Sinne der Disharmoniehypothese haben. Beispielsweise werden besonders begabte Schülerinnen und Schüler von ihnen als fähiger und offener für neue Erfahrungen eingeschätzt, gleichzeitig aber auch als introvertierter, emotional instabiler, weniger umgänglich sowie unangepasster als durchschnittlich Begabte (Baudson & Preckel, 2016; Matheis, Kronborg, Schmitt & Preckel, 2017). Diese Annahmen von Lehrpersonen stimmen jedoch nicht immer damit überein, wie hochbegabte Schülerinnen und Schüler tatsächlich sind. Die Disharmoniehypothese konnte durch die Forschung nicht bestätigt werden. Hochbegabte Schülerinnen und Schüler weisen zwar höhere kognitive Fähigkeiten auf und sind in der Schule oft leistungsfähiger (z. B. Wirthwein, Bergold, Preckel & Steinmayr, 2019). In ihrer Persönlichkeit oder ihrem Verhalten unterscheiden sie sich jedoch nicht systematisch von durchschnittlich begabten Schülerinnen und Schülern (s. Kapitel 14.4).

4 Auswirkungen von (Fehl-)Vorstellungen

Wichtig ist, an dieser Stelle festzuhalten, dass Annahmen und Vorstellungen von Personen zu Intelligenz, Kreativität und Hochbegabung ganz individuell sowie teilweise sehr unterschiedlich sein können und durchaus von wissenschaftlichen Erkenntnissen abweichen können (Preckel & Vock, 2021). Während positive Vorstellungen zu Schülerinnen und Schülern zumeist einen günstigen Einfluss haben, wirken sich negative Vorstellungen häufig ungünstig auf das Erkennen und Fördern von Schülerinnen und Schülern aus. Zum Beispiel können Stereotype im Sinne einer *selbsterfüllenden Prophezeiung* real werden (S. Wang, Rubie-Davies & Meissel, 2018). Entsprechend kann etwa das Stereotyp, dass die Beziehung zu hochbegabten Kindern schwieriger und konfliktbehafteter ist (Weyns, Preckel & Verschueren, 2021) eine entsprechende Erwartungshaltung bei einer Lehrperson auslösen. Sie kann dazu führen, dass die Lehrperson Verhaltensweisen des Kindes schneller als unangemessen wertet, vermehrt Kritik äußert und so Konflikte auslöst. Darüber hinaus können Stereotype Auswirkungen auf die Identifikation und Nominierung von besonders intelligenten, begabten oder kreativen Schülerinnen und Schülern haben, indem zum Beispiel solche ohne soziale Probleme oder Verhaltensauffälligkeiten übersehen werden (Baudson & Preckel, 2016). Fehlvorstellungen über Schülerinnen und Schüler können zudem die Motivation und Selbstwirksamkeitserwartung von Lehrpersonen für das Unterrichten dieser Schülerinnen und Schüler (Matheis et al., 2017) und die Einstellung gegenüber der Förderung besonders intelligenter, kreativer oder begabter Schülerinnen und Schülern negativ beeinflussen (Heyder, Bergold & Steinmayr, 2018). Dies kann sich auf das tatsächliche Lehrverhalten im Klassenzimmer auswirken und der Förderung im Wege stehen. Im Sinne der Bildungsgerechtigkeit ist es jedoch wichtig, allen Kindern die Möglichkeit zu geben, ihre Potenziale zu entfalten und sich weiterzuentwickeln. Die gute Nachricht ist, dass Fehlvorstellungen erlernt sind und auch wieder verlernt werden können! Vor diesem Hintergrund und als Teil der professionellen Kompetenz von Lehrpersonen ist es wichtig, eigene Stereotype und Vorurteile kontinuierlich zu reflektieren und gegebenenfalls anzupassen (Matheis et al., 2019).

Reflexion von Fehlvorstellungen

Zur Reflexion eignen sich Übungen, die die eigenen, teils unbewussten Annahmen zugänglich machen.

Denkanstoß

Schreiben Sie möglichst spontan auf:

- Welche Gedanken und Assoziationen schießen mir durch den Kopf, wenn ich an eine besonders intelligente, eine besonders kreative oder eine intellektuell hochbegabte Person denke? (Hier am besten eines der drei Merkmale aussuchen!)
- Was weiß ich über diese Person?
- Wie müsste diese Person sein, um das komplette Gegenteil von sich selbst darzustellen?

Überlegen Sie:

- Worauf gründen meine Annahmen?
- Woher habe ich dieses Wissen?

Positive Gegenannahmen

Im Buch finden Sie immer wieder Reflexionsfragen dieser Art. Aufbauend auf Reflexionsübungen können dann gegebenenfalls Annahmen korrigiert werden. Ein erster Ansatzpunkt ist die *Erkenntnis*, konkrete Vorstellungen über bestimmte Personengruppen und damit verknüpfte automatische Bewertungen in sich zu tragen (z. B. akademisch begabt = Nerd, kreativ = Freigeist; Matheis et al., 2019). Ein weiterer Ansatzpunkt ist der persönliche *Kontakt* zu den Personengruppen, zum Beispiel im Rahmen von Hospitationen oder dem Unterrichten in speziellen Förderklassen oder extracurricularen Fördergruppen. Eine Studie von Bangel, Moon und Capobianco (2010) zeigte zum Beispiel, dass Lehramtsstudierende, die wöchentlich in einer Hochbegabtenklasse unterrichteten und so vermehrten persönlichen Kontakt zu hochbegabten Schülerinnen und Schülern hatten, nach der Studienteilnahme ihre eigenen Annahmen reflektierten und ein erhöhtes Bewusstsein für die Bedürfnisse und Merkmale der Schülerinnen und Schüler hatten. Ein dritter Ansatzpunkt ist die *Informationsvermittlung*. In den folgenden Kapiteln vermitteln wir entsprechend wissenschaftlich fundiertes Wissen über Intelligenz, Kreativität und Hochbegabung – als Voraussetzung für angemessene Annahmen und damit das Erkennen und Fördern der Schülerinnen und Schüler.

5 Leseempfehlungen

5.1 Printmedien

Matheis, S., Eulberg, H., Hagelauer, M.-L., & Preckel, F. (2020). Akzeptanz, Erwartungen, Vorurteile – Vorstellungen von Lehrkräften zu Hochbegabten. In Ch. Fischer, Ch. Fischer-Ontrup, F. Käpnick, N. Neubauer, C. Solzbacher & P. Zwitserlood (Hrsg.), *Begabungsförde-*

rung, Leistungsentwicklung, Bildungsgerechtigkeit – für alle! (S. 289–235). Münster: Waxmann.

5.2 Onlineressourcen

Preckel, F., Bolli, S., Breit, M., Gnas, J., Jurczok, A., Kager, K. et al. (2022). *E-Learning Reihe: Erkennen und Fördern begabter und leistungsstarker Schülerinnen und Schüler.* Verfügbar unter: https://begabungerkennenundfoerdern.de/

Intelligenz

Heterogenitätsfacette

Genauso wie sich Schülerinnen und Schüler in ihren Interessen, ihrer Lernmotivation, ihren musikalischen Fähigkeiten oder ihrer Herkunft unterscheiden, so unterscheiden sie sich auch darin, wie gut sie Denkleistungen erbringen können, also in ihrer Intelligenz. Die Intelligenz kann daher auch als *Heterogenitätsfacette* von Schülerinnen und Schülern betrachtet werden (Vock & Gronostaj, 2017). Die Intelligenzverteilung in der Bevölkerung lässt sich mit einer Normalverteilungskurve beschreiben (s. Abb. 3). Wenn Sie die Intelligenz aller Schülerinnen und Schüler in Deutschland erfassten, dann lägen die Intelligenzwerte von rund 68% der Schülerinnen und Schüler im durchschnittlichen Bereich. Weniger Schülerinnen und Schüler (je rund 14%) erhielten einen Wert, der unter oder über diesem Durchschnittsbereich liegt. Die wenigsten, jeweils nur rund 2% der Schülerinnen und Schüler, erzielten Werte, die weit darunter oder darüber liegen.

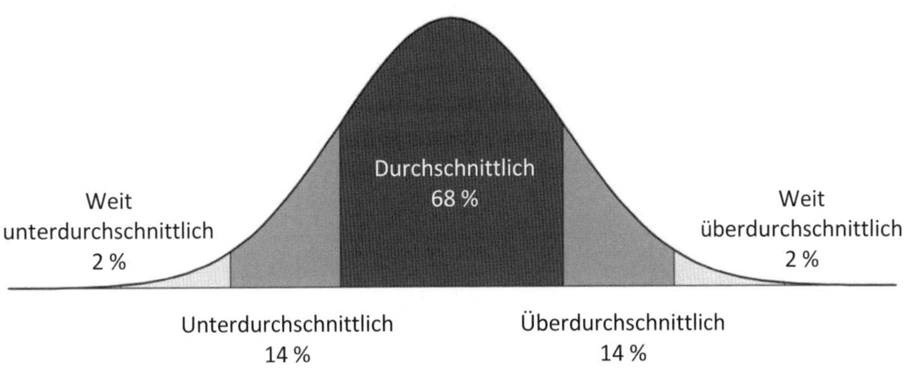

Abbildung 3. Normalverteilungskurve zur Verteilung der Intelligenz in der Bevölkerung

Intelligenz ist eine wesentliche kognitive Voraussetzung für das Lernen (s. Kapitel 6.3.1). Schülerinnen und Schüler bringen somit unterschiedliche kognitive Lernvoraussetzungen mit. Diese Lernvoraussetzungen sollten innerhalb eines differenzierten Unterrichts adressiert werden (Vock & Gronostaj, 2017). Allerdings spielt das Thema Intelligenz in der Ausbildung von Lehrpersonen oft eine untergeordnete Rolle. Viele Lehrpersonen berichten davon, dass Intelligenz als Merkmal besprochen, jedoch im Verlauf des Studiums und Referendariats häufig nicht weiter thematisiert wird. Schülerinnen und Schüler haben jedoch in Abhängigkeit von ihrer Intelligenz unterschiedliche Lernbedürfnisse und -möglichkeiten. Umso wichtiger ist es, dass Sie sich als Lehrperson mit dem Thema Intelligenz beschäftigen.

6 Verstehen

Lernziele

Die Auseinandersetzung mit verschiedenen Intelligenzdefinitionen und -modellen befähigt Sie dazu, Intelligenz zu definieren. Sie kennen die Bedeutung der Intelligenz für Lernen und Leistung im Schulkontext und darüber hinaus. Insbesondere für das Schulalter können Sie erklären, wie und in Abhängigkeit wovon sich die Intelligenz entwickelt. Und Sie wissen über Gruppenunterschiede bezüglich der Intelligenz Bescheid.

6.1 Begriffsklärung

Denkanstoß

- Was macht Intelligenz für Sie aus?
- Überlegen Sie einmal, was Schülerinnen und Schüler auszeichnet, die Sie für besonders intelligent oder weniger intelligent halten.

Die Intelligenz einer Person kann nicht direkt beobachtet, sondern nur aufgrund von anderen, beobachtbaren Verhaltensweisen erschlossen werden. Man bezeichnet solche Merkmale auch als Konstrukte. Einer Schülerin oder einem Schüler kann man also nicht direkt ansehen, wie intelligent sie oder er ist. Wie lässt sich Intelligenz nun definieren? Bereits in der Antike haben sich Menschen intensiv mit der Frage beschäftigt, was die Intelligenz ausmacht, und bis dato sind viele verschiedene Intelligenzdefinitionen entstanden. Nachfolgend haben wir drei Definitionen des 20. Jahrhunderts exemplarisch ausgewählt.

Die Intelligenz lässt sich beschreiben als:

- „allgemeine Fähigkeit eines Individuums, sein Denken bewußt auf neue Forderungen einzustellen; sie ist allgemeine geistige Anpassungsfähigkeit an neue Aufgaben und Bedingungen des Lebens." (W. Stern, 1920, S. 2–3)
- „zusammengefasste oder globale Kapazität des Individuums, zweckvoll zu handeln, rational zu denken und sich effektiv mit seiner Umwelt auseinanderzusetzen." (Wechsler, 1944; zitiert nach Rost, 2013, S. 14)

- „sehr allgemeine geistige Kapazität, die – unter anderem – die Fähigkeit zum schlussfolgernden Denken, zum Planen, zur Problemlösung, zum abstrakten Denken, zum Verständnis komplexer Ideen, zum schnellen Lernen und zum Lernen aus Erfahrung umfasst. Es ist nicht reines Bücherwissen, keine enge akademische Spezialbegabung, keine Testerfahrung. Vielmehr reflektiert Intelligenz ein breiteres und tieferes Vermögen, unsere Umwelt zu verstehen, ‚zu kapieren', ‚Sinn in den Dingen zu erkennen' oder ‚herauszubekommen', was zu tun ist." (Gottfredson, 1997; zitiert nach Rost, 2013, S. 16)

Alle Definitionen weisen Intelligenz als kognitive Fähigkeit aus, bei der es darum geht, mittels des eigenen Denkens etwas zu verstehen, zu lernen oder Probleme zu lösen. Gottfredson beschreibt Intelligenz explizit als *Lernfähigkeit* und diese gilt als eine der bedeutendsten Kompetenzen für das immer komplexer werdende Lernen im 21. Jahrhundert, die es bei Schülerinnen und Schülern zu fördern gilt (OECD, 2019).

6.2 Modelle der Intelligenz

Die verschiedenen Intelligenzdefinitionen legen nahe, dass es auch unterschiedliche Intelligenzmodelle gibt. Das ist tatsächlich der Fall und im Folgenden präsentieren wir einige zentrale Modelle. Wir beginnen mit der Generalfaktor-Theorie, die die Frage beantworten soll, ob die Intelligenz eine generelle Fähigkeit ist oder eher ein Zusammenspiel mehrerer Fähigkeiten. Danach folgt das Berliner Intelligenzstrukturmodell (BIS), welches Intelligenz sowohl als generelle Fähigkeit als auch als Zusammenspiel unterschiedlicher Fähigkeiten betrachtet. Der aktuelle Stand der Forschung zu Intelligenzstrukturmodellen wird dann mit der Cattell-Horn-Carroll-Theorie der kognitiven Fähigkeiten (CHC-Modell) repräsentiert. Abschließend beschreiben wir noch eine andere Sichtweise auf die Intelligenz, nämlich ein neuropsychologisches Prozessmodell.

6.2.1 Eine oder mehrere Fähigkeiten? – Der Generalfaktor g

Mentale Energie

Die *Generalfaktor-Theorie* von Spearman (1904) sieht Intelligenz als eine sehr allgemeine Fähigkeit an, quasi eine Art „mentale Energie", die alle Denkleistungen beeinflusst. Um das besser vorstellbar zu machen, greifen wir auf einen Forschungsüberblick zu künstlicher Intelligenz von Tegmark (2017) zurück. Ihnen sind sicherlich künstliche Intelligenzen aus unserem Alltag bekannt, die ganz spezifische Aufgaben besser bearbeiten können als ihr menschliches Vorbild. Dazu gehören beispielsweise virtuelle Assistenzen, die Internetrecherchen sprachgesteuert ausführen, oder Schachcomputer, die aufgrund ihrer enormen Rechenleistung selbst Großmeister im Schach besiegen. Diese künstlichen Intelligenzen beziehen sich auf eng abgesteckte Aufgabenbereiche. Künstliche Intelligenz, die der allgemeinen Intelligenz von Menschen gleichkommen soll, kennt man dagegen lediglich aus Spielfilmen. Berühmte Vertreter sind zum Beispiel David in *A.I. Artificial Intelligence* und *WALL-E* im gleichnamigen Animationsfilm. Trotz größter Bemühungen ist in der Realität bisher keine künstliche *allgemeine* Intelligenz entwickelt worden, die in der Lage wäre, neuartige Probleme in verschiedensten Situationen zu lösen, komplexe Ziele zu verfolgen und Handlungen zu planen, aus Erfahrungen zu lernen oder das Gelernte auf weitere Bereiche zu übertragen.

In Intelligenzmodellen wird diese allgemeine Intelligenz über den sogenannten *g-Faktor* (kurz *g*, abgeleitet vom englischen *general intelligence*) abgebildet. Spearman beobachtete in seinen Studien, dass Personen, die eine ganz bestimmte Denkanforderung gut meistern, in der Regel auch bei anderen Denkanforderungen höhere Leistungen erzielen. Beispielsweise sind demnach Personen, die gut Fremdsprachenvokabeln lernen können, auch einfallsreicher und besser im logischen Denken. Diese doch eigentlich überraschende Beobachtung führte Spearman zu der Vermutung, dass hinter all diesen verschiedenen intellektuellen Leistungen einer Person eine gemeinsame, grundlegende Fähigkeit steckt.

Das Vorhandensein eines *g*-Faktors ist heutzutage sehr gut dokumentiert (Warne & Burningham, 2019). Spearmans Annahme, dass die allgemeine Intelligenz allein ausreicht, um Intelligenz zu beschreiben, ist allerdings überholt (Holling, Preckel & Vock, 2004). Unterschiedliche Denkleistungen hängen zwar grundsätzlich alle positiv miteinander zusammen; es gibt zwischen manchen Denkleistungen aber doch deutlich stärkere oder eben auch schwächere Zusammenhänge. Dies ist ein Hinweis darauf, dass es weitere Fähigkeiten gibt, die für spezifische Denkleistungen relevant sind (z. B. verbale Fähigkeiten für alle sprachlichen Leistungen). Dennoch bildet die Generalfaktor-Theorie die Grundlage vieler moderner Intelligenzmodelle. Diese sogenannten *hierarchischen Intelligenzstrukturmodelle* platzieren die allgemeine Intelligenz auf einer generellen, übergeordneten Ebene und auf einer spezifischen Ebene darunter mehrere unterschiedliche Fähigkeiten. Man kann sich das so vorstellen, dass die allgemeine Intelligenz zwar, wie von Spearman angenommen, alle Denkleistungen beeinflusst, aber eher schwach und über ganz allgemeine Prozesse wie das Erkennen von Unterschieden und Ähnlichkeiten. Die spezifischen Fähigkeiten beeinflussen hingegen nicht alle, sondern nur bestimmte Denkleistungen, dafür aber stärker. Aus diesem Grund bezeichnet man die Intelligenz auch als *Eigenschaftshierarchie*. Die vorhandenen Intelligenzmodelle unterscheiden sich dabei in der Anzahl an Hierarchieebenen.

6.2.2 Das Berliner Intelligenzstrukturmodell BIS

Inhaltliche und operationale Fähigkeiten

Das *Berliner Intelligenzstrukturmodell* (BIS-Modell) wurde von Jäger (1984) entwickelt. Es beschreibt Intelligenz mit Hilfe zweier Modalitäten: *Inhalte* und *Operationen*. Immer wenn Personen Denkleistungen erbringen, geschieht dies nicht inhaltsfrei, sondern in bestimmten inhaltlichen Bereichen wie zum Beispiel Sprache oder Zahlen. Aus der Beobachtung heraus, dass sich Personen darin unterscheiden, wie gut sie in verschiedenen inhaltlichen Bereichen Denkaufgaben lösen können, wurden drei inhaltliche Fähigkeiten in das Modell aufgenommen: verbale, numerische und figural-bildhafte Fähigkeiten. *Verbale* oder sprachliche Fähigkeiten beschreiben, wie sicher Personen mit Sprache umgehen können. Es geht darum, Worte und ihre Bedeutung zu kennen, zu verstehen und zu verwenden (Thurstone, 1946). In der Schule zeigen sich verbale Fähigkeiten besonders beim Lesen, Schreiben und Textverstehen im Deutsch- oder Fremdsprachenunterricht. Sie können aber auch in allen anderen Unterrichtsfächern beobachtet werden, wenn beispielsweise Vorgehensweisen begründet oder Ergebnisse präsentiert werden. *Numerische* oder rechnerische Fähigkeiten bezeichnen Fähigkeiten im Umgang mit Zahlen und entsprechenden Größen wie beim Rechnen oder Lösen von mathematischen Problemen (W. Schneider & McGrew, 2018). Diese Fähigkeiten zeigen sich besonders in Mathematik, aber auch in anderen Fächern wie Chemie oder Physik. *Figural-bildhafte* Fähigkeiten beziehen sich darauf, wie gut Personen mit bildhaftem Material umgehen, räumliche Beziehungen zwischen Objekten erkennen, Objekte in der Vorstellung drehen, sich selbst im Raum orientieren und figural-räumliche Informationen in der Vorstellung verändern können (Maresch, 2015). Diese Fähigkeiten zeigen sich beispielsweise in Geometrie im Mathematikunterricht, im Kunstunterricht oder beim Einschätzen von Entfernungen im Sportunterricht.

Nun benötigen Personen für die unterschiedlichen Aufgaben in allen inhaltlichen Bereichen allerdings nicht immer dieselbe Art zu denken. Im Modell werden deshalb vier *Operationen* oder *operative Fähigkeiten* charakterisiert: Merkfähigkeit, Verarbeitungskapazität, Bearbeitungsgeschwindigkeit und Einfallsreichtum. Beispielsweise kommt es beim Memory spielen auf die *Merkfähigkeit* an, die Position von Bildern zu behalten und diese nach kurzer Zeit wiederzugeben. Beim Lernen einer Fremdsprache kommt es dagegen darauf an, komplexe Sprachinformationen aufzunehmen, zu verstehen und anzuwenden. Damit kommt hier die *Verarbeitungskapazität* zum Tragen. Diese beschreibt, wie gut Personen komplexe Informationen aufnehmen und verarbeiten, schlussfolgern und logisch denken können. In der Schule wird sie zum Bespiel gebraucht, wenn Schülerinnen und Schüler einen Text lesen, bei dem sie die Bedeutung unbekannter Wörter herausfinden müssen, oder im Mathematikunterricht aus mehreren Aufgaben eine allgemeine Regel ableiten sollen. Die *Bearbeitungsgeschwindigkeit* wird zum Beispiel im numerischen Bereich beim Lösen von Sudoku-Rätseln deutlich. Bei Sudoku müssen Zeilen und Spalten eines 9 x 9 Quadrats mit Zahlen gefüllt werden, ohne dass sich diese wiederholen. Die Bearbeitungsgeschwindigkeit beschreibt die Konzentrationsfähigkeit und das Tempo, mit dem gut strukturierte und recht einfach gehaltene Aufgaben gelöst werden. Zu den operativen Fähigkeiten zählt außerdem der *Einfallsreichtum.* Hierbei ist das Generieren von Ideen und das Finden vieler verschiedenartiger und zweckmäßiger Lösungen zu einem Problem gemeint. Einfallsreichtum kann beispielsweise dann beobachtet werden, wenn Personen Ideen dazu produzieren, wie man einen Alltagsgegenstand anderweitig benutzen könnte (z. B. einen Blumentopf als Futternapf). Hier kann ein Bezug zum *divergenten Denken* nach Guilford (1950) hergestellt werden (s. Kapitel 10.2).

Abbildung 4 veranschaulicht die Zusammenhänge im BIS-Modell. Jedes Feld im Modell steht für eine Denkleistung und wird sowohl mit einer inhaltlichen als auch mit einer operativen Fähigkeit beschrieben (z. B. das kurzfristige Behalten von Wortlisten mit verbaler Merkfähigkeit). Bei allen Denkleistungen spielt darüber hinaus immer auch die allgemeine Intelligenz eine Rolle, die daher im BIS-Modell allen Leistungen übergeordnet ist.

Ein Vorteil dieses Modells ist, dass es dabei hilft, verschiedene Fähigkeiten der Intelligenz zu unterscheiden. Schülerinnen und Schüler, die in einem Bereich eine Stärke aufweisen, müssen nicht zwangsläufig in anderen Bereichen genauso stark sein. Umgekehrt gilt genauso, dass eine Schwäche in einem Bereich nicht bedingen muss, dass auch in anderen Bereichen schwache Leistungen erzielt werden. Schülerinnen und Schüler kommen demnach mit ihrem ganz persönlichen *Intelligenzprofil,* ihren jeweiligen Stärken und Schwächen, in den Unterricht. Die Forschung zeigt, dass solche Intelligenzprofile umso stärker ausgeprägt sind, je intelligenter eine Person ist. Während viele durchschnittlich intelligente Schülerinnen und Schüler eher ausgeglichene Profile und damit ähnliche Fähigkeitsausprägungen in den unterschiedlichen Bereichen haben, können hoch intelligente Schülerinnen und Schüler durchaus besondere Stärken und – relativ gesehen dazu – auch Schwächen haben (Breit, Brunner & Preckel, 2020).

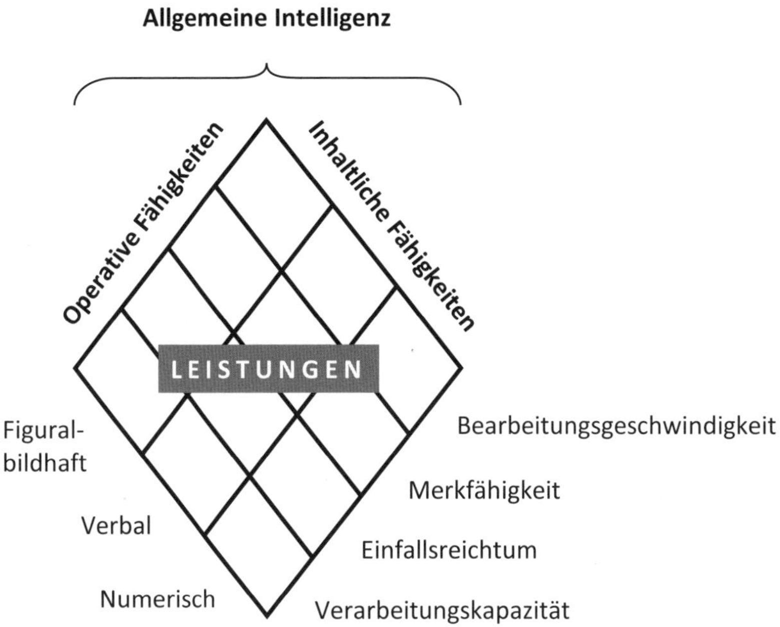

Allgemeine Intelligenz

Operative Fähigkeiten

Inhaltliche Fähigkeiten

LEISTUNGEN

Figural-bildhaft

Verbal

Numerisch

Bearbeitungsgeschwindigkeit

Merkfähigkeit

Einfallsreichtum

Verarbeitungskapazität

Abbildung 4. Berliner Intelligenzstrukturmodell nach Jäger et al. (2006)

Stimmen aus der Praxis

Ein Kind mit besonderen Stärken und Schwächen ist naturwissenschaftlich sehr stark und auch sehr neugierig, auf der anderen Seite aber schwächer in Rechtschreibung. Eine Lese-Rechtschreibschwäche schließe ich aus, weil das Kind sehr gut lesen kann. Die Motorik des Kindes ist auch etwas schwächer ausgeprägt, das spielt dabei vielleicht auch eine Rolle. – Maren Nolte, Grundschule

Mir fällt ein Schüler im Lateinunterricht ein. Er hat einerseits ein wirklich bemerkenswertes Sprachgefühl und versteht Texte außergewöhnlich schnell und tief. Das merke ich daran, dass er sehr präzise übersetzt und manchmal mit Übersetzungsvorschlägen, die ich gebe, gar nicht zufrieden ist, weil er Widersprüche sieht. Oft kann man durchaus über seine Einwände diskutieren. Auf der anderen Seite tut er sich mit dem Vokabellernen wirklich schwer, sodass er das gute Textverständnis erst dann anwenden kann, wenn alle Vokabeln und Formen geklärt sind. Diese Diskrepanz ist schon sehr auffällig. – Irene Sonnenberg, Gymnasium

6.2.3 Das CHC-Modell

3 Fähigkeitsebenen

Die bisherigen Forschungsergebnisse zur Intelligenzstruktur werden im Rahmen der *Cattell-Horn-Carroll-Theorie der kognitiven Fähigkeiten* (CHC-Modell; W. Schneider & McGrew, 2018) integriert. Der Name des Modells leitet sich aus den Namen der Autoren der Vorgängermodelle ab. Durch ihre Kombination ist ein besonders umfangreiches Intelligenzmodell entstanden, das dem aktuellen Forschungsgeschehen gerecht zu werden versucht. Dementsprechend enthält es auch Fähigkeiten, die erst einmal unter Vorbehalt in das Modell aufgenommen werden, bis hinreichend belastbare Forschungsergebnisse vorliegen.

Das CHC-Modell unterscheidet drei Fähigkeitsebenen unterschiedlicher Generalität. Auf der obersten Ebene befindet sich die allgemeine Intelligenz. Die darunterliegende Ebene wird aktuell durch 18 *breite* Fähigkeiten charakterisiert. Diese Fähigkeiten werden als *breiter* bezeichnet, da sie jeweils mehrere *spezifische* Fähigkeiten beeinflussen. Die spezifischen Fähigkeiten sind damit auf der untersten Ebene 1 des Modells zu finden. Tabelle 1 veranschaulicht die Aufteilung der Ebenen im Modell anhand der grauen Schattierung (je höhere die Ebene, desto dunkler). Darin werden die 18 breiten Fähigkeiten des Modells beschrieben und ausgewählte spezifische Fähigkeiten zugeordnet. Eine grundlegende Unterscheidung auf der zweiten Ebene lässt sich zwischen der fluiden und der kristallinen Intelligenz treffen. Die *fluide Intelligenz* beschreibt grundlegende Prozesse des Denkens, die weitgehend erfahrungsunabhängig sind, wie das Erkennen von Unterschieden und Beziehungen oder das Schlussfolgern. Die *kristalline Intelligenz* gilt als kultur- und erfahrungsabhängig und umfasst das erworbene Wissen und erlernte Fertigkeiten (Cattell, 1963). Viele der breiten Fähigkeiten im CHC-Modell lassen sich der fluiden und der kristallinen Intelligenz zuordnen (Tab. 1).

Allgemeine Intelligenz	**Breite Fähigkeit**	**Beschreibung**	**Spezifische Fähigkeiten** (Auswahl)
	Fluides Schlussfolgern *	Neuartige Probleme lösen, Schlussfolgerungen ziehen, abstraktes Denken, weniger erfahrungsbasiert	Induktion, Allgemeines sequenzielles Schlussfolgern, Quantitatives Schlussfolgern
	Kurzzeitgedächtnis und Arbeitsgedächtnis *	Sprachliche und visuelle Informationen kurzzeitig aufrechterhalten und nutzen, *mentaler Notizblock*	Kurzzeitspeicher, Aufmerksamkeitskontrolle, Arbeitsgedächtniskapazität

	Breite Fähigkeit	Beschreibung	Spezifische Fähigkeiten (Auswahl)
Allgemeine Intelligenz	Lern-effizienz *	Informationen aufnehmen, speichern und über einen gewissen Zeitraum festigen	Assoziatives Gedächtnis, Gedächtnis für Bedeutungen
	Visuelle Verarbeitung *	Probleme in der geistigen Vorstellung lösen, Formen oder Bilder manipulieren, sich Probleme bildlich vorstellen	Visualisierung, Mentale Rotation, Bildliches Vorstellungsvermögen, Mustererkennung
	Auditive Verarbeitung *	Auditive Informationen, wie Geräusche, Töne und Sprache, verarbeiten und nutzen; Muster erkennen, Hintergrundgeräusche ausblenden	Phonetische Kodierung, Diskrimination von Sprachklängen, Aufrechterhaltung von Rhythmus, Gedächtnis für Klangmuster
	Verständnis und Wissen °	Wissen verstehen und weitergeben; Wissen umfasst alles, was durch Erfahrung und aktive oder kulturelle Lernprozesse erworben wird	Sprachentwicklung, Lexikalisches Wissen, Allgemeinwissen, Kommunikationsfähigkeit
	Domänen-spezifisches Wissen °	Wissen in spezifischen Wissensdomänen, das durch Lernen und Übung erworben wurde und aufrechterhalten wird	Wissenschaftliches Allgemeinwissen, Kulturbezogenes Wissen, Fremdsprachenkenntnisse
	Lesen und Schreiben °	Sprachliches Wissen und sprachliche Fähigkeiten (geschriebene Sprache)	Leseverständnis, Lesefähigkeit, Lesegeschwindigkeit, Schreibfähigkeit
	Quantitatives Wissen °	Mathematisches Wissen und mathematische Fähigkeiten	Mathematische Kenntnisse, Mathematikleistung
	Abrufflüssigkeit *	Wissen aus dem Langzeitgedächtnis schnell und flüssig abrufen	Ideenflexibilität, Ausdrucksvermögen, Wortflüssigkeit, Originalität/Kreativität
	Verarbeitungs-geschwindigkeit *	Aufmerksamkeit bei einfachen, automatisierten Aufgaben kontrollieren	Wahrnehmungsgeschwindigkeit, Zahlengewandtheit, Lesegeschwindigkeit, Schreibgeschwindigkeit
	Reaktionszeit und Entscheidungs-geschwindigkeit *	Einfache Entscheidungen schnell treffen	Einfache Reaktionszeit, Wahlreaktionszeit, Mentale Vergleichsgeschwindigkeit

	Breite Fähigkeit	Beschreibung	Spezifische Fähigkeiten (Auswahl)
Allgemeine Intelligenz	*Psychomotorische Geschwindigkeit* *	Schnelle und fließende Körperbewegungen	Geschwindigkeit der Extremitätenbewegung, Artikulationsgeschwindigkeit, Bewegungszeit
	Psychomotorische Fähigkeiten	Präzise, koordinierte, starke Körperbewegungen ausführen (Basis ist geistige Aktivierung)	Handgeschicklichkeit, Gleichgewicht, Koordinationsfähigkeit, Präzisionskontrolle
	Olfaktorische Fähigkeiten	Informationen des Geruchssystems wahrnehmen und verarbeiten	Geruchsgedächtnis
	Taktile Fähigkeiten	Taktile Informationen, wie Berührung oder Wärme und Kälte auf der Haut, wahrnehmen und verarbeiten	Bislang keine gut belegten spezifischen Fähigkeiten
	Kinästhetische Fähigkeiten	Informationen über die Körperposition im Raum, Gewicht und Bewegung wahrnehmen und verarbeiten; Körperhaltung, Gehen, Sprechen, Mimik, Gestik	Bislang keine gut belegten spezifischen Fähigkeiten
	Emotionale Intelligenz	Emotionen wahrnehmen, verstehen und zur Problemlösung einsetzen	Emotionswahrnehmung, Emotionswissen, *Emotionsmanagement, Emotionsnutzung*

Tabelle 1. Beschreibung der breiten Fähigkeiten auf Ebene 2 des CHC-Modells mit Zuordnung ausgewählter spezifischer Fähigkeiten auf Ebene 1. Anmerkungen und Quelle: W. Schneider und McGrew (2018); deutsche Übersetzung der Fähigkeiten nach Preckel und Vock (2021). Unter Vorbehalt aufgenommene Fähigkeiten sind kursiv gedruckt. Die Anzahl spezifischer Fähigkeiten pro breite Fähigkeit fällt sehr unterschiedlich aus; diese sind hier daher nur exemplarisch. Zuordnung zur fluiden (*) oder zur kristallinen (°) Intelligenz.

Denkanstoß

Bitte vergleichen Sie nun Ihre Vorstellungen zur Intelligenz mit dem CHC-Modell.

- Gibt es Fähigkeiten, deren Zuordnung zur Intelligenz Sie überrascht hat?
- Gibt es bestimmte Fähigkeiten, die Sie der Intelligenz zugeordnet haben, die hier fehlen?

Psychologische Forschungsrichtungen

Die drei bisher beschriebenen Intelligenzmodelle stammen aus dem Bereich der *Differentiellen Psychologie*, deren Fokus auf der Erklärung von Unterschieden zwischen Personen liegt. Es gibt allerdings auch weitere

Forschungsrichtungen, die sich mit der Intelligenz aus anderen Blickwinkeln beschäftigen. Eine solche Richtung ist die *Neuropsychologie*, die die Aktivierung von Gehirnregionen beim Denken und Lernen untersucht.

6.2.4 Lurias neuropsychologische Theorie

Theorie von drei Systemen

Luria (1973) betrachtete die Intelligenz aus einer prozessorientierten Perspektive, nämlich der der Gehirnfunktionen. Da zum Zeitpunkt seiner Studien bereits zahlreiche Erkenntnisse darüber vorlagen, welche Regionen des Gehirns für unterschiedliche grundlegende Sinneswahrnehmungen oder einfache Bewegungen verantwortlich sind, fragte sich Luria, wie sich dies bei komplexen Denkleistungen verhält. Dazu untersuchte er Patientinnen und Patienten, die an Gehirnverletzungen litten. Er stellte fest, dass ihnen, je nachdem, welche Gehirnregionen verletzt waren, unterschiedliche Denkleistungen schwerer fielen oder sogar komplett ausfielen. Darauf aufbauend stellte er eine Theorie von drei Systemen auf, die unterschiedliche Funktionen bedienen und in unterschiedlichen Regionen des Gehirns verankert sind, aber bei jeder komplexen Denkleistung zusammenarbeiten.

Das *erste System* beschreibt Basisfunktionen des Gehirns, welche menschliches Denken und Handeln erst möglich machen. Dazu gehören das Aufrechterhalten der Gehirnaktivierung und die Energiezufuhr im Wachheitszustand. Diese Funktionen ermöglichen beispielsweise, dass sich Schülerinnen und Schüler auf eine Aufgabe konzentrieren und Informationen aufnehmen können. Sie sind im sogenannten *Hirnstamm* lokalisiert, dem tiefliegenden Teil im Inneren des Gehirns. Das *zweite System* repräsentiert die Verarbeitung und Speicherung von Informationen, die über alle Sinnesrezeptoren des menschlichen Körpers aufgenommen werden – also über das Sehen, Hören oder Fühlen. Die Aktivierung des zweiten Systems ermöglicht es beispielsweise, mathematische Textaufgaben zu lösen oder komplexe Grammatikstrukturen beim Schreiben eines Textes zu bilden, indem einzelne Informationen aufgenommen, analysiert und verarbeitet sowie über kurze Zeit gespeichert werden. Die betreffenden Regionen befinden sich in den seitlichen Bereichen und im hinteren Teil des Gehirns. Das *dritte System* umfasst die Planung von Zielen und des eigenen Verhaltens. Dafür wird die Aufmerksamkeit reguliert, Verhalten ausgewertet und entsprechend angepasst. Dies findet im sogenannten *Frontalhirn* statt, einem direkt hinter der Stirn gelegenen Teil des Gehirns. Bezogen auf unsere Beispiele wird das dritte System gebraucht, wenn ein Lösungsplan für die Textaufgabe formuliert und dabei die einzelnen Schritte geplant werden oder wenn beim Textschreiben Zeitformen aufeinander aufbauender Abschnitte eruiert werden (s. Abb. 5).

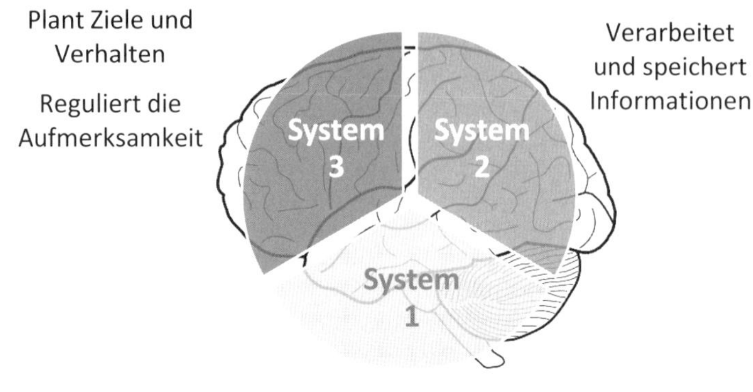

Abbildung 5. Lurias (1973) drei Systeme komplexer Denkleistungen mit ihrer ungefähren Verortung im Gehirn

6.2.5 Fazit zu den Modellen der Intelligenz

Intelligenz setzt sich sowohl aus generellen als auch spezifischen Fähigkeiten und Prozessen zusammen und lässt sich nicht auf eine einzige Fähigkeit reduzieren. Das CHC-Modell repräsentiert die aktuelle Forschung zu den unterschiedlichen beteiligten Fähigkeiten, stellt damit allerdings auch das umfangreichste Modell dar. Die Modelle liefern nun die theoretische Grundlage für die Entwicklung von Intelligenztests. Je nach Modell, auf dessen Basis die Tests entwickelt wurden, unterscheiden sie sich im Inhalt. Daher ist es im Schulkontext hilfreich, die wichtigsten Modelle und darauf aufbauende Tests zu kennen (s. Kapitel 7.3.2).

6.3 Die Rolle der Intelligenz im Lern- und Leistungskontext

Die Intelligenz ist in vielen Lebensbereichen von großer Bedeutung. Eine aktuelle Überblicksstudie von Brown, Wai und Chabris (2021) untersuchte den Einfluss der in der Kindheit und Jugend erfassten Intelligenz auf viele Bereiche im späteren Leben. Je höher die Intelligenz der Kinder und Jugendlichen war, desto positiver entwickelten sie sich in allen betrachteten Lebensbereichen. Unter anderem gehörten hierzu Bildung und Beruf, Gesundheit und Wohlbefinden sowie das Sozialleben. Intelligenz stellt damit eine bedeutende Ressource für so gut wie jeden Lebensbereich dar. Im Folgenden betrachten wir nun die Intelligenz im Lern- und Leistungskontext genauer.

6.3.1 Intelligenz, Lernen und Wissen

Stimmen aus der Praxis

Zum einen bringen besonders intelligente Schülerinnen und Schüler eine bestimmte Menge an Wissen mit. Gleichzeitig hinterfragen diese Schülerinnen und Schüler das Wissen und die Informationen, die sie erhalten. Es ist häufig der Fall, dass sie fragend nachforschen und Zusammenhänge herstellen. Sie erwerben und behalten Informationen schnell und sicher und können diese später auch anwenden. – Maren Nolte, Grundschule

Bei besonders intelligenten Schülerinnen und Schülern fällt mir oft auf, dass sie ein unglaubliches Wissen haben und auch immer noch mehr wissen und dazulernen wollen. Man merkt schon, dass es auch in den Hochbegabtenklassen einige gibt, denen es immer noch nicht schnell genug geht. Sie können Wissen auch sehr gut miteinander verknüpfen und einen manchmal in Grund und Boden diskutieren. – Irene Sonneberg, Gymnasium

Intelligenz spielt beim Lernen und Wissenserwerb eine entscheidende Rolle. Sie hilft dabei, komplexe Inhalte zu verstehen und sich zu merken. Die so entstehenden Wissensstrukturen fördern anschließend das Lösen neuer Aufgaben (Hambrick, 2003). Ein Modell von Weinert (1997) verdeutlicht dieses Zusammenwirken von Intelligenz, Lernen und Wissen (s. Abb. 6).

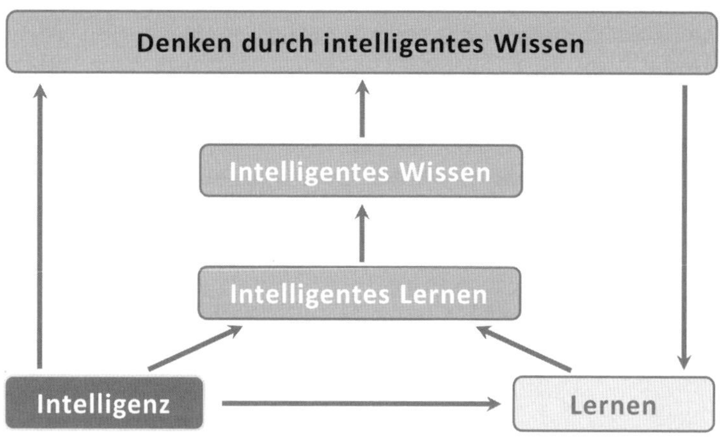

Abbildung 6. Zusammenspiel von Intelligenz, Lernen und Wissen nach Weinert (1997)

Intelligentes Lernen

Intelligenz hat einen positiven Effekt auf das Lernen. Intelligenzunterschiede können erklären, wie viel ansonsten vergleichbare Schülerinnen und Schüler lernen können, wenn sie eine gewisse Zeit und Anstrengung in das Lernen investieren (E. Stern, 2015). Intelligenzunterschiede können bereits im Kindergartenalter vorhersagen, welche Kinder mehr Wissen erwerben werden als andere (Alexander, Johnson, Leibham & DeBauge, 2005). Diese Vorhersagekraft bleibt auch im Erwachsenenalter erhalten (T. Wang, Ren & Schweizer, 2017). Intelligenz kann somit als Anfangsressource betrachtet werden, die in das Lernen investiert wird, um Fähigkeiten und Wissen aufzubauen (E. Stern, 2015). Der positive Effekt der Intelligenz auf das Lernen lässt sich dadurch beschreiben, dass der Prozess des Lernens bei hoher Intelligenz in der Regel schneller abläuft als bei niedriger Intelligenz. Das kann daran liegen, dass auch die Informationsverarbeitung bei intelligenteren Personen schneller vonstattengeht (Sheppard & Vernon, 2008). Sie können Lern- und Übungszeiten zudem effizienter nutzen und ihr Wissen und ihre Fertigkeiten in derselben Zeit schneller und stärker ausbauen (Vaci et al., 2019). Sie lernen demnach auf eine *intelligentere* Art und Weise.

Intelligentes Wissen

Dadurch entsteht wiederum *intelligentes Wissen*. Gemeinsam mit der Intelligenz beeinflusst dieses Wissen das nachfolgende Denken und damit auch das Lernen von neuen Inhalten (Renkl, 1996; s. Abb. 6). Intelligentere Personen organisieren und strukturieren ihr Wissen effizienter. Da das vorhandene Wissen die Basis für die Integration neu gelernten Wissens bildet, wird Wissen durch seine Struktur zu intelligentem Wissen. Diese Struktur ermöglicht die Einschätzung neuer Informationen vor dem Hintergrund des vorhandenen Wissens, den Abruf von Informationen aus dem Gedächtnis und das Auswählen und Anpassen von Lernstrategien. Das vorhandene, intelligente Wissen erleichtert damit das Lernen auf verschiedene Weise.

Fallbeispiel

Nabil ist Siebtklässler an einem Gymnasium. Im Deutschunterricht soll er einen Sachtext über den Einfluss der Menschen auf die Umwelt lesen und die wichtigsten Inhalte aufbereiten, sodass er sie seinen Mitschülerinnen und Mitschülern präsentieren kann. Nabil hat durch seine schnelle Auffassungsgabe innerhalb einer Unterrichtsreihe des Biologieunterrichts bereits intelligentes Wissen über das Ökosystem Wald erworben. Dadurch fällt es ihm besonders leicht, die relevanten Informationen im Text zu fokussieren, die den Einfluss des Menschen auf den Wald darstellen. Nabil kann diese Informationen schnell und sicher aufnehmen und verarbeiten. Da die Anzahl an Informationen, die man gleichzeitig im Gedächtnis über kurze Zeit aufrechterhalten kann, begrenzt ist, hilft Nabils bereits vorhandenes Wissen, Informationen zum Einfluss des Menschen auf das Ökosystem Wald sinnvoll zu gruppieren. Im Vergleich dazu kann er zum Ökosystem Fluss weniger Informationen gleichzeitig verarbeiten. Hier verbringt er mehr Zeit damit, den Text zu verstehen und die wichtigsten Inhalte zusammenzufassen. Das Vortragen der neu gelernten Wissensinhalte dazu, wie der Mensch das Ökosystem Wald beeinflusst, muss

Nabil nur wenig üben. Diese Informationen hat er leicht in sein bestehendes Wissen eingegliedert und kann sie nun sicher abrufen. Die Inhalte zum Ökosystem Fluss hat er dagegen häufiger zur Übung seiner Familie präsentiert.

Das Fallbeispiel zeigt, dass Intelligenz, Lernen und Wissen unmittelbar miteinander verknüpft sind. Intelligenz treibt das Lernen voran und macht es effizienter. Man kann auch mit weniger Intelligenz in vielen Bereichen intelligentes Wissen aufbauen und sehr gute Leistungen erzielen. Dafür wird dann aber mehr Zeit und mehr Anstrengung benötigt (Neubauer & Stern, 2007).

6.3.2 Intelligenz und Leistungen in Schule, Ausbildung und Beruf

Schulnoten

Intelligentere Schülerinnen und Schüler erhalten im Durchschnitt bessere Noten als weniger intelligente Schülerinnen und Schüler (Roth et al., 2015). Dies trifft vor allem für die Noten im MINT-Bereich (Mathematik, Informatik, Naturwissenschaft und Technik) zu, was daran liegen könnte, dass Intelligenztests häufig schwerpunktmäßig das für viele MINT-Fächer erforderliche logisch-schlussfolgernde Denken erfassen. Positive Zusammenhänge zwischen der Intelligenz und den Schulnoten bestehen auch in Sprachen und geisteswissenschaftlichen Fächern, gefolgt von Kunst und Musik. Der kleinste, aber dennoch positive Zusammenhang, zeigt sich im Schulfach Sport. Unterschiede in der Intelligenz zwischen Schülerinnen und Schülern erklären circa 26 bis 32% der Unterschiede in ihren Schulnoten. Insgesamt zeigen damit die Intelligenz und die Schulnoten von Schülerinnen und Schülern einen mittleren Zusammenhang. Im Vergleich zu einem besonders starken Zusammenhang bedeutet dies, dass eine hohe Intelligenz der Schülerinnen und Schüler keine Garantie für bessere Schulnoten ist, diese allerdings deutlich wahrscheinlicher macht.

Standardisierte Schulleistungstests

Wie verhält es sich nun mit standardisierten Schulleistungstests anstelle von Noten? Beispiele für solche Tests sind die VERA-Erhebung oder PISA-Tests, die schulübergreifend durchgeführt und ausgewertet werden. Eine Überblicksstudie von Zaboski, Kranzler und Gage (2018) zeigt, dass die Intelligenz mit standardisierten Schulleistungstests (z. B. in Mathematik und im Lesen) einen mittleren bis hohen Zusammenhang aufweist. Dabei sind es besonders Unterschiede in der allgemeinen Intelligenz, welche bis zu 54% der Unterschiede in den Ergebnissen von standardisierten Schulleistungstests erklären können. Breite Fähigkeiten nach dem CHC-Modell (z. B. die Verarbeitungsgeschwindigkeit) erklären diese Leistungsunterschiede auch, allerdings zu einem geringeren Prozentsatz.

Auch hier lässt sich festhalten, dass die Intelligenz der Schülerinnen und Schüler ein gutes Abschneiden in standardisierten Schulleistungstests deutlich wahrscheinlicher macht, aber nicht garantiert.

Leistungsentwicklung

Die Intelligenz von Schülerinnen und Schülern hängt also positiv mit ihrer *aktuellen* Schulleistung in Form von Noten oder standardisierten Schulleistungstests zusammen. Wie sieht dieser Zusammenhang nun über die Zeit hinweg aus? Deary, Strand, Smith und Fernandes (2007) untersuchten über 70.000 Schülerinnen und Schüler im Alter von 11 Jahren und erneut im Alter von 16 Jahren. Dabei konnten sie zeigen, dass die Intelligenz im Alter von 11 Jahren die Schulleistung fünf Jahre später vorhersagen kann. Am besten sagte die allgemeine Intelligenz die spätere Leistung in standardisierten Mathematiktests vorher und erklärte dabei 59% der Leistungsunterschiede zwischen den Schülerinnen und Schülern, gefolgt von den sprachlichen Fächern (38–48% der Leistungsunterschiede) und den künstlerischen Fächern (18–28% der Leistungsunterschiede). Demnach bestimmt die Intelligenz in Teilen sowohl die aktuelle als auch die zukünftige Schulleistung.

Im Studium und Beruf

Man könnte vermuten, dass die Intelligenz in der Berufsausbildung, im Studium und im Beruf weniger Einfluss auf die Leistung hat als in der Schule. Denn hier geht es augenscheinlich eher um die Spezialisierung in selbst gewählten Bereichen und den Erwerb von Wissen und Erfahrungen in der Praxis. Allerdings zeigen sich auch hier Zusammenhänge der Intelligenz mit unterschiedlichen Erfolgsmerkmalen. So erlauben Intelligenzmaße eine recht gute Vorhersage der im Studium erzielten Noten. Intelligenzunterschiede, erfasst zu Beginn des Studiums, erklären 12–21% der Unterschiede in den Abschlussnoten der Studierenden (Kuncel & Hezlett, 2007). Damit zählt die Intelligenz zu den Merkmalen von Studierenden mit der höchsten Vorhersagekraft für den Studienerfolg (M. Schneider & Preckel, 2017). Im Erwachsenenalter erklären Intelligenzunterschiede am besten Unterschiede im Bildungserfolg (31%), gefolgt von Unterschieden im Berufserfolg (20%) und auch im Einkommen (5%) von Personen (Strenze, 2007).

Fazit

Die Intelligenz spielt in verschiedenen Lebensbereichen jeder Person eine Rolle. Sie beeinflusst das Lernen und den Wissenserwerb der Schülerinnen und Schüler und damit sowohl die aktuelle Schulleistung als auch die Leistungsentwicklung bis hinein in das Berufsleben.

6.4 Entwicklung und Einflussfaktoren

Intelligenz entwickelt und verändert sich über die gesamte Lebensspanne. Der Entwicklungsverlauf ist dabei nicht geradlinig, sondern kann besser als Kurve beschrieben werden, die anfangs steil ansteigt und über die Zeit hinweg immer weiter abflacht (s. Abb. 7).

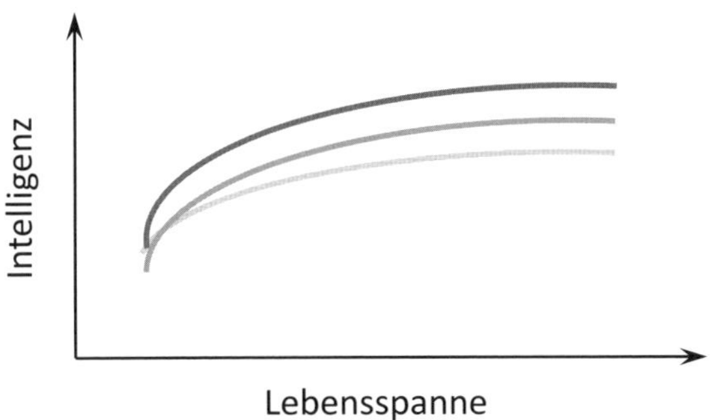

Abbildung 7. Drei Beispielverläufe für die Entwicklung der Intelligenz über die Lebensspanne

Insbesondere in der frühen Kindheit nimmt die Intelligenz stark zu. Am raschesten entwickeln sich die Wahrnehmungsgeschwindigkeit, die räumlichen Fähigkeiten, das schlussfolgernde Denken und das Zahlenverständnis (Carroll, 1993). Fähigkeiten, die mit hohem Verarbeitungsaufwand verbunden sind, wie die Wahrnehmungsgeschwindigkeit, das Arbeitsgedächtnis, das abstrakt-schlussfolgernde oder visuell-räumliche Denken, erreichen ihren Höhepunkt im frühen Erwachsenenalter und nehmen dann im weiteren Verlauf des Lebens ab. Fähigkeiten, die vor allem auf allgemeinem oder spezifischem Wissen basieren und dessen Anwendung erfordern, steigen bis ins späte Erwachsenenalter an (Tucker-Drob et al., 2022).

Führt man Intelligenztests über größere Zeitabstände mehrfach mit derselben Person durch, ähneln sich die Testergebnisse meist stark. Zugleich werden Intelligenztestergebnisse von Einzelpersonen immer auf eine Gruppe von Vergleichspersonen, zum Beispiel desselben Alters, bezogen (s. Kapitel 7.3.3). Fallen Testergebnisse einer Person über die Zeit nun ähnlich aus, bedeutet das, dass ihre individuelle Rangposition in der Vergleichsgruppe recht stabil bleibt (sie gehört z. B. immer zu den oberen 10%). Das schließt nicht aus, dass sich die Intelligenz der einzelnen Person trotzdem verändert hat – dann allerdings in ähnlichem Ausmaß wie bei den anderen Personen auch. Abbildung 7 zeigt die Veränderung der Intelligenz über die Lebensspanne für drei verschiedene Personen. Sie starten in diesem Beispiel an einem ähnlichen Ausgangspunkt und entwickeln sich auch ähnlich über die Zeit hinweg, allerdings stärker oder schwächer im Vergleich zueinander. Ab einem gewissen Punkt bleibt die Rangfolge der Personen in der Intelligenz dann stabil.

Stabilität der Intelligenz

Je eher im Leben die Intelligenz erfasst wird, desto weniger wahrscheinlich ist es allerdings, dass man sehr ähnliche Werte auch später im

Leben erhält. Die Stabilität der Intelligenz ist im Vor- und frühen Grundschulalter noch gering. Betrachtet man den Entwicklungsverlauf einzelner Grundschulkinder, so können sich hier über mehrere Jahre Veränderungen um bis zu 20 IQ-Punkte zeigen – und zwar nach oben wie unten (W. Schneider, Bullock & Sodian, 1998; mehr zu IQ-Punkten s. Kapitel 7.3.3). Ab dem mittleren Grundschulalter kann man aufgrund der aktuellen Intelligenzwerte erste Vorhersagen für das junge Erwachsenenalter machen. Im Jugendalter nimmt die Stabilität dann weiter zu (Wilson, 1986) und ab der Pubertät sind auch längerfristige Prognosen möglich.

Gen-Umwelt-Interaktion

Die Gen-Umwelt-Interaktion, also das Zusammenspiel zwischen genetischer Anlage und äußeren Umwelteinflüssen, trägt zur gesamten Entwicklung von Personen bei – so auch zur Entwicklung von Intelligenz, Kreativität und Hochbegabung. Am Beispiel der Intelligenz möchten wir dies verdeutlichen. Bestimmen eher die Erbanlagen in Form der Gene, die eine Person von ihren Eltern erbt, ihre Intelligenz oder ist es eher die vorgeburtliche, familiäre oder schulische Umwelt, welche die Entwicklung entscheidend beeinflusst? Die richtige Antwort ist: Beides! Die Gene einer jeden Person sind die Basis für die Intelligenzentwicklung. Die Entwicklung hängt allerdings stark von einer förderlichen Umwelt ab. Kinder benötigen kontinuierlich Gelegenheiten, um ihre kognitiven Fähigkeiten zu entwickeln, beispielsweise indem sie in verschiedenen Bereichen Wissen und Fertigkeiten erwerben und sich ausprobieren können (Preckel et al., 2020). Mit Umwelt werden dabei jegliche Einflüsse bezeichnet, die nicht direkt mit den Genen zu tun haben. Dazu zählen beispielsweise die Einflüsse der Familie, von Gleichaltrigen, des Schulkontextes und der Lehrpersonen. Ganz genau kann nicht gesagt werden, welcher Teil der Intelligenzentwicklung auf den Einfluss der Gene oder der Umwelt zurückgeht (Mackintosh, 2011). Vergleicht man aber Altersgruppen miteinander, steigt der Zusammenhang zwischen Genen und Intelligenz von der Kindheit bis ins hohe Erwachsenenalter an (Plomin & Deary, 2015). Das bedeutet, dass die Umwelt die Unterschiede in der Intelligenzentwicklung zwischen Kindern tendenziell besser erklären kann als die Gene. Unter den Umweltfaktoren gibt es keinen einzelnen Faktor, der alle Unterschiede in der Intelligenzentwicklung erklärt, sondern eher viele kleine Beiträge unterschiedlicher Faktoren (Mackintosh, 2011).

Bildung als Einflussfaktor

Die Schulbildung wirkt sich positiv auf die Intelligenzentwicklung von Schülerinnen und Schülern aus. So sind es zum Beispiel die absolvierten Bildungsjahre, die nachweislich zu einer Steigerung der Intelligenz um ungefähr einen bis fünf IQ-Punkte pro Jahr führen (Ritchie & Tucker-Drob, 2018). Haben Kinder und Jugendliche nicht die Gelegenheit, in die Schule zu gehen, sinken ihre Intelligenzwerte mit jedem verpassten Schuljahr dagegen um circa sechs IQ-Punkte (Neisser et al., 1996). Neubauer und Stern (2007) erklären den Einfluss des Schulbesuchs zum einen damit, dass Grundlage vieler Intelligenztests das Wissen über und der Umgang mit Zahlen, Sprache und Figuren ist, welcher in der Schule geübt wird. Jede schulische Aufgabe, die Denkanstrengung erfordert, kann zudem als Training der Intelligenz angesehen werden. Zum anderen werden in der Schule metakognitive Strategien gefördert. Das bedeutet, dass Schülerinnen und Schüler lernen, ihre eigenen Denkprozesse zu verstehen und zu beeinflussen, was sich wieder positiv auf die Intelligenz auswirkt.

Zusammenwirken von Genen und Umwelt

Gene und Umwelt beeinflussen die individuelle Entwicklung von Kindern gemeinsam. Dabei können drei Arten des Zusammenwirkens unterschieden werden: passives, reaktives und aktives Zusammenwirken (Plomin, 1994). Wenn Eltern für ihre Kinder aufgrund ihrer eigenen Gene eine förderliche Umwelt schaffen, wird dies als *passives* Zusammenwirken beschrieben. Da sie ihre Intelligenz zum Teil über die Gene an ihre Kinder weitergeben, passt die geschaffene Umwelt mit höherer Wahrscheinlichkeit zu den Kindern und fördert ihre Intelligenzentwicklung. Ein *reaktives* Zusammenwirken beschreibt die Reaktion der Umwelt auf Merkmale der Kinder. Ein intelligenteres Kind wird in der Schule zum Beispiel mit höherer Wahrscheinlichkeit Aufgaben schnell und richtig lösen und der Lehrperson damit signalisieren, dass es mehr leisten kann. Reagiert die Lehrperson darauf mit Fördermaßnahmen, entsteht eine reaktive Passung zwischen Genen und Umwelt. Das Zusammenspiel zwischen Genen und Umwelt wird als *aktiv* bezeichnet, wenn Kinder eine passende Umwelt zu ihren eigenen, zum Teil über ihre Gene definierten, Merkmalen und Fähigkeiten anstreben. Dadurch stellen sie eine aktive Passung zwischen Genen und Umwelt her. Im Laufe der Entwicklung verändert sich das Zusammenspiel von passiv zu eher aktiv, wenn Kinder und Jugendliche zunehmend eigene Entscheidungen darüber treffen, welche Umwelt sie wählen oder wie sie ihre Umwelt gestalten. Sogenannte *erfahrungsinduzierende Antriebe* (engl. experience-producing drives; Bouchard, 1997), die zum Teil eine genetische Grundlage haben, beeinflussen dabei, welche Erfahrungen eine Person macht. Es konnte zum Beispiel im musikalischen Bereich gezeigt werden, dass die Tendenz zum Üben auch erblich bedingt ist (Mosing, Madison, Pedersen, Kuja-Halkola & Ullén, 2014). Die Gene bestimmen also mit, in welche Umwelt sich Personen begeben und welche Erfahrungen sie machen (Tucker-Drob, 2018).

Fazit zu Entwicklung und Einflussfaktoren

Die Intelligenz gewinnt bis zum Erwachsenenalter an Stabilität. Auf individueller Ebene lassen sich allerdings durchaus Veränderungen erkennen. Stabil heißt damit nicht unveränderbar! Die Gene und die

Umwelt interagieren in der Entwicklung der Intelligenz auf vielfache Art und Weise. Damit reicht es nicht aus, entwicklungsförderliche Gene von den Eltern zu erhalten. Ohne günstige Entwicklungsbedingungen und Förderung können sich Anlagen nicht günstig entwickeln. Besonders im Kindes- und Jugendalter ist eine positive Entwicklung der Intelligenz von einer förderlichen Umwelt abhängig. Damit kommt dem Elternhaus und vor allem auch der Schule für die Intelligenzentwicklung eine entscheidende Bedeutung zu (s. Kapitel 8.2).

6.5 Unterschiede nach Schulform, Geschlecht und Herkunft

In diesem Kapitel geht es um die Frage, ob es zwischen Schülerinnen und Schülern aus verschiedenen Gruppen Intelligenzunterschiede gibt. Während man in Grundschulen in der Regel noch keine Gruppierung der Schülerinnen und Schüler vornimmt, erfolgt in Deutschland ab der weiterführenden Schule eine Gruppierung in verschiedene Schulformen. Führt diese auch zu Unterschieden in der durchschnittlichen Intelligenz nach Schulform? In Abbildung 8 sehen Sie die Verteilung der Intelligenz von 12,5- bis 16,5-jährigen Schülerinnen und Schülern an unterschiedlichen Schulformen in Deutschland. Die Daten stammen aus der Normierungsuntersuchung eines Intelligenztests (BIS-HB; Jäger et al., 2006), der die im BIS-Modell beschriebenen Fähigkeiten erfasst (s. Kapitel 6.2.2).

Obwohl sich die Durchschnitts-IQ-Werte der Schulformen alle signifikant unterscheiden, sieht man in Abbildung 8 deutliche Überlappungen. So finden sich an Hauptschulen Schülerinnen und Schüler, deren Intelligenz mit der durchschnittlichen Intelligenz von Gymnasiastinnen und Gymnasiasten vergleichbar ist und umgekehrt. Und auch an Begabtengymnasien zeigt nicht jede Schülerin oder jeder Schüler eine weit überdurchschnittliche Intelligenz. Diese Ergebnisse zeigen erneut, dass eine höhere Intelligenz höhere Schulleistungen wahrscheinlicher macht, sie aber nicht garantiert. Leistungen werden eben auch durch andere Faktoren als die Intelligenz erklärt. Die Ergebnisse legen zudem nahe, dass nicht jede Schülerin oder jeder Schüler eine Schulform besucht, die zu ihren oder seinen kognitiven Fähigkeiten passt. Und schließlich ist die jeweilige Intelligenz der Schülerinnen und Schüler auch nicht unabhängig von der besuchten Schulform, denn vergleichbar intelligente Jugendliche entwickeln sich in kognitiv herausfordernden Schulumgebungen wie dem Gymnasium in ihrer Intelligenz besser als an anderen Schulformen (Becker, Lüdtke, Trautwein, Köller & Baumert, 2012).

Geschlechterunterschiede

In den meisten Lebensbereichen zeigen beide Geschlechter mehr Gemeinsamkeiten als Unterschiede (Hyde, 2005). Auch in der Höhe

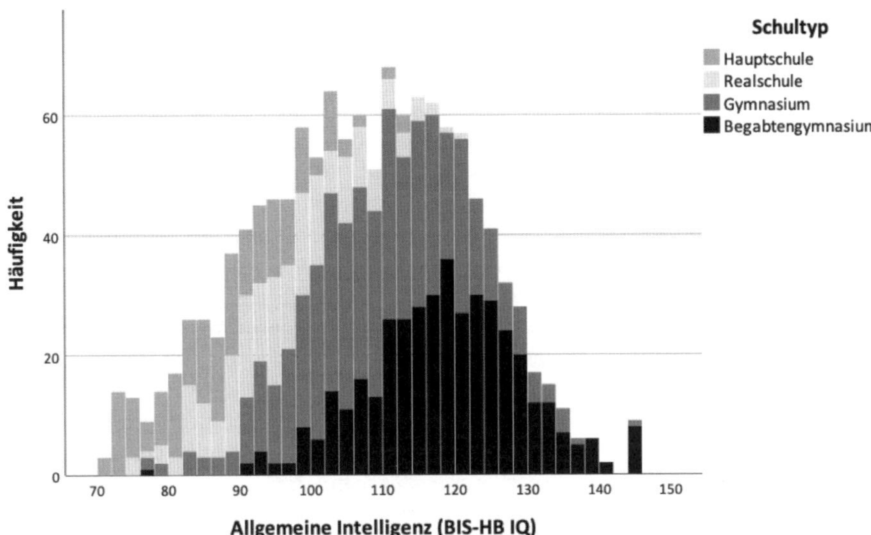

Abbildung 8. Verteilung der Werte für die allgemeine Intelligenz (BIS-HB IQ) bei 1328 Schülerinnen und Schülern aus verschiedenen Schulformen (Datenerhebungen in 2002), dargestellt als gestapelte Balken mit der jeweiligen Anzahl der Schülerinnen und Schüler nach Schulform (anhand der Normdaten selbst erstellte Abb.)

der *allgemeinen* Intelligenz unterscheiden sie sich nicht (Reynolds, Hajovsky & Caemmerer, 2022). Einige spezifische Fähigkeiten lassen allerdings geschlechtsspezifische Unterschiede erkennen. Bei den *räumlichen* Fähigkeiten sind männliche Personen im Vorteil, insbesondere bei der mentalen Rotation, bei der in der Vorstellung Objekte gedreht werden müssen. Vorteile für männliche Personen zeigen sich hier besonders stark in Tests, die zeitbegrenzt sind. Da in Schulen meist kein kompensierendes Training räumlicher Fähigkeiten vorgesehen ist, könnte dieser Unterschied auf mehr Übung und Erfahrung männlicher Personen zurückzuführen sein (z. B. durch Sport- oder Videospiele; Hyde, 2014). In den *verbalen* Fähigkeiten finden sich je nach untersuchter spezifischer Fähigkeit Vorteile für beide Geschlechter (Hyde, 2014). Nach Altersgruppe betrachtet, schneiden zwei- bis vierjährige Mädchen etwas besser als Jungen im Wortschatz ab. Jungen sind etwas stärker im Alter von zehn bis zwölf Jahren, wohingegen sich keine Unterschiede für die Altersgruppen sieben, neun, vierzehn und sechszehn finden lassen (Toivainen, Papageorgiou, Tosto & Kovas, 2017). Im Leseverständnis finden manche Studien Vorteile für weibliche Personen, andere finden wiederum fast keinen Geschlechterunterschied (Hyde, 2014). Im Schreiben zeigen sich dagegen zuverlässig

Vorteile von weiblichen gegenüber männlichen Personen (Reynolds et al., 2022). Dieser Geschlechterunterschied könnte ebenfalls mit unterschiedlichen Sozialisationserfahrungen oder Interessen zusammenhängen. Bei den *numerischen* Fähigkeiten können auch nur geringe Geschlechterunterschiede gefunden werden. Lediglich im komplexen Problemlösen beziehungsweise höheren numerischen Fähigkeiten zeigen sich geringe Vorteile von männlichen Personen (Hyde, 2014; Reynolds et al., 2022). Zusammengenommen gibt es nur geringe Geschlechterunterschiede in kognitiven Fähigkeiten zwischen Schülerinnen und Schülern. Diese beziehen sich auf spezifische Fähigkeiten sowie auf Durchschnittswerte für Gruppen. Einzelfälle können davon nochmals deutlich abweichen. Insgesamt sind sich Schülerinnen und Schüler in ihrer Intelligenz ähnlicher, als dass sie sich unterscheiden. Die Unterschiede zwischen Schülerinnen und Schülern sind weitaus kleiner als die Unterschiede innerhalb der Gruppe der Schülerinnen oder innerhalb der Gruppe der Schüler.

Unterschiede nach der Herkunft

Im Hinblick auf die geographische, ethnische, soziale und kulturelle Herkunft der Schülerinnen und Schüler würde der Blick auf einzelne Gruppenzugehörigkeiten zu kurz greifen. Es reicht also nicht aus, beispielsweise nur auf die kulturelle Herkunft zu schauen. Verschiedene Herkunftsfamilien unterscheiden sich stark in Erwartungen der Eltern, im Wert von Bildung innerhalb der Familie, in den vorhandenen Ressourcen oder darin, inwieweit Schülerinnen und Schüler Unterstützung erfahren (Suzuki, Larson-Konar, Short & Lee, 2020). Intelligenz und Wissen entwickeln sich in Abhängigkeit davon, welche Informationen zur Verfügung stehen, was wiederum durch den (kulturellen) Kontext mitbestimmt wird. So muss beim Vergleich von IQ-Werten von Personen mit unterschiedlicher Herkunft immer beachtet werden, dass diese in unterschiedlichem Maße Zugang zu denselben Informationen hatten (Fagan & Holland, 2007). Im Kontext der Herkunft von Schülerinnen und Schülern gibt es einen gut belegten Zusammenhang der Intelligenz mit dem sozioökonomischen Status (SöS; Rost, 2013).

Sozioökonomischer Status

Der SöS ist sehr weitgefasst, indem er zum Beispiel als Anhaltspunkt dafür betrachtet wird, wie förderlich die häusliche Umgebung für die Intelligenzentwicklung gestaltet ist. Dazu zählt beispielsweise, welchem Beruf die Eltern nachgehen, welche Ressourcen für Bildung zur Verfügung stehen oder welche Einstellungen die Eltern gegenüber Bildung haben (Rost, 2013). Im Vergleich zu anderen Umweltmerkmalen zählen der elterliche SöS (Flensborg-Madsen, Falgreen Eriksen & Mortensen, 2020) sowie das Einkommen und die Bildung der Eltern (Lawlor et al., 2006) zu den stärksten Vorhersagemerkmalen für die Intelligenzentwicklung von Schülerinnen und Schülern. So erklären

Unterschiede im elterlichen SöS in der Kindheit von Schülerinnen und Schülern 16 bis 19% der Unterschiede in ihrer Intelligenz im Erwachsenenalter (Flensborg-Madsen et al., 2020). Besonders positiv wirkt es sich aus, wenn das Zuhause kulturelle Güter leicht zugänglich macht (z. B. Bücher, Spiele und Spielzeuge; Seifer, 2001) und die Eltern häufig und fördernd mit ihren Kindern interagieren (Mackintosh, 2011). Wie viele Wörter Kinder bis zu ihrem dritten Lebensjahr bereits gehört haben, unterscheidet sich beispielsweise stark zwischen Haushalten mit niedrigem und hohem SöS (10 zu 30 Millionen Wörter). Im Laufe des Lebens wird der Zusammenhang zwischen Intelligenz und SöS nochmals stärker. In der Kindheit entspricht der SöS der Schülerinnen und Schüler zumeist dem der Eltern. Im Erwachsenenalter erreichen dann Personen mit hoher Intelligenz häufiger einen höheren SöS als ihre Eltern (Rost, 2013). Der Zusammenhang zwischen Intelligenz und aktuellem SöS ist bei Erwachsenen demnach stärker als im Kindes- und Jugendalter.

Zusammenfassend kann im Hinblick auf die Herkunft der Schülerinnen und Schüler festgehalten werden, dass herkunftsbedingte Unterschiede auch immer anzeigen, welche Informationen einer Person in ihrer bisherigen Entwicklung zugänglich waren. Darüber hinaus sind viele verschiedene Gruppenzugehörigkeiten gleichzeitig von Bedeutung, wenn man individuelle Schülerinnen und Schüler betrachtet. Gruppenunterschiede sollten damit nicht vorschnell auf ein Merkmal reduziert werden.

6.6 Fazit

Als Heterogenitätsfacette und wichtiger Einflussfaktor auf das Lernen und den Schulerfolg spielt Intelligenz in der Schule eine große Rolle. Schülerinnen und Schüler zeichnet ein individuelles kognitives Profil aus, das sich gemeinsam mit ihrer Persönlichkeit und ihren Interessen und Leistungen über die Schulzeit hinweg entwickelt. Dabei hat schulische Bildung deutlich positive Auswirkungen auf die Intelligenzentwicklung.

Wir haben Sie in Kapitel 6.1 und 6.2.3 darum gebeten, über Ihre ganz persönlichen Vorstellungen zu Intelligenz nachzudenken. Überlegen Sie nun, ob und wie sich diese Vorstellungen verändert haben (z. B. zur Stabilität der Intelligenz oder zur Rolle der Schule bei der Intelligenzentwicklung) und was Sie aus diesem Kapitel für Ihre Unterrichtspraxis mitnehmen möchten und können.

Take-Home Message

- Intelligenz setzt sich aus allgemeinen und spezifischen Fähigkeiten zusammen. Schülerinnen und Schüler können daher ihre ganz individuellen kognitiven Stärken und Schwächen haben.
- Über die Lebensspanne hinweg entwickelt sich die Intelligenz und das besonders im Kindes- und Jugendalter. Dabei wirken Gene und Umwelt stets zusammen.
- Bildung wirkt sich positiv auf die Intelligenzentwicklung aus; ein Mangel an Bildung wirkt sich negativ aus.
- Intelligenz, Lernen und Wissen sind untrennbar miteinander verbunden. Intelligenz spielt damit eine maßgebliche Rolle für den Schulerfolg, ist jedoch nicht allein für ihn verantwortlich.
- Es gibt keine generellen Geschlechterunterschiede in der allgemeinen Intelligenz und Unterschiede innerhalb der Geschlechter sind größer als die zwischen den Geschlechtern.

7 Erkennen

Lernziele

Sie lernen verschiedene Informationsquellen kennen, nämlich Selbsteinschätzungen, Einschätzungen durch Lehrpersonen und Tests, sowie deren Vor- und Nachteile. Sie sind darüber hinaus in der Lage, Intelligenztestergebnisse einzuordnen.

7.1 Selbsteinschätzung

Die Einschätzung unserer eigenen Intelligenz gelingt uns nicht besonders gut. Eine Überblicksstudie von Freund und Kasten (2012) zeigt, dass Unterschiede in der selbsteingeschätzten Intelligenz lediglich circa 11% der tatsächlichen Unterschiede in der Intelligenz erklären. Insbesondere unsere allgemeine Intelligenz, aber auch die Fähigkeit zum logischen Schlussfolgern und zur visuellen Verarbeitung können wir schlecht beurteilen (s. auch CHC-Modell, Kapitel 6.2.3; Herreen & Zajac, 2018). Etwas besser hingegen gelingt die Selbsteinschätzung der eigenen numerischen Fähigkeiten (Neubauer, Pribil, Wallner & Hofer, 2018) und des eigenen Wissens (Herreen & Zajac, 2018). Ihre verbalen Fähigkeiten schätzen Schülerinnen und Schüler im Alter von 14 Jahren noch recht ungenau ein; im Alter von 18 Jahren gelingt ihnen das schon besser (Neubauer et al., 2018). Selbsteinschätzungen der Intelligenz können damit je nach Fähigkeit unterschiedlich genau ausfallen. Sie können Hinweise zum Selbstbild der eigenen Intelligenz von Personen liefern. Sie eignen sich aber keineswegs als belastbare Informationsquelle für die tatsächlichen Fähigkeiten einer Person.

7.2 Schulleistungen und Einschätzungen durch Lehrpersonen

Intelligenz zeigt mittlere Zusammenhänge mit Schulnoten und etwas höhere mit der Leistung in standardisierten Schulleistungstests (s. Kapitel 6.3.2). Unterschiede in der Schulleistung geben damit erste Hinweise auf Intelligenzunterschiede. Bewertungen von Schulleistungen sind in der Schule stets verfügbar. Dies trifft insbesondere auf Noten zu. Noten unterliegen jedoch gewissen Einschränkungen und Fehlerquellen und sind damit als Kriterium nur bedingt geeignet (s. Website zur Notenvergabe unter www.notenvergabe.de). Was passiert zudem, wenn sich die Intelligenz von Schülerinnen und Schülern nicht in ihren Leistungen zeigt, wenn sie aus verschiedenen Gründen weniger leisten, als sie aufgrund der Intelligenz eigentlich könnten (s. Kapitel 14.6.2)?

Stimmen aus der Praxis

Ich habe immer wieder Schülerinnen und Schüler, die hohe Intelligenztestwerte erzielen, und sich trotzdem aus ganz unterschiedlichen Gründen nicht an schwierige Aufgaben herantrauen. Sie wagen sich zum Teil nicht hinaus, in das, was sie eigentlich könnten, weil sie Angst vor dem Scheitern haben. Anderen fehlt die Motivation oder die Bereitschaft zu arbeiten. – Irene Sonnenberg, Gymnasium

Ich glaube, es ist ganz wichtig für die Schülerinnen und Schüler, dass man sie früh erkennt und ihnen auch signalisiert: Ich habe dich erkannt. Ich weiß, dass du viel mehr kannst und weißt. Du darfst mir das zeigen! Meine Tochter konnte bereits mit vier Jahren gut lesen. Als sie dann zur Schule kam, tat sie mit einem Mal so, als könnte sie das nicht. Sie hat sich völlig an ihre Mitschülerinnen und Mitschüler angepasst und fing an, Wörter zu buchstabieren und zu lautieren. Als ich sie fragte, was sie denn da mache, erwiderte sie, dass das alle so machen würden. Meine Tochter hatte sich in der Klasse weitestgehend angepasst und war dort ein ganz soziales, liebes Kind, aber beschwerte sich zu Hause, wie langweilig es in der Schule sei. – Annette Hellmann, Grundschule

Intelligenz vs. Leistung

Wenn Schülerinnen und Schüler nicht die Leistungen zeigen, die sie aufgrund ihrer Intelligenz erreichen könnten, werden sie in der Regel unterschätzt. Lehrpersonen orientieren sich bei der Einschätzung der Intelligenz der Lernenden stark an der gezeigten Leistung (Hanses & Rost, 1998) und die Leistungseinschätzung gelingt Lehrpersonen auch deutlich besser als die Einschätzung der Intelligenz der Schülerinnen und Schüler. Überblicksstudien zu Einschätzungen durch Lehrpersonen (Machts, Kaiser, Schmidt & Möller, 2016; Südkamp, Kaiser & Möller,

2012) zeigen, dass sie die Leistungen ihrer Schülerinnen und Schüler mit mittlerer bis hoher Genauigkeit einschätzen können. Die Intelligenz ihrer Schülerinnen und Schüler können sie dagegen etwas weniger akkurat einschätzen, nämlich mit mittlerer Genauigkeit. Viele Schülerinnen und Schüler werden recht genau eingeschätzt, etliche jedoch auch deutlich über- oder unterschätzt. Die Einschätzung der Intelligenz durch Lehrpersonen hängt stärker mit der gezeigten Schulleistung als mit der tatsächlichen Intelligenz der Schülerinnen und Schüler zusammen. So trennen Lehrpersonen Schulleistung und Intelligenz oftmals nicht, sondern fassen beide unter dem Oberbegriff *Fähigkeiten* zusammen (Anders, McElvany & Baumert, 2010). Hohe Schulleistungen werden daher schnell mit hoher Intelligenz gleichgesetzt, niedrige Schulleistungen mit niedriger Intelligenz. Ein mittlerer Zusammenhang zwischen beiden bedeutet aber lediglich, dass höhere Intelligenz bessere Leistungen wahrscheinlicher macht, aber nicht garantiert. Ein „Einserschüler" kann eine durchschnittliche Intelligenz haben, eine versetzungsgefährdete Schülerin hoch intelligent sein.

Einflüsse auf Einschätzungen der Intelligenz

Studien zeigen, dass Einschätzungen der Intelligenz durch Lehrpersonen neben der Schulleistung durch weitere Faktoren beeinflusst werden können – und das unabhängig von der tatsächlichen Intelligenz der Schülerinnen und Schüler. Zum einen werden Schülerinnen und Schüler aus bildungsnahen Elternhäusern, mit hohem sozioökonomischem Status und ohne Migrationshintergrund intelligenter eingeschätzt als solche mit geringerem Bildungshintergrund und sozioökonomischen Status sowie mit Migrationshintergrund. Zudem werden Mädchen weniger intelligent eingeschätzt als Jungen. Schülerinnen und Schüler mit einer positiven Einschätzung der eigenen Fähigkeiten im Lern- und Leistungskontext (positives akademisches Selbstkonzept) werden zudem für intelligenter gehalten als solche mit einem niedrigen akademischen Selbstkonzept. Zum anderen spielt die Zusammensetzung der Klasse eine Rolle in der Einschätzung der Intelligenz durch die Lehrperson. In Klassen mit höherem Intelligenzdurchschnitt werden Schülerinnen und Schüler tendenziell unterschätzt, in Klassen mit niedrigerem Intelligenzdurchschnitt dagegen eher überschätzt. Am genausten werden die Schülerinnen und Schüler in durchschnittlich intelligenten Klassen eingeschätzt. Darüber hinaus beeinflussen Merkmale der Lehrperson die Intelligenzeinschätzung. Beispielsweise schätzen Lehrpersonen die Intelligenz ihrer Schülerinnen und Schüler umso höher ein, je stärker sie mit ihnen bekannt sind (Gnas, Mack & Preckel, 2022; Machts et al., 2016).

Auswirkungen von Unterschätzung

Unterschätzung ist immer mit Nachteilen für die Schülerinnen und Schüler verbunden. So fühlen sich unterschätzte Schülerinnen und Schüler in der Schule weniger wohl als überschätzte Schülerinnen und

Schüler. Sie sind zum Beispiel weniger motiviert, haben ein geringeres akademisches Selbstkonzept oder erleben weniger Freude in der Schule. Zudem entwickeln sie sich auch weniger stark in ihren Leistungen und fühlen sich weniger unterstützt und angenommen von ihren Lehrpersonen sowie Mitschülerinnen und Mitschülern (Stang & Urhahne, 2016; Urhahne, Chao, Florineth, Luttenberger & Paechter, 2011). Weiterführende Informationen erhalten Sie unter www.begabungerkennen-undfoerdern.de im Bereich *Erkennen*.

Fazit

Lehrpersonen können die Intelligenz ihrer Schülerinnen und Schüler mit mittlerer Genauigkeit einschätzen. Über- und Unterschätzungen sind dabei nicht komplett zufällig, sondern liegen auch an Merkmalen der Lernenden, der Klasse oder der Lehrperson. Lehrpersonen gelingt die Einschätzung von Schulleistungen recht gut und wenn sich die Intelligenz einer Schülerin oder eines Schülers auch in entsprechenden Leistungen zeigt, wird sie oder er daher zumeist recht genau eingeschätzt. Herausfordernder wird es, wenn Schülerinnen und Schüler ihr Potenzial nicht zeigen oder wenn es darum geht, Stärken und Schwächen von Schülerinnen und Schülern zu beurteilen. Hat beispielsweise ein Kind eine besondere Stärke im schlussfolgernden Denken und ist relativ dazu schwächer darin, sich sprachlich auszudrücken, kann die Lehrperson dieses Profil durch Beobachtung und in Gesprächen nur bedingt aufdecken.

7.3 Intelligenztests

Stimmen aus der Praxis

Mir hat es immer gereicht zu wissen, die Schülerin oder der Schüler kann mehr. Der genaue IQ-Wert hat mich dabei weniger interessiert. Wichtig ist auch, welches Profil eine Schülerin oder ein Schüler hat. Ist sie oder er zum Beispiel in allen Fähigkeitsbereichen stark oder zeigt sich eine klare sprachliche oder mathematische Stärke? – Annette Hellmann, Grundschule

Bei uns dienen die Intelligenztests in erster Linie als eines von mehreren Entscheidungskriterien für die Schullaufbahnberatung; ganz konkret, ob wir Schülerinnen und Schüler in unsere Hochbegabtenklasse aufnehmen oder einen anderen Bildungsgang empfehlen. Wenn sie dann bei uns anfangen, werden die Testergebnisse zu Rate gezogen, wenn es Schwierigkeiten gibt. Manchmal können Schwierigkeiten im Unterricht durch eine Schwäche in einem Intelligenzbereich erklärt werden, sodass wir entsprechende Fördermaßnahmen einleiten können. Wir haben aber nicht den Anspruch, dass alle Schülerinnen und Schüler in allen Fächern Bestleistungen erzielen. Vielmehr geht es darum, es ihnen zu ermöglichen, das zu entfalten, was sie besonders gut können. – Irene Sonnenberg, Gymnasium

Die zuverlässigste Informationsquelle zur Erfassung der Intelligenz einer Person sind Tests. Im Folgenden gehen wir darauf ein, was ein Test ist, unter welchen Voraussetzungen Intelligenztests durchgeführt werden, welche Testarten es gibt, wie Intelligenztestergebnisse interpretiert werden können und wo die Grenzen der Tests liegen.

Im Kontext der psychologischen Diagnostik wird ein Test definiert als „ein wissenschaftliches Routineverfahren zur Erfassung eines oder mehrerer empirisch abgrenzbarer psychologischer Merkmale mit dem Ziel einer möglichst genauen quantitativen Aussage über den Grad der individuellen Merkmalsausprägung" (Moosbrugger & Kelava, 2012, S. 2).

Ein Intelligenztest erfasst also die Intelligenz von Personen, allerdings immer nur ausschnittsweise. Er setzt sich zumeist aus unterschiedlichen Aufgaben zusammen, die mit Bezug auf die theoretische Grundlage des Tests eine oder mehrere kognitive Fähigkeiten erfassen (s. Kapitel 7.3.2).

7.3.1 Voraussetzungen

Einsatzbedingungen

Intelligenztests müssen bestimmte Anforderungen erfüllen. So muss nachgewiesen sein, dass sie zu gültigen, zuverlässigen, objektiven und fairen Ergebnissen führen. Um die Testantworten von Personen interpretieren zu können, müssen diese anhand von sogenannten *Normen* ins Verhältnis zu einer Vergleichsgruppe gesetzt werden (s. Kapitel 7.3.3). Die Normen von Tests sollten aktuell sein und die Vergleichsgruppen möglichst repräsentativ. Intelligenztests finden keinen Einsatz im Unterricht, weil sie ausschließlich durch dafür geschulte Personen mit psychologischen Fachkenntnissen durchgeführt werden können und zumeist im Rahmen psychologischer Diagnostik stattfinden. Ohne entsprechende Zusatzqualifikation dürfen Lehrpersonen keine Intelligenztests selbst durchführen. Generell sollte stets abgewogen werden, welchen Nutzen und welche Kosten eine Intelligenztestung mit sich bringt. Die Testung ist nie Selbstzweck, sondern dient dazu, eine konkrete Fragestellung zu beantworten. Beispielfragen für den Einsatz von Intelligenztests im Schulkontext sind:

- Sollte die Schülerin oder der Schüler vorzeitig eingeschult werden?
- Hat die Schülerin oder der Schüler eine Lernbehinderung?
- Ist die Schülerin oder der Schüler unter- oder überfordert?

- Sollte die Schülerin oder der Schüler eine Klasse überspringen?
- Welcher Schultyp wird der Schülerin oder dem Schüler am ehesten gerecht?
- Eignet sich eine Förderklasse mit naturwissenschaftlichem Schwerpunkt für die Schülerin oder den Schüler?

Statusdiagnostik

Intelligenztests nehmen bei all diesen Fragestellungen eine bedeutende Rolle ein. Dennoch reichen sie als alleinige Informationsquelle nicht aus und müssen um weitere Informationen und teilweise auch Tests ergänzt werden, die andere im Schulkontext relevante Fähigkeiten, Merkmale und Fertigkeiten der Schülerinnen und Schüler fokussieren (s. Kapitel 14.3). Intelligenztests bilden die aktuell entwickelten Fähigkeiten ab. Daher spricht man bei ihnen auch von einer *Statusdiagnostik*. Je jünger eine Schülerin oder ein Schüler ist, desto instabiler sind die Testergebnisse (s. Kapitel 6.4). Außerdem ist das Testergebnis nicht situationsunabhängig. Eine Schülerin kann beispielsweise einen schlechten Tag haben, sich in der Testsituation unwohl fühlen oder Schwierigkeiten haben, sich zu konzentrieren, weil sie am Morgen mit den Eltern gestritten hat. Daher sollte bei Intelligenztests auch immer das Verhalten während der Testung einbezogen werden sowie weitere Informationen von den Eltern und der Schülerin oder dem Schüler selbst.

7.3.2 Testarten

Grundintelligenztests und Intelligenzstrukturtests

Man kann Intelligenztests grob in *Grundintelligenztests* und *Intelligenzstrukturtests* unterteilen. Grundintelligenztests erfassen zumeist die fluide Intelligenz beziehungsweise das logisch-schlussfolgernde Denken mit unbekanntem, oft figural-bildhaftem Aufgabenmaterial (Abb. 9.1). Komplexere Intelligenzstrukturtests hingegen erlauben sowohl die Bildung eines Gesamttestwerts der allgemeinen Intelligenz als auch die Erstellung eines Profils aus spezifischeren Fähigkeiten. Sie sind umfangreicher als Grundintelligenztests und nutzen vielfältiges Aufgabenmaterial (s. Abb. 9.1–4). In Tabelle 2 finden Sie die Beschreibungen einer Auswahl an aktuellen Intelligenztests. Eine umfassendere Darstellung liefert das Fachportal Hochbegabung der Karg-Stiftung unter www.fachportal-hochbegabung.de/intelligenz-tests/.

Als Lehrperson müssen Sie nicht alle Intelligenztests, ihre theoretischen Modelle oder Anwendungsbereiche kennen. Sie sollten jedoch wissen, dass sich Intelligenztests stark voneinander unterscheiden können und sich bestimmte Tests je nach Fragestellung besser oder schlechter eignen. Soll beispielsweise die Passung für eine bestimmte Förderklasse mit Schwerpunkt Sprache eingeschätzt werden, müssen

(1) Wähle eines der Kästchen a-e aus, das in das Feld mit dem Fragezeichen passt.

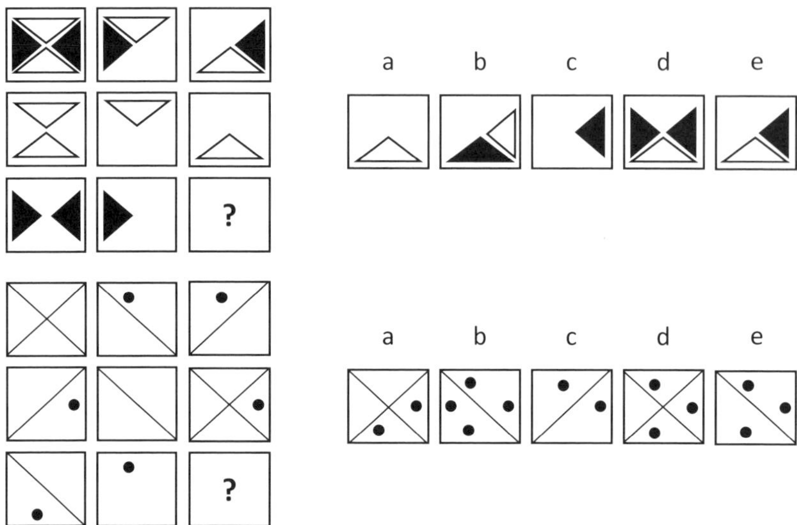

(2) Welches der Wörter a-e passt jeweils an die Stelle des Fragezeichens, damit zwischen den beiden zweiten Wörtern dieselbe Beziehung wie zwischen den Wörtern im ersten Wortpaar besteht?

	a	b	c	d	e
Fohlen zu Pferd wie Lamm zu **?**	Bauernhof	Milch	Esel	Gras	Schaf
traurig zu fröhlich wie gelangweilt zu **?**	überrascht	ruhig	begeistert	mutig	Langeweile

(3) Jede Zahlenreihe folgt einer Regel. Schreibe jeweils die nächste Zahl auf, die an die Stelle des Fragezeichens passt.

1 5 9 13 17 21 **?** ____

4 2 6 4 12 10 **?** ____

(4) Streiche jeden Pfeil nach oben ↑ so schnell du kannst durch.

←↗↑↓↙→↖↑↘↓←→↑↘↗↑↙↑↖→↗↓↓→↖←↑→↘↖↑←↓→↑↘↖

↑←↘←↑↓↗↓→↑↙→↖↑↖←↑→→↗↖↑↓→↓↖↑←↓↑↘↗→↘↘↙←

↘↓←↗↙→↖↑←↑↓→↑↗↘↙↖→↗↓↑→↓↖↑↑→←↘↖←↑↓↗→↘↑

Abbildung 9. Exemplarische Intelligenztestaufgaben für logisch-schlussfolgerndes Denken (1), verbale Fähigkeiten (2), numerische Fähigkeiten (3) und Verarbeitungsgeschwindigkeit (4)

sprachliche Fähigkeiten zwingend erfasst werden. Kein Test erfasst alle Fähigkeiten, die der Intelligenz zugeordnet werden (z. B. alle Fähigkeiten aus dem CHC-Modell, s. Kapitel 6.2.3). Vielmehr decken die Verfahren einen jeweils unterschiedlich breiten Ausschnitt aus dem

Name, AutorInnen, Altersgruppe	Beschreibung
AID 3 – Adaptives Intelligenzdiagnostikum 3 Kubinger und Holocher-Ertl (2014) 6 bis 15 Jahre	• Theoretische Grundlage: Im AID wird Intelligenz verstanden als „die Gesamtheit aller kognitiven Voraussetzungen, die notwendig sind, um Wissen zu erwerben und Handlungskompetenzen zu entwickeln“ (S. 26). Die Generalfaktortheorie nach Spearman (1904) wird abgelehnt; stattdessen steht die Interpretation des Profils verschiedener kognitiver Fähigkeiten im Vordergrund. • Eignet sich für die Intelligenzdiagnostik im Bereich niedriger bis hoher Intelligenz, da die Schwierigkeit der Aufgaben während der Testung an die Leistung der Schülerinnen und Schüler angepasst wird (adaptiv) • Einzeltestung, sprachfreie Durchführung möglich • Erfasst unter anderem Allgemeinwissen, fluides Schlussfolgern, Verarbeitungsgeschwindigkeit, visuelle Verarbeitung
BIS-HB – Berliner Intelligenzstrukturtest für Jugendliche: Begabungs- und Hochbegabungsdiagnostik Jäger et al. (2006) 12;6 bis 16;5 Jahre	• Theoretische Grundlage: Berliner Intelligenzstrukturmodell (BIS; Jäger, 1984) • Eignet sich für die Intelligenzdiagnostik im Bereich durchschnittlicher bis hoher Intelligenz • Liefert Gesamttestwert und Fähigkeitsprofil • Einzel- oder Gruppentestung • Erfasst allgemeine Intelligenz, Einfallsreichtum, Bearbeitungsgeschwindigkeit, Merkfähigkeit, Verarbeitungskapazität, verbale, numerische und figural-räumliche Fähigkeiten
CFT – Culture Fair Test: Grundintelligenztestskala 2 – Revision Weiß (2019) 8;5 bis 19 Jahre	• Theoretische Grundlage: Intelligenztheorie von Cattell (1963), die zwischen kristalliner Intelligenz (erworbenes Faktenwissen) und fluider Intelligenz (Fähigkeit zum Erkennen von Unterschieden, Beziehungen und zum schlussfolgernden Denken) unterscheidet • Eignet sich für die Intelligenzdiagnostik im Bereich niedriger bis hoher Intelligenz (insbes. Grundschule und frühe Sekundarstufe 1) • Liefert Gesamttestwert und Fähigkeitsprofil • Einzel- oder Gruppentestung • Sprachfreie Durchführung • Erfasst figurale Verarbeitungskapazität (Grundintelligenz)

Name, AutorInnen, Altersgruppe	Beschreibung
KABC II – Kaufman-Assessment Battery for Children – II A. S. Kaufman & N. L. Kaufman (2015) 3 bis 18 Jahre	• Theoretische Grundlage: neuropsychologisches Verarbeitungsmodell (Luria, 1973), CHC-Modell (W. Schneider & McGrew, 2018) • Eignet sich für die Intelligenzdiagnostik im Bereich niedriger bis hoher Intelligenz • Liefert Gesamttestwert und Fähigkeitsprofil • Einzeltestung • Sprachfreie Durchführung möglich • Erfasst unter anderem Kurzzeitgedächtnis, Lerneffizienz, visuelle Verarbeitung, Schlussfolgern, kristalline Intelligenz (Wissen)
THINK 1-4 – Test zur Erfassung der Intelligenz im Grundschulalter Baudson, Wollschläger und Preckel (2016) 6 bis 11 Jahre (Klasse 1 bis 4)	• Theoretische Grundlage: u.a. CHC-Modell (W. Schneider & McGrew, 2018) • Eignet sich für die Intelligenzdiagnostik im Bereich niedriger bis hoher Intelligenz • Liefert ausschließlich Gesamttestwert; erlaubt Vergleich individueller Testwerte mit der Intelligenz von Schülerinnen und Schülern aller Klassenstufen 1-4 (sog. Testequating; z. B. beim Überspringen einer Klasse relevant) • Einzel- oder Gruppentestung • Erfasst logisch-schlussfolgerndes Denken (fluide Intelligenz) im verbalen, numerischen und figuralen Bereich
WISC-V – Wechsler Intelligence Scale for Children 5 Dt. Bearbeitung hrsg. von Petermann (2017) 6 bis 16 Jahre	• Theoretische Grundlage: u.a. CHC-Modell (W. Schneider & McGrew, 2018) • Eignet sich für die Intelligenzdiagnostik im Bereich niedriger bis hoher Intelligenz • Liefert Gesamttestwert und Fähigkeitsprofil • Einzeltestung • Erfasst allgemeine Intelligenz, fluides Schlussfolgern, Sprachverständnis, Arbeitsgedächtnis, visuell-räumliche Verarbeitungsfähigkeit, Verarbeitungsgeschwindigkeit

Tabelle 2. Beschreibung ausgewählter Intelligenztests für Schülerinnen und Schüler. Anmerkung: Die Intelligenztests sind alphabetisch nach ihrem Kurznamen sortiert (zu den theoretischen Grundlagen s. Kapitel 6.2).

Fähigkeitsspektrum der Intelligenz ab. Wenn Sie in Ihrer Unterrichtspraxis mit Intelligenztestergebnissen Ihrer Schülerinnen und Schüler in Berührung kommen, empfehlen wir Ihnen daher, Informationen dazu einzuholen, was der Test eigentlich misst, für welche Zielgruppe er geeignet ist und inwieweit er die Schullaufbahnberatung unterstützen kann (s. Fachportal Hochbegabung unter Leseempfehlungen, Kapitel 9.2).

7.3.3 Interpretation

Der Intelligenzquotient (IQ)

Intelligenztestergebnisse werden häufig als IQ-Werte zurückgemeldet (IQ für *Intelligenz Quotient*). Der IQ-Wert ist ein standardisierter Normwert und gibt an, wo sich der Testwert einer Person im Verhältnis zu den Testwerten der Vergleichsgruppe befindet (z. B. nahe am Durchschnitt oder darüber oder darunter). Die Vergleichsgruppe bezieht sich meist auf das Alter oder die Klassenstufe, die Schulform und/oder das Geschlecht der Schülerinnen und Schüler. IQ-Werte zeigen damit immer die Testleistung *im Verhältnis zu einer Vergleichsgruppe* an. Grundintelligenztests liefern in der Regel nur für eine Fähigkeit einen Normwert, Intelligenzstrukturtests können mehrere Normwerte liefern, und zwar einen Normwert pro erfasster Fähigkeit. Abbildung 10 stellt die Verteilung von IQ- und weiteren Normwerten dar (s. Kapitel 6).

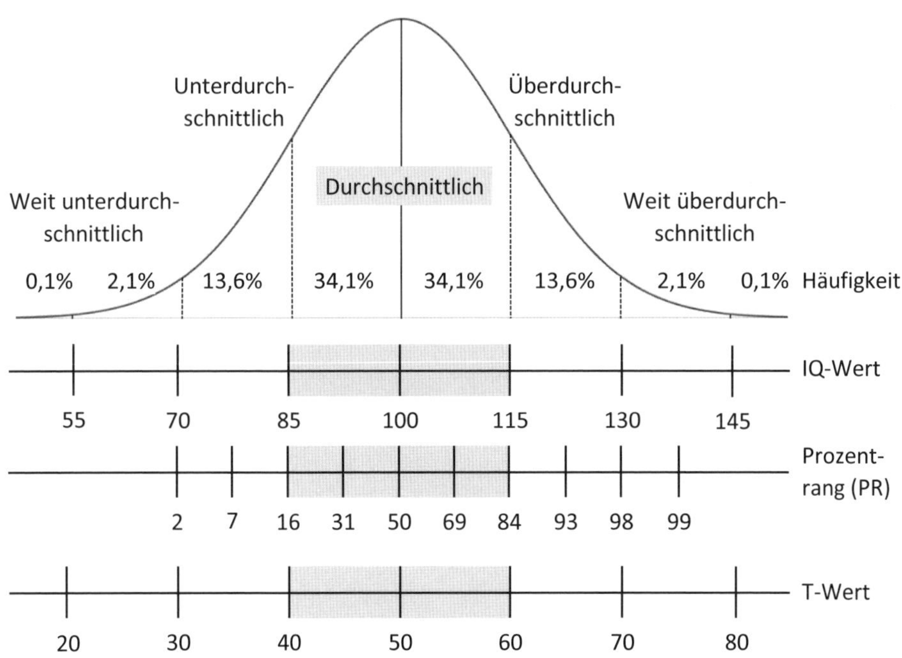

Abbildung 10. Häufigkeitsverteilung von Normwerten für Intelligenztests mit verbalen Interpretationen. Der graue Bereich markiert jeweils den Durchschnittsbereich.

Normwerte, Standardabweichung und verbale Interpretation

Normwerte nutzen verschiedene Skalen, sind allerdings ineinander überführbar. Der mittlere IQ-Wert liegt bei 100, der mittlere T-Wert bei 50. Diese Werte bedeuten inhaltlich also dasselbe, denn sie unterteilen die Verteilung in zwei gleich große Hälften; jeweils circa 50% der Vergleichsgruppe liegen darüber oder darunter. Um den Mittelwert herum befindet sich der Durchschnittsbereich der Intelligenz (in Abb. 10 grau unterlegt) beziehungsweise die IQ-Werte von 85 bis 115, T-Werte von 40 bis 60 und Prozentränge von circa 16 bis 84. Dieser Bereich wird durch die *Standardabweichung* festgelegt – jeweils eine Standardabweichung vom Mittelwert aus nach unten und nach oben. Die Standardabweichung steht für die durchschnittliche Entfernung der gemessenen Werte vom Mittelwert. Im Bereich von plus/minus 1 Standardabweichung befinden sich 68% aller Personen der Vergleichsgruppe. IQ-Werte haben eine Standardabweichung von 15 Punkten, T-Werte von 10 Punkten. Werte außerhalb des Durchschnittsbereichs werden als (weit) unter- oder überdurchschnittlich interpretiert. Der Prozentrang (PR) gibt an, wie viele Schülerinnen und Schüler höhere und niedrigere Werte als eine Person erzielt haben. Beispielweise sagt ein PR von 63 aus, dass 63% der Vergleichsgruppe einen maximal gleichen oder niedrigeren Wert erreicht haben als die Testperson. Im Umkehrschluss bedeutet das, dass 37% besser abgeschnitten haben. Manchmal wird der Durchschnittsbereich auch als „Normalbereich" bezeichnet. Dies ist aber irreführend, da nach der Normalverteilung der Intelligenz alle möglichen Intelligenzwerte ins Spektrum menschlicher Möglichkeiten fallen und damit kein Wert nicht normal ist. Zudem ist der Begriff der „Normalität" nicht wertfrei. Daher ist es angemessener und korrekt, von „(über-/unter-)durchschnittlich" zu sprechen.

Vertrauensbereich oder Konfidenzintervall

Psychologische Merkmale wie die Intelligenz lassen sich nicht exakt und direkt messen, sondern nur aus Testleistungen erschließen. Zudem ist jedes Testergebnis mit Messfehlern behaftet. Diese Messunsicherheit lässt sich allerdings quantifizieren und in einen *Vertrauensbereich* (oder auch Konfidenzintervall oder Normwertband) überführen, der den tatsächlichen Intelligenzwert einer Person mit einer gewissen Sicherheit von meist 90 oder 95% umfasst. Bei Intelligenztestergebnissen sollte daher nicht auf einzelne IQ-Werte geschaut werden, sondern der Vertrauensbereich interpretiert werden. Dies erlaubt dann Aussagen wie „die allgemeine Intelligenz liegt im durchschnittlichen Bereich" oder „die allgemeine Intelligenz liegt im durchschnittlichen bis überdurchschnittlichen Bereich". Optimalerweise liegt auch noch ein Ergebnis aus einem zweiten Intelligenztest vor (Bünger, Grieder, Schweizer & Grob, 2021). Wichtig ist es zudem, sicherzustellen, dass sprachliche Hindernisse beachtet werden. Manche Tests lassen eine Korrektur des Ergebnisses zu, wenn beispielsweise eine andere Muttersprache als Deutsch gesprochen wird (s. Tab. 3 für weitere Hinweise zur Interpretation).

Fallbeispiel

Fragestellung: Priya ist 10 Jahre alt und geht in die 4. Klasse einer Grundschule. Sie wird von ihren Lehrpersonen und Eltern als aufgeweckt beschrieben mit einer schnellen Auffassungsgabe und ausgeprägtem Wissen in den meisten Schulfächern, besonders in Mathematik. Von ihrer Grundschule erhielt sie die Gymnasialempfehlung. Sie selbst berichtet davon, sich im Unterricht häufiger zu langweilen. Ihre Muttersprache ist nicht Deutsch. Seit der ersten Klasse besucht sie eine deutsche Schule. Nun soll abgeklärt werden, ob es für Priya passt, in der 5. Klassenstufe die Begabtenförderklasse eines Gymnasiums zu besuchen. Als Teil des Auswahlverfahrens werden Intelligenztests durchgeführt.

Verhaltensbeobachtung während der Testung (Auszug): Priya bearbeitete die Aufgaben instruktionsgemäß, zügig und konzentriert. Sie ließ keine Verständnisschwierigkeiten erkennen. Zum Ende der Testung hin fiel es ihr zunehmend schwerer, Instruktionen abzuwarten. Sie zeigte sich der Testleitung gegenüber kontaktfreudig. Nach der Testung berichtet sie, sie habe manche Aufgaben schwer gefunden und andere dafür sehr leicht.

Testergebnisse (Auszug):

Name:	Priya C.							
Klasse, Alter:	4. Klasse Grundschule, 10 Jahre, 3 Monate							
Vergleichsgruppe Norm:	Grundschülerinnen und Grundschüler Klasse 4, Halbjahr 2							
Fähigkeit	**IQ [Vertrauensbereich; Sicherheit 95%]**	**PR [Prozentrangband für die IQ-Werte]**	**IQ** **PR**	70 2	85 16	100 50	115 84	130 98
Schlussfolgerndes Denken	123 [117-129]	94 [87-97]						
Verbale Fähigkeiten	99 [92-106]	47 [30-66]						
Allgemeine Intelligenz	118 [110-126]	88 [75-96]						

Frage	Fallbeispiel
1. Welche Fragestellung soll beantwortet werden?	Soll Priya der Besuch der Begabtenförderklasse empfohlen werden?
2. Welche Fähigkeiten erfasst der Test?	Schlussfolgerndes Denken (verbale, numerische, figurale Aufgaben) Verbale Fähigkeiten (Aufgaben zum Allgemeinwissen, Wortschatz, Gemeinsamkeiten finden) Allgemeine Intelligenz (Gesamtwert über alle Aufgaben)
3. Ist der Test für die Fragestellung geeignet?	Eignung für die Schullaufbahnberatung ist im Testmanual ausgewiesen.
4. Welche Vergleichsgruppe wurde herangezogen?	350 Grundschülerinnen und Grundschüler der 4. Klasse im 2. Schulhalbjahr, getestet zwischen 2018 und 2020
5. Welche Normwerte mit Vertrauensbereich (95% Sicherheit) sind angegeben?	Schlussfolgerndes Denken: IQ 123 (Vertrauensbereich 117-129); PR 94 (Vertrauensbereich 87-97) Verbale Fähigkeiten: IQ 99 (Vertrauensbereich 92-106); PR 47 (Vertrauensbereich 30-66) Allgemeine Intelligenz: IQ 118 (Vertrauensbereich 110-126); PR 88 (Vertrauensbereich 75-96)
6. Welche Interpretation(en) können diesen zugeordnet werden?	Schlussfolgerndes Denken: **überdurchschnittlich**; 87-97% der Vergleichsgruppe hat schlechter oder maximal gleich gut abgeschnitten und 3-13% besser → Im Vergleich zu anderen Kindern am Ende der 4. Klasse zeigt Priya eine hoch ausgeprägte Fähigkeit zum schlussfolgernden Denken. Verbale Fähigkeiten: **durchschnittlich**; 30-66% der Vergleichsgruppe hat schlechter oder maximal gleich gut abgeschnitten und 34-70% besser → Im Vergleich zu anderen Kindern zu Ende der 4. Klasse zeigt Priya ähnlich ausgeprägte verbale Fähigkeiten wie der Großteil der Schülerinnen und Schüler. Allgemeine Intelligenz: **durchschnittlich bis überdurchschnittlich**; 75-96% der Vergleichsgruppe hat schlechter oder maximal gleich gut abgeschnitten und 4-25% besser → Im Vergleich zu anderen Kindern zu Ende der 4. Klasse zeigt Priya eine vergleichbare bis höher ausgeprägte allgemeine kognitive Leistungsfähigkeit als der Großteil der Schülerinnen und Schüler.

Frage	Fallbeispiel
7. Welche Besonderheiten der Schülerin/des Schülers bzw. der Testung müssen berücksichtigt werden?	Priyas Muttersprache ist nicht Deutsch. Das im Vergleich schwächere Ergebnis im Bereich verbaler Fähigkeiten kann daher nicht eindeutig interpretiert werden. Priya spricht seit fast 4 Jahren Deutsch, während der Testung zeigte sie keine Verständnisprobleme. Es kann nicht ausgeschlossen werden, dass das relativ schlechtere Abschneiden nicht ausschließlich auf die andere Muttersprache zurückzuführen ist.

Tabelle 3. Fragen, die bei der Interpretation von Intelligenztestergebnissen relevant sind. Anmerkung: IQ – Intelligenzquotient; PR – Prozentrang.

Schlussfolgerungen

Welche Schlüsse können aus den Testergebnissen von Priya im Hinblick auf den Besuch einer Begabtenklasse gezogen werden? Insgesamt weist das Testergebnis auf durchschnittlich bis überdurchschnittlich hoch ausgeprägte Denkfähigkeiten hin. Es sollte zudem mit weiteren Informationen zur bisherigen (schulischen) Entwicklung und einem zweiten Intelligenztest abgeglichen werden, welcher weitere Fähigkeiten erfasst, die für den Besuch der Begabtenklasse gefordert werden, wie beispielsweise numerische Fähigkeiten oder Gedächtnisfähigkeiten. Darüber hinaus ist es wichtig, Informationen über weitere leistungsrelevante Merkmale sowie Ressourcen der Schülerin zu sammeln, zum Beispiel zu ihrem Selbstbild eigener Fähigkeiten, ihrer Freude am Denken oder ihrer Leistungsmotivation. Es sollte also nicht allein auf Basis des Intelligenztests eine Entscheidung für oder gegen Priyas Aufnahme in eine Begabtenförderklasse getroffen werden. Schließlich geht es darum, dass Priya in ihrer zukünftigen Klasse angemessen gefördert wird, sich dort wohl fühlt und ihr Potenzial entfalten kann.

7.4 Fazit

Es existieren verschiedene Informationsquellen für die Intelligenz von Schülerinnen und Schülern. Wir fassen hier noch einmal das Wichtigste zusammen:

Take-Home Message

- Lehrpersonen orientieren sich in ihren Einschätzungen der Intelligenz häufig an den Leistungen der Schülerinnen und Schüler. Wenn diese nicht zeigen, welches Potenzial sie besitzen, werden sie unterschätzt. Tendenziell intelligenter eingeschätzt werden Schülerinnen und Schüler, die männlich sind, sich selbst für sehr fähig in der Schule halten, der Lehrperson besonders bekannt sind, aus bildungsnahen Elternhäusern stammen, einen hohen sozioökonomischen Status oder keinen Migrationshintergrund haben. Für weniger intelligent werden dagegen Schülerinnen und Schüler gehalten, die weiblich sind, sich selbst als weniger fähig in der Schule einschätzen, der Lehrperson weniger bekannt sind, aus bildungsfernen Elternhäusern sind, einen niedrigen sozioökonomischen Status oder einen Migrationshintergrund haben.

- Wenn es um wichtige Entscheidungen geht, bei denen die Intelligenz einer Schülerin oder eines Schülers eine Rolle spielt (z. B. frühzeitige Einschulung), sind Intelligenztests das Mittel der Wahl; weder Selbst- noch Fremdeinschätzungen liefern vergleichbar gültige oder aussagekräftige Informationen. Sie dürfen nur von gesondert geschulten Personen durchgeführt werden.
- Testergebnisse müssen immer vor dem Hintergrund der Entwicklung und der Lebensumstände einer Schülerin oder eines Schülers interpretiert und in der Regel um weitere Informationen ergänzt werden. Bei der Interpretation von Testergebnissen sollte zudem genau beachtet werden, welche Fähigkeiten der Test erfasst. Es sollten nicht die einzelnen Normwerte, sondern die Vertrauensbereiche interpretiert werden.

8 Fördern

Lernziele

Sie kennen Möglichkeiten, Unterricht kognitiv anregend zu gestalten. Sie wissen, welche Rolle das sogenannte „Investment“ von Schülerinnen und Schülern in ihrer Intelligenzentwicklung spielt und wie Sie dieses anregen können. Und Sie wissen, warum es wichtig ist, die Veränderbarkeitsannahme von Schülerinnen und Schülern zu fördern, und wie Sie dies mithilfe von Feedback tun können.

8.1 Kognitive Trainingsprogramme

Vielleicht haben Sie schon einmal vom sogenannten *Mozart-Effekt* gehört. In einer Studie aus dem Jahr 1993 zeigte sich, dass Personen kurzzeitig um 8 bis 9 IQ-Punkte höhere räumliche Intelligenztestwerte erzielten, nachdem sie zehn Minuten lang eine Sonate von Mozart gehört hatten (Rauscher, Shaw & Ky, 1993). Dieser Effekt gewann sehr an Popularität, da eine Verbesserung innerhalb solch kurzer Zeit die Hoffnung auf niederschwellige, aber effektive Trainings der Intelligenz steigen ließ. So schaffen es auch heute noch vermeintlich intelligenzsteigernde Effekte klassischer Musik in die Medien. Indes ließ sich dieser Effekt in nachfolgenden Untersuchungen unter strengeren Versuchsbedingungen nicht bestätigen (Rost, 2013).

Rolle der Bildung

Intelligenz ist allerdings langfristig veränderbar und hier spielt insbesondere die Bildung eine große Rolle (s. Kapitel 6.4). Spezielle kognitive Trainings bewirken hingegen keine überdauernde Intelligenzsteigerung. Die Steigerungen, die bei solchen Trainings beobachtet werden, beschränken sich zumeist auf die trainierten Bereiche und können in der Regel nicht auf andere übertragen werden (Haag & Stern, 2000). Weiterhin sind die Effekte nicht von dauerhafter Natur. Bei Denktrainings für eine spezifische Fähigkeit des schlussfolgernden Denkens wurden beispielsweise Hinweise auf kurz- bis mittelfristige Effekte von 3 bis zu 15 Monaten gefunden (Klauer, 2014). Ein langfristig positiver Trainingseffekt auf die Intelligenz von Schülerinnen und Schüler konnte bisher noch nicht gefunden werden. Dafür müsste ein Training täglich über einen langen Zeitraum sowie über einen Großteil des Tages stattfinden und mehrere Bereiche umfassen; vergleichbar mit dem Schulbesuch (Rost, 2013).

8.2 Schulbesuch als Angebot und Nutzung

Schule bietet damit sehr gute Voraussetzungen für die Förderung der kognitiven Fähigkeiten der Schülerinnen und Schüler und Bildung macht nachgewiesenermaßen intelligent (s. Kapitel 6.4). Wie das genau funktioniert, schauen wir uns einmal mittels *Angebots-Nutzungs-Modell* nach Helmke (2021) an, das das komplexe Zusammenspiel des schulischen Lernens und Leistens als Nutzung des Unterrichtsangebots durch die Schülerinnen und Schüler beschreibt (s. Abb. 11).

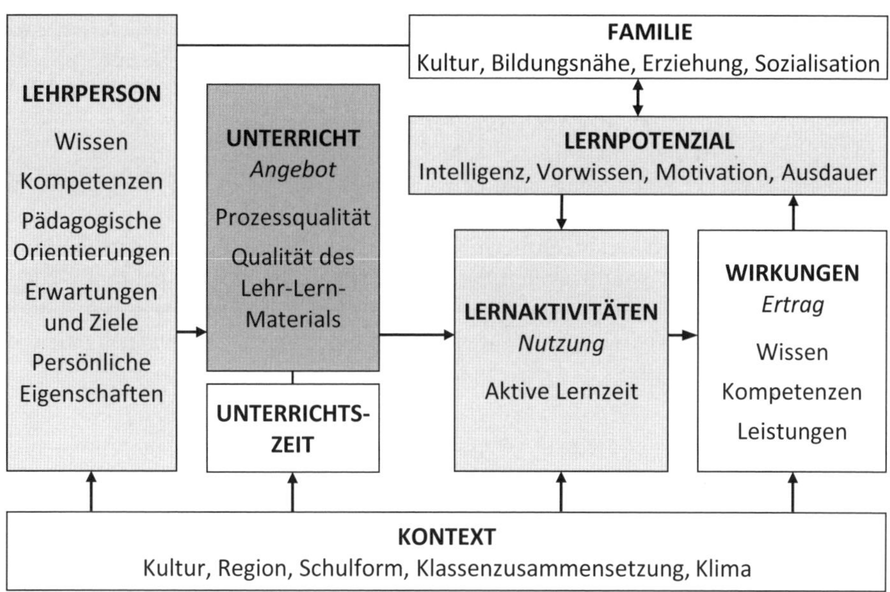

Abbildung 11. Angebots-Nutzungs-Modell der Wirkungsweise von Unterricht nach Helmke (2021)

Interaktion von Lehrpersonen, Schülerinnen und Schülern und Kontext

Grundsätzlich lässt sich das Unterrichtsgeschehen in dem Modell als Interaktion zwischen Lehrpersonen, Schülerinnen und Schülern und Kontext beschreiben. Das Lernpotenzial von Schülerinnen und Schülern beeinflusst, wie diese das Angebot des Unterrichts wahrnehmen, interpretieren und nutzen. Zu ihrem Lernpotenzial zählen die Intelligenz, aber auch Vorwissen, Lernmotivation, Selbstvertrauen, Anstrengungsbereitschaft, Ausdauer und vieles mehr. Unter *Nutzung* werden die Lernaktivitäten der Schülerinnen und Schüler verstanden. Hier wird die aktive Lernzeit von der reinen Anwesenheit im Unterricht differenziert. Das Lernpotenzial der Schülerinnen und Schüler bestimmt zu einem Großteil ihre Lernaktivitäten. Stellt die Lehrperson beispielsweise eine Aufgabe, die von einem Schüler als besonders herausfordernd wahrgenommen wird, da sie seine aktuellen Kompetenzen übersteigt (Intelligenz, Vorwissen), er allerdings bestrebt ist, im Unterricht stets sein Bestes zu zeigen (Motivation), steigt seine aktive Lernzeit. Er strengt sich mehr und länger an. Ob Schülerinnen und Schüler das Angebot des Unterrichts nutzen, können Lehrpersonen oftmals über die *Erträge* des Lernens im Sinne des erworbenen Wissens und erlernter fachlicher, aber auch sozialer Kompetenzen und Leistungen, feststellen. Das *Angebot* kann über die Qualität der Unterrichtsprozesse und des Unterrichtsmaterials beurteilt werden. Der Unterricht stellt eine Gelegenheit dar, Wissen und Kompetenzen zu erweitern. Weiterhin umfasst er die Unterstützung, die Schülerinnen und Schüler beim Lernen erhalten. Inwieweit der Unterricht das Lernen fördert, wird maßgeblich von der unterrichtenden Lehrperson bestimmt. Besonders bedeutsam sind die fachlichen und didaktischen Kenntnisse der Lehrperson, aber auch ihre Werte, Erwartungen und Ziele sowie ihr Selbstkonzept der eigenen Fähigkeiten bezüglich des Unterrichtens.

Letztendlich sind es zwar die Schülerinnen und Schüler, die entscheiden, wie sie die Unterrichtsangebote ihrer Lehrpersonen nutzen. Doch Sie als Lehrperson haben verschiedene Möglichkeiten, den Unterricht so zu gestalten, dass Schülerinnen und Schüler in ihrer Intelligenz gefördert und gefordert werden. Nachfolgend gehen wir in Anlehnung an Helmkes (2021) Modell näher auf Bereiche des Lernpotenzials, des Angebots und der Nutzung ein.

8.2.1 Kognitiv anregender Unterricht

Studien fanden, dass sich vergleichbar intelligente Schülerinnen und Schüler am Gymnasium in ihrer Intelligenz besser entwickeln als an anderen Schulformen (Becker et al., 2012; s. Kapitel 6.5). Woran könnte das konkret liegen? Am Gymnasium werden tendenziell leistungsfähigere Schülerinnen und Schüler derselben Altersstufe gemeinsam in einer Klasse unterrichtet. Dies allein führt jedoch nicht dazu, dass die Schülerinnen und Schüler mehr lernen und sich besser entwickeln, sondern es ist der Unterricht selbst, der anders gestaltet wird (Becker et al., 2012). Im Speziellen stellen die Lehrpersonen zumeist höhere kognitive Anforderungen an die Schülerinnen und Schüler, fordern sie kognitiv stärker heraus und fördern abstraktes Denken stärker (Klieme, Schümer & Knoll, 2001; Praetorius, Klieme, Herbert & Pinger, 2018; Schiepe-Tiska, 2019).

Kognitive Aktivierung

Die *kognitive Aktivierung* innerhalb des Unterrichts ist eine allgemeine Grundlage für qualitativ guten Unterricht (Praetorius et al., 2018). Einen kognitiv aktivierenden Unterricht beschreiben Klieme et al. (2001) folgendermaßen. Er ermöglicht es Schülerinnen und Schülern, eigenen Ideen nachzugehen, ohne sie direkt zu korrigieren, wenn sie falsch liegen. Zudem enthält er anspruchsvolle Übungsaufgaben, die den Schülerinnen und Schülern ihren aktuellen Stand rückmelden und besteht weniger aus sich häufig wiederholenden Übungen. Weiterhin vermittelt die Lehrperson Themen auf eine interessante und motivierende Art und Weise. Nach Lipowsky (2015) ist Unterricht kognitiv aktivierend, „wenn er Lernende zum vertieften Nachdenken und zu einer elaborierten Auseinandersetzung mit dem Unterrichtsgegenstand anregt“ (S. 89). Somit ist ein kognitiv aktivierender Unterricht nicht den Gymnasien vorbehalten. Kognitive Aktivierung im Unterricht wirkt sich an *allen* Schulformen positiv auf die Selbstwirksamkeitserwartung der Schülerinnen und Schüler aus, also auf ihre Überzeugung, Anforderungen meistern zu können (Schiepe-Tiska, 2019). Insbesondere leistungsschwächere Schülerinnen und Schüler sind interessierter am Mathematikunterricht, wenn sie diesen als kognitiv aktivierend erleben. Dies liegt auch daran, dass ihre Lehrpersonen ihnen den Umgang mit kognitiv herausfordernden Aufgaben zutrauen.

Unterricht kognitiv aktivierend gestalten

Wie können Sie Ihren Unterricht kognitiv aktivierend gestalten? Nach Lipowsky (2015) und Lipowsky und Hess (2019) können Sie ...

- ... Ihren Schülerinnen und Schülern kognitiv anspruchsvolle Aufgaben stellen.
- ... offene Aufgaben stellen, die verschiedene Lösungswege erlauben (z. B. „entdecke“, „beschreibe“ oder „begründe“).
- ... Aufgaben systematisch variieren, um den Schülerinnen und Schülern die Möglichkeit zu geben, Regelmäßigkeiten zu identifizieren.
- ... Ideen, Meinungen und Interpretationen vergleichend gegenüberstellen (Antworten der Schülerinnen und Schüler aufgreifen und Gemeinsamkeiten und Unterschiede herausstellen).
- ... Widersprüche bewusstmachen und erläutern (z. B. häufige falsche Vorstellung, dass leichte Objekte gut schwimmen, durch Demonstration mit Büroklammer und Holzklotz widerlegen).

... den Schülerinnen und Schülern Gelegenheit bieten, ihre eigenen Ideen, Argumente und Lösungsansätze darzustellen und zu begründen.
... Impulse geben, zu analysieren, zu vergleichen, zu verknüpfen und Wissen zu integrieren (z. B. „untersuche“, „weise nach“, „entwirf“, „gestalte“, „beurteile“, „entscheide“, „prüfe“).
... Schülerinnen und Schüler dazu anregen, Fragen zu stellen und Ideen zu hinterfragen.
... Schülerinnen und Schüler dazu anregen, sich untereinander über Unterrichtsinhalte auszutauschen.
... Schülerinnen und Schüler auffordern, ihre Lernaktivitäten zu reflektieren (z. B. „Was ist dir leichtgefallen, was schwer?“ „Was hat dir geholfen?“).
... Feedback geben, das nicht alles offenlegt, sondern Schülerinnen und Schülern einen Anlass zum Nachdenken gibt (z. B. „Findest du deinen Fehler? Wie könntest du diesen umgehen?“).

Offene Aufgaben

Kognitive Aktivierung und Herausforderung ist allerdings für jede Schülerin und jeden Schüler in Abhängigkeit ihres oder seines Lernpotenzials etwas anders. Daher eignen sich *offene Aufgaben* besonders gut dafür, die Intelligenzentwicklung von Schülerinnen und Schülern zu fördern. Aufgrund ihrer unbestimmten Natur ermöglichen sie verschiedene Lösungen und Herangehensweisen und motivieren Schülerinnen und Schüler dazu, sich Herausforderungen zu stellen (Klein & Leikin, 2020). Dabei ist es grundsätzlich unabhängig von ihrer Intelligenz für die Schülerinnen und Schüler möglich, Ideen zu generieren, Lösungen zu entwickeln, dazuzulernen und Erfolg zu erleben. Schülerinnen und Schüler mit niedrigeren Fähigkeiten können weniger komplexe Inhalte, Lösungswege und Lösungen wählen, während Schülerinnen und Schüler mit hohen Fähigkeiten das Schwierigkeitsniveau erhöhen können, indem sie Umfang und/oder Tiefe der Informationen steigern (Sullivan, 2011). Eine offene Aufgabe stellt beispielweise die *Abendgesellschaft* dar (nach Österreichisches Zentrum für Begabungsförderung und Begabungsforschung [ÖZBF], 2017): Schülerinnen und Schüler sollen mittels eines Produkts ihrer Wahl (z. B. Präsentation, Zeichnung, Aufsatz, darstellendes Spiel) beschreiben, welche Personen sie zu einer Abendgesellschaft einladen (real oder fiktiv, lebend oder verstorben etc.), was das Motto des Abends ist, welche Sitzordnung es gibt, und ihre Entscheidungen jeweils begründen. So können mehr oder weniger herausfordernde Aufgaben von den Schülerinnen und Schülern selbst geschaffen werden (z. B. historisch bedeutende Personen in einem Bereich und deren Beziehungen untereinander recherchieren vs. die Sitzordnung der letzten Familienfeier verwenden). Je nach Lernpotenzial kann es allerdings nötig sein, als Lehrperson unterstützend zur Seite zu stehen, denn offene Aufgaben können unter Umständen schnell überfordern. Beispielsweise könnten Sie die Schülerinnen und Schüler Lerntandems bilden lassen und dabei die Punkte zum kognitiv aktivierenden Unterricht einbinden. Wichtig ist es, dass sowohl Schülerinnen und Schüler mit niedrigerer als auch mit höherer Intelligenz gefördert werden. Ziel des Unterrichts sollte stets sein, dass alle Schülerinnen und Schüler ihr Potenzial nutzen und weiterentwickeln können.

Stimmen aus der Praxis

Wir arbeiten bei uns viel mit Lernheften. Das heißt, die Schülerinnen und Schüler bekommen auf sie zugeschnittene Hefte, in denen sie unterschiedlich anspruchsvolle Aufgaben lösen. Anstatt dass alle Schülerinnen und Schüler gleichzeitig ein bestimmtes Arbeitsblatt bearbeiten, beschäftigen sie sich mit ihren persönlichen Heften und können direkt mit der nächsten Seite weitermachen, wenn sie eine Seite fertig haben. – Maren Nolte, Grundschule

Es geht mir darum, den Schülerinnen und Schülern möglichst wenig vorzugeben. Sie sollen Dinge selbst erkennen und im Gespräch gemeinsam erarbeiten. Das macht selten eine oder einer allein, sondern das ergibt sich durch das Aufwerfen verschiedener Ideen – sowohl richtiger als auch falscher. Ich lasse die Schülerinnen und Schüler im Lateinunterricht beispielsweise Kategorien bilden. Sie bekommen gleiche Begriffe oder gleiche Wörter mit unterschiedlichen Endungen und sollen diese sortieren. Zunächst kommen häufig Vorschläge wie eine Sortierung nach dem Alphabet oder der Buchstabenanzahl. Das setze ich auch um, frage aber anschließend auch, wie uns das weiterbringen kann. Daraus ergeben sich ganz unterschiedliche Wege und am Ende sind wir doch da, wo wir hinwollen. – Irene Sonnenberg, Gymnasium

8.2.2 Die Rolle von Investment

PPIK-Modell

Gemeinsame Entwicklung von Intelligenz, Wissen, Persönlichkeit und Interessen

Schülerinnen und Schüler sollten so unterrichtet werden, dass sie ihre Intelligenz einsetzen und weiterentwickeln können (Vock & Gronostaj, 2017). Darum dreht sich auch das *PPIK*-Modell (Intelligenz-als-Prozess, Persönlichkeit, Interessen und Intelligenz-als-Kompetenz) von Ackerman (1996). Darin stellt er die Entwicklung der Intelligenz und des Wissens gemeinsam mit der Entwicklung der Persönlichkeit und der Interessen dar. Intelligenz wird sowohl im Sinne von *Prozessen* der Informationsverarbeitung und des Lernens als auch im Sinne der *Kompetenz* als erworbenes Wissen und erworbene Fertigkeiten verstanden. Beide entwickeln sich gemeinsam und in Abhängigkeit voneinander (s. Kapitel 6.3.1). Beim PPIK-Modell geht es nun zusätzlich darum, wie das Lernen durch die *Persönlichkeit* und die *Interessen* der Lernenden beeinflusst wird. Persönlichkeitsmerkmale, die hier eine besondere Rolle spielen, sind sogenannte *Investment Traits* (von Stumm & Ackerman, 2013). Ein solcher Investment Trait ist *Need for Cognition* (NFC; Cacioppo & Petty, 1982). NFC beschreibt, wie sehr Schülerinnen und Schüler bereit sind, sich kognitiv anzustrengen, und auch Freude daran haben. Interessanterweise zeigt NFC nur geringe Zusammenhänge mit der Intelligenz. Personen unterschieden sich also, relativ unabhängig von ihren Denkfähigkeiten, darin, wie sehr sie sich kognitiv anstrengen möchten und die eigenen Denkfähigkeiten auch tatsächlich nutzen und investieren (Strobel & Strobel, 2016). NFC spielt in der Entwicklung der Intelligenz, insbesondere der Intelligenz-als-Kompetenz, eine bedeutsame Rolle (von Stumm & Ackerman, 2013). Anders als die Intelligenz bestimmt NFC nicht direkt, ob Schülerinnen und Schüler anspruchsvolle Aufgaben gut lösen können. Schülerinnen und Schüler mit hohem NFC haben allerdings ein Bedürfnis danach, sich kognitiv anzustrengen, sie wagen sich häufiger an schwierige Aufgaben heran, bleiben auch bei Hindernissen länger am Ball und haben dadurch oftmals mehr Übung im Lösen herausfordernder Aufgaben (Hill et al., 2013). Langfristig führt dieses Merkmal damit auch zu einer besseren Entwicklung von Fähigkeiten und Wissen. Darüber hinaus beeinflussen auch *Interessen*, in welche Bereiche investiert wird. Während NFC eher ein bereichsübergreifendes Persönlichkeitsmerkmal ist, richten sich Interessen immer auf bestimmte Gegenstände oder Themen. Fähigkeiten und Interessen entwickeln sich dahingehend gemeinsam, dass Erfolg in einem Bereich das Interesse in diesem Bereich fördern kann und so auch mehr Kenntnisse und Fertigkeiten erworben werden. Dabei bestimmen die Fähigkeiten den Erfolg mit und das Interesse die Motivation für das erfolgreiche Lösen von Aufgaben. Das Interesse für einen Bereich kann somit auch schwinden, wenn der Erfolg ausbleibt. Interesse bestimmt daher mit, wo mehr oder weniger investiert und demnach mehr oder weniger gelernt wird (Ackerman, 1996). Damit beschreibt das PPIK-Modell zum einen die Entwicklung des Lernpotenzials der Schülerinnen und Schüler und zum anderen die Nutzung von Angeboten.

Need for Cognition fördern

NFC entwickelt sich vor allem dann, wenn Schülerinnen und Schüler kognitive Herausforderungen erfolgreich bewältigen und dabei Zufriedenheit erleben (Cacioppo, Petty, Feinstein & Jarvis, 1996). Um NFC zu fördern, kann man zum einen als Lehrperson selbst vorleben, wie man mit kognitiven Herausforderungen umgehen kann (z. B., wenn einmal etwas schiefgeht, die Herausforderung daran betonen und nicht den Misserfolg). Den Schülerinnen und Schülern können Gelegenheiten geboten werden, kognitiv herausfordernde Aufgaben zu bearbeiten, zu denen sie Informationen sammeln, intensiv nachdenken und dabei ihre eigene Kompetenz erleben können. Schülerinnen und Schülern mit hohem NFC ist es zudem wichtig, Unterrichtsinhalte wirklich zu verstehen (Preckel, 2014), und sie sind besonders dann engagiert und interessiert im Unterricht, wenn sie herausfordernde Aufgaben erhalten, die sie auch bewältigen können (Lavrijsen, Preckel, Verachtert, Vansteenkiste & Verschueren, 2021). Was „herausfordernd" bedeutet, kann sich daher zwischen den Schülerinnen und Schülern unterscheiden. Sie könnten Ihre Schülerinnen und Schüler beispielsweise dazu anregen, eine Hypothese aufzustellen (z. B. „Jungen sind in Mathe besser als Mädchen"). Wichtig ist, dass Sie die Schülerinnen und Schüler dabei begleiten, um sicherzustellen, dass sie eine Hypothese wählen, die sie ihren Möglichkeiten entsprechend auch bearbeiten können. Zu ihrer Hypothese können die Schülerinnen und Schüler dann Informationen aus verschiedenen Quellen sammeln (z. B. die eigene Klasse sowie Lehrpersonen oder Eltern befragen, Literatur sichten, im Internet recherchieren). Diese Informationen werden anschließend bewertet und danach ausgewertet, ob sie für oder gegen die Hypothese sprechen. Zum Abschluss können die Schülerinnen und Schüler die Ergebnisse der Klasse präsentieren sowie ihre eigene Sichtweise und deren potenzielle Veränderung reflektieren.

Interessen fördern

Interessen entwickeln sich insbesondere, wenn Schülerinnen und Schüler ihre Bedürfnisse nach Autonomie, sozialem Anschluss und Kompetenz (Deci & Ryan, 1993) erfüllen können. *Autonomie* erleben Schülerinnen und Schüler im Unterricht besonders, wenn sie eigene Entscheidungen treffen können und ihre Ziele selbstbestimmt erreichen können, zum Beispiel, wenn sie eigene Lösungswege auswählen. Sie könnten daher mit Ihren Schülerinnen und Schülern individuelle Lernziele formulieren. Das Bedürfnis nach *sozialem Anschluss* wird erfüllt, wenn sich die Schülerinnen und Schüler zu anderen Personen zugehörig fühlen, welche ihre Interessen teilen, und von ihnen akzeptiert werden. Dahingehend könnten Sie Lerngruppen zu verschiedenen Interessengegenständen einrichten, in denen Schülerinnen und Schüler gemeinsam an ihren Lernzielen arbeiten und sich austauschen können. *Kompetenz* erleben sie im erfolgreichen Umgang mit dem Interessengegenstand und durch ihren Einfluss auf die eigene Umwelt, beispielsweise wenn sie ihre Fortschritte im Hinblick auf ihre Lernziele reflektieren. Sind diese Bedürfnisse erfüllt, erleben Schülerinnen und Schüler positive Gefühle, beschäftigen sich vermehrt mit dem, was sie interessiert, und investieren mehr Zeit und Anstrengung. Schülerinnen und Schüler erleben zudem stärker Autonomie und Kompetenz im Unterricht, wenn sie sich stärker kognitiv aktiviert fühlen (Rakoczy et al., 2007).

8.2.3 Veränderbarkeitsannahme fördern

Die folgenden Fallbeispiele in Anlehnung an Dweck (1999) verdeutlichen, wie sich Annahmen zu Intelligenz auswirken können.

Fallbeispiele

Marian ist ein Schüler, welcher davon überzeugt ist, dass er manche Dinge einfach gut kann und andere eben nicht, und dass sich dies auch nicht ändern lässt. Zum Beispiel schätzt er sich als besonders gut darin ein, Aufgaben im Sachunterricht zu verstehen und zu lösen, und als weniger gut darin, Texte im Deutschunterricht zu schreiben. Im Unterricht ist es Marian daher besonders wichtig, positive Rückmeldung bezüglich seiner Fähigkeiten im Sachunterricht zu erhalten, beziehungsweise negative Rückmeldung im Deutschunterricht zu vermeiden. Er achtet eher auf das Lernergebnis und seine Noten als auf seine eigene Lernentwicklung. Zudem meidet er Herausforderungen und lässt bei Schwierigkeiten, insbesondere im Deutschunterricht, in seiner Leistung schnell nach. Sobald Marian sich bei einer Aufgabe anstrengen muss, hat er das Gefühl, nicht die nötigen Fähigkeiten zur Bewältigung der Aufgabe zu besitzen. Erlebt er Misserfolge, dann führt er diese auf seine unzureichenden Fähigkeiten zurück (z. B. „Deutsch kann ich einfach nicht.“). Dadurch, dass Marian seine Fähigkeiten als nur schwer veränderbar ansieht, geht er aus Misserfolgssituationen häufig demotiviert hervor.

Sara ist hingegen der Auffassung, dass sie ihre eigenen kognitiven Fähigkeiten durch Lernen und Anstrengung verbessern kann, ganz im Sinne der Veränderbarkeitsannahme. Sara verfolgt daher eher Lernziele, die darauf ausgerichtet sind, ihre Fähigkeiten weiterzuentwickeln und zu steigern. Infolgedessen sucht sie im Unterricht häufiger nach herausfordernden Aufgaben, die besonderen Einsatz von ihr verlangen. Sie bleibt auch bei Schwierigkeiten oft weiter am Ball. Scheitert Sara an einer Aufgabe, sieht sie das als Rückmeldung über den aktuellen Stand ihrer eigenen Fähigkeiten an (z. B. „Das kann ich *noch* nicht so gut). Sie ist dann eher gewillt, bei der nächsten Aufgabe einen anderen Lösungsansatz auszuprobieren oder sich mehr anzustrengen, um dazuzulernen und ihre Fähigkeiten zu steigern.

Aktuelle Forschungsergebnisse

Überblicksstudien (Burnette et al., 2022; Macnamara & Burgoyne, 2022) zeigen, dass Interventionen, die die Veränderbarkeitsannahme bei Schülerinnen und Schülern stärken, einen kleinen positiven Effekt auf ihre Lernzielorientierung haben (i.S. von Durchhaltevermögen und zielgerichtetem Lernverhalten). Auswirkungen auf die Schulleistung fanden sich hingegen kaum. Allerdings kann nicht ausgeschlossen werden, dass sich langfristig Effekte der Veränderbarkeitsannahme auf die Schulleistung zeigen, denn die meisten Studien haben die Effekte nicht über mehrere Jahre hinweg untersucht. Solche positiven Effekte von sogenannten *Growth Mindset* Interventionen (i.S. der Veränderbarkeitsannahme) könnten vermittelt werden über die Förderung von Anstrengungsbereitschaft, Lernstrategien sowie einen produktiven Umgang mit Herausforderungen und Fehlern (Macnamara & Burgoyne, 2022).

Annahmen zu Intelligenz von Lehrpersonen, Stresserleben und Unterrichtsstil

Im Kapitel 1 ging es bereits um Ihre eigenen Annahmen zu Intelligenz. Hier betrachten wir nun, wie sich die Annahmen auf Sie selbst und Ihre Schülerinnen und Schüler auswirken können. Lehrpersonen mit einer Stabilitätsannahme zu Intelligenz führen schwächere Leistungen ihrer Schülerinnen und Schüler eher auf mangelnde Fähigkeiten als auf fehlende Anstrengung zurück (Hong, Chiu, Dweck, Lin & Wan, 1999). Da sie Fähigkeiten eher für stabil halten, sehen sie für sich selbst und für die Schülerinnen und Schüler weniger Handlungsmöglichkeiten, um die schwachen Leistungen zu verbessern. In Folge dessen erleben sie in der Schule mehr Stress als Lehrpersonen, die Intelligenz als veränderbar ansehen (Tao et al., 2021). Die Annahmen der Lehrperson beeinflussen zudem den Unterrichtsstil. Lehrpersonen mit der Stabilitätsannahme wählen häufiger kontrollierende, wenig Freiraum einräumende Unterrichtsstile aus, die sich demotivierend auf die Schülerinnen und Schüler auswirken können. Betrachten Lehrpersonen die Intelligenz als veränderbar, berücksichtigen sie in ihrem Unterricht eher das Bedürfnis der Schülerinnen und Schüler nach Autonomie und ermöglichen ihnen ein selbstständiges Arbeiten. Solch ein autonomiefördernder Unterricht kann die Schülerinnen und Schüler wiederum eher motivieren (Leroy, Bressoux, Sarrazin & Trouilloud, 2007).

Lernorientiertes Feedback fördert die Veränderbarkeitsannahme

Sie haben die Möglichkeit, durch die Art und Weise Ihres Feedbacks Einfluss auf die Annahmen Ihrer Schülerinnen und Schüler zu nehmen (Haimovitz & Dweck, 2017). Sowohl das Kritisieren als auch das Loben der *Person* und ihrer Intelligenz kann eine Stabilitätsannahme und damit einen ungünstigen Umgang mit Misserfolgen fördern. Schülerinnen und Schüler, die für ihre Intelligenz gelobt werden, können also auf Dauer eine abnehmende Lernmotivation erfahren. Kritik und Lob des *Lernprozesses,* also der Idee, der Herangehensweise oder Anstrengung der Schülerinnen und Schüler, fördert dagegen einen konstruktiven Umgang mit Misserfolgen, die Lernmotivation und das Durchhaltevermögen der Schülerinnen und Schüler sowie ihre Veränderbarkeitsannahme zu Intelligenz. Was passiert allerdings, wenn die Anstrengung der Schülerinnen und Schüler nicht erfolgreich war? Dann ist es förderlich, nicht die Anstrengung ohne Erfolg zu loben, sondern Feedback darüber zu gegeben, was *noch nicht* klappt (Haimovitz & Dweck, 2017). Tabelle 4 stellt einige Positiv- und Negativbeispiele für Feedback dar.

	Positivbeispiele	Negativbeispiele
1. Prozess statt Person	„Wie du die Aufgabe strukturierst, trägt wesentlich zu deinem Erfolg bei." „Ich finde es toll, wie du dabeibleibst und verschiedene Lösungen ausprobierst, bis du eine passende findest." „Selbst als es schwierig geworden ist, hast du nicht aufgegeben."	„Ich wusste, dass du das kannst." „Du hast wieder gezeigt, dass du in Geschichte einfach gut bist." „Der Sachunterricht liegt dir." „Du bist zu langsam." „Es ist in Ordnung, dass du Mathe nicht so gut kannst."
2. Individuelle Entwicklungen	„Im Vergleich zum letzten Mal hast du die Aufgabe nun schon viel besser strukturiert." „Die Aufgabe ist noch nicht korrekt, aber du bist auf einem guten Weg." „Ich merke, dass du dich verbesserst."	„Du hast die Aufgabe genauso gut wie deine Mitschülerinnen und Mitschüler gelöst." „Du hängst hinter deinen Mitschülerinnen und Mitschülern hinterher."
3. Umgang mit Fehlern	„Guter Versuch, aber noch nicht ganz richtig." „Du hast deinen Lösungsweg noch nicht nachvollziehbar dargestellt." „Vielleicht kannst du einen anderen Ansatz ausprobieren." „Fehler sind gut, denn du kannst aus ihnen lernen. Dein Fehler hat gezeigt, dass wir noch an ... arbeiten sollten."	„Das müsstest du schon längst können." „Deine Stärken liegen woanders." „Beim letzten Mal hattest du Probleme mit der Aufgabe. Vielleicht solltest du eine andere Aufgabe wählen."
4. Gemeinsames Lernen	„Gemeinsam schaffen wir es, dass du darin besser wirst."	„Du musst dich mehr anstrengen und mehr üben, sonst wird das nichts."

Tabelle 4. Beispiele für Feedback, das die Veränderbarkeitsannahme unterstützt (Positivbeispiele) oder erschwert (Negativbeispiele). Quellen: De Ruiter, van der Klooster und Thomaes (2020), Haimovitz und Dweck (2017).

Zusammenfassend kann die Veränderbarkeitsannahme zu Intelligenz bei Schülerinnen und Schülern mithilfe von Feedback gefördert werden (Haimovitz & Dweck, 2017), welches

1. das Ziel verfolgt, das Verständnis der Schülerinnen und Schüler zu stärken,
2. auf Entwicklungen und Veränderungen der Schülerinnen und Schüler hinweist,

3. Schwierigkeiten und Fehler im Lernprozess als normal und zielführend kennzeichnet
4. und verdeutlicht, dass das Lernen im Unterricht in Austausch mit und unterstützt von der Lehrperson stattfindet.

Denkanstoß

Fallen Ihnen weitere Beispiele für lernorientiertes Feedback ein?
Überlegen Sie sich ein lernorientiertes Feedback, das Sie Schüler Marian aus dem Fallbeispiel geben könnten, wenn er

- dabei ist, eine Aufgabe im Deutschunterricht schrittweise und besonders ausdauernd zu lösen,
- mit einer Aufgabe im Deutschunterricht nicht zurechtkommt,
- dabei ist, eine Aufgabe im Sachunterricht schrittweise und besonders ausdauernd zu lösen
- oder mit einer Aufgabe im Sachunterricht nicht zurechtkommt.

8.3 Fazit

Das Ziel dieses Kapitels war es, Ihnen Möglichkeiten zur Förderung der Intelligenz Ihrer Schülerinnen und Schüler aufzuzeigen. Diese zielen vor allem darauf ab, die Kenntnisse, die Sie über die Intelligenz und ihre Entwicklung erlangt haben, auf Ihre Unterrichtsgestaltung anzuwenden. Die Intelligenz von Schülerinnen und Schülern spielt in allen Schulformen eine wichtige Rolle. Daher lohnt es sich, Fördermaßnahmen im Unterricht zu kennen und zu berücksichtigen.

Stimmen aus der Praxis

Insgesamt ist das, was wir für die besonders intelligenten Schülerinnen und Schüler tun, allen förderlich und hilft allen; auch, was das Selbstbewusstsein betrifft. Wir haben etliche Kinder gehabt, die mit Lernbehinderung bei uns an der Schule integriert worden sind, die hinterher dann an einer weiterführenden Schule gemeinsam mit Schülerinnen und Schülern ohne Lernbehinderung ihren Abschluss gemacht haben. Sie konnten sich so gut entwickeln, dass das geklappt hat. Es ist mit das Allerwichtigste zu vermitteln, dass ich als Lehrperson Vertrauen in die Schülerin oder in den Schüler setze und in ihr oder sein Leistungsvermögen – egal, mit welchem Potenzial. – Annette Hellmann, Grundschule

Take-Home Message

- Um dauerhaft wirksam zu sein, müssen Intelligenztrainings breit angelegt sein sowie täglich und über einen längeren Zeitraum durchgeführt werden. In diesem

Sinne stellt insbesondere der Schulbesuch eine Gelegenheit dar, um die Intelligenzentwicklung von Schülerinnen und Schülern aktiv zu fördern.

- Kognitiv aktivierender Unterricht und offene Aufgaben bieten Möglichkeiten, Schülerinnen und Schüler herauszufordern, sodass sie ihre Fähigkeiten einsetzen und damit entwickeln.
- Intelligenz und Persönlichkeit entwickeln sich gemeinsam. Daher ist es sinnvoll, den *Einsatz* der Fähigkeiten, also das Investment, der Schülerinnen und Schüler zu fördern, zum Beispiel über ihr Need for Cognition oder ihre Interessen.
- Eine Veränderbarkeitsannahme gegenüber der Intelligenz wirkt sich vorteilhaft auf die Lernzielorientierung von Schülerinnen und Schüler (sowie das Stresserleben und den Unterrichtsstil von Lehrpersonen) aus. Sie kann mithilfe von lernorientiertem Feedback gefördert werden.

9 Leseempfehlungen

9.1 Printmedien

Leuders, T. & Holzäpfel, L. (2011). Kognitive Aktivierung im Mathematikunterricht. *Unterrichtswissenschaft, 39,* 213–230. Verfügbar unter: https://home.ph-freiburg.de/leudersfr/preprint/2011_leuders_holzaepfel_kognitive_aktivierung_im_mu_vorfassung.pdf

Lipowsky, F. (2015). Unterricht. In E. Wild & J. Möller (Hrsg.), *Pädagogische Psychologie* (2. Aufl., S. 69–105). Berlin: Springer. https://doi.org/10.1007/978-3-642-41291-2_4

Lipowsky, F. & Hess, M. (2019). Warum es manchmal hilfreich sein kann, das Lernen schwerer zu machen. Kognitive Aktivierung und die Kraft des Vergleichens. In K. Schöppe & F. Schulz (Hrsg.), *Kreativität & Bildung – Nachhaltiges Lernen* (S. 77–132). München: kopaed.

Mackintosh, N. J. (2011). *IQ and human intelligence* (2. Aufl.). Oxford: Oxford University Press.

Neubauer, A. C. & Stern, E. (2007). *Lernen macht intelligent. Warum Begabung gefördert werden muss* (2. Aufl.). München: DVA Verlag.

Preckel, F. & Vock, M. (2021). *Hochbegabung. Ein Lehrbuch zu Grundlagen, Diagnostik und Fördermöglichkeiten* (2., überarbeitete Auflage). Göttingen: Hogrefe. https://doi.org/10.1026/02850-000

Rost, D. H. (2013). *Handbuch Intelligenz* (1. Aufl.). Weinheim: Beltz.

9.2 Onlineressourcen

Karg-Stiftung (Hrsg.) (2013). *Fachportal Hochbegabung.* Verfügbar unter: https://fachportal-hochbegabung.de/intelligenz-tests/

Mindset Works (Hrsg.). (2017). *Programs that Motivate Students and Teachers.* Verfügbar unter https://mindsetworks.com/Free-Resources/ [Englischsprachige Materialien zur Förderung eines „Growth Mindset" i.S. der Veränderbarkeitsannahme nach Carol Dweck]

Plucker, J. A. & Esping, A. (Hrsg.). (2014). *Human intelligence: Historical influences, current controversies, teaching resources.* Verfügbar unter: https://intelltheory.com/intelli/ [Geschichte der Intelligenzforschung, Modelle und aktuelle Debatten]

Kreativität

„Kreativität ist Intelligenz, die Spaß hat." (Albert Einstein, Physiker)
„Wahre Kreativität entsteht immer aus einem Mangel." (Wolfgang Joop, Designer)
„Kreativität ist der Reichtum meiner Gedanken." (Roswitha Bloch, Lyrikerin)

Ursprung des Begriffs Kreativität

Der Begriff Kreativität geht auf das lateinische Verb *creare* zurück, was mit *schaffen* oder *erschaffen* übersetzt werden kann. Die Ursprünge der Begriffsverwendung in Europa kann man bis ins Jahr 400 vor Christus zurückverfolgen. Das Begriffsverständnis war damals noch stark religiös geprägt – es ging um göttlich inspiriertes schöpferisches oder kreatives Schaffen. Diese Perspektive hielt sich sehr lange; erst ab dem 14. Jahrhundert wurde durch die zunehmende Emanzipation der Wissenschaft der Begriff rationaler und systematischer durchdacht. In diesem Zusammenhang entstand auch der Begriff *genio* (lateinisch; „erzeugende Kraft" oder „Anlage, Begabung") zur Bezeichnung außergewöhnlicher Begabungen. Die Forschung zu Kreativität und zu Hochbegabung haben damit gemeinsame Wurzeln. Die Ursprünge dieser Begabung wurden immer noch in der Gnade Gottes gesehen, aber zusätzlich auch in Anlagen des Menschen sowie in Umweltfaktoren. Der Begriff *Genie* fand schnell Verbreitung; Gott wurde als Ursache weniger bedeutsam und eher metaphorisch verwendet. 1869 begann die empirische Beforschung der Genialität durch Sir Francis Galton. Und erst 90 Jahre später entwickelte sich in der Psychologie dann ein eigenes Forschungsfeld zur Kreativität (vgl. Krampen, 2019).

Die Kreativitätsforschung blühte in den 1950er Jahren nach dem sogenannten *Sputnik-Schock* auf. Zu dieser Zeit befanden sich die westliche Welt und die Sowjetunion im kalten Krieg und im Wettbewerb um technische Überlegenheit in der Raumfahrt. Kreativität wurde nun als hohes Potenzial für technologische Innovationen und Weiterentwicklungen zelebriert. Etwa zeitgleich mit der westlichen Errungenschaft der ersten Mondlandung 1969 flaute der „Boom" in der Kreativitätsforschung dann wieder ab (Glăveanu & Kaufman, 2019; Krampen, 2019). Noch heute ist der Kreativitätsbegriff sehr westlich geprägt, insbesondere durch die USA und Europa (Glăveanu & Kaufman, 2019). Die moderne Kreativitätsforschung beschäftigt sich sehr stark mit der Kreativität in Wissenschaft, Technik und Technologie, was nicht zuletzt darauf zurückzuführen ist, dass wissenschaftliche und technologische Innovationen eine Gesellschaft auf dem Weltmarkt wettbewerbsfähig machen. Des Weiteren geht es in der Kreativitätsforschung aber auch um Felder wie Umweltschutz, Friedenspolitik oder Kunst und Kultur (Krampen, 2019).

Kreativität im Kontext Schule

In diesem Kapitel geht es nun um Kreativität im Kontext Schule. Historische Perspektiven auf die Kreativität vernachlässigen diesen Kontext oftmals. Jedoch identifizierte bereits Guilford (1950), einer der ersten empirischen Kreativitätsforscher, Schule als Schlüsselkontext in der Kultivierung und Entwicklung von Kreativität. Im Folgenden berichten wir zentrale Forschungserkenntnisse zur Kreativität im Schulkontext und diskutieren daraus folgende praktische Implikationen.

10 Verstehen

Lernziele

Sie wissen, wie Kreativität im Schulkontext definiert wird. Sie kennen verschiedene Kreativitätsmodelle und ihre Bedeutung für die Unterrichtspraxis. Sie verstehen, welche Rolle Kreativität im Schulkontext spielt und in welchem Zusammenhang sie mit der Leistung und der Persönlichkeit von Schülerinnen und Schülern steht. Und Sie wissen, wie und in Abhängigkeit wovon sich die Kreativität während der Schulzeit entwickelt.

10.1 Begriffsklärung

Beginnen wir dieses Kapitel mit einer kurzen Interaktion. Öffnen Sie einmal eine Suchmaschine auf Ihrem Handy oder Laptop. Geben Sie dort nacheinander die Schlagwörter *Kreativität* und *kreativ* ein und sehen sich die Ergebnisse dieser Suche in der Bilderfunktion der Suchmaschine an. Machen Sie sich zu folgenden Fragen Notizen:

- Was sehen Sie?
- Was haben die Bilder gemeinsam?
- Spiegeln die gefundenen Bilder Ihr eigenes Verständnis von Kreativität und kreativen Personen wieder?

Wir kommen am Ende des Kapitels *Verstehen* noch einmal auf Ihre Notizen zurück.

Wie wird Kreativität nun in der Forschungsliteratur definiert?
Kreativität bezieht sich auf intentionale Schaffensprozesse einer oder mehrerer Personen, die etwas Neuartiges und Wertvolles hervorbringen. Kreativ ist dabei nicht allein das Produkt, sondern das komplexe Geflecht aus *Person(en), Prozess, Produkt* und der jeweiligen *Umwelt* (Rhodes, 1961).

Die Rolle der Umwelt kommt in folgender Definition zum Tragen: „Ein Produkt [...] ist in dem Maße kreativ, in dem geeignete Beobachtende [z. B. Expertinnen und Experten in dem Bereich, in dem das Produkt entwickelt wurde] unabhängig voneinander in Bezug auf dessen Kreativität übereinstimmen. [...].“ (Amabile, 1983; durch die Autorinnen übersetzt).

Kreativität ist damit auch von Bewertungen durch andere abhängig. Dies ist ein Grund dafür, warum manche Ideen (etc.) erst lange nach ihrer Entstehung Anerkennung finden oder auch warum manche kreative Schülerinnen und Schüler in der Schule entdeckt und andere übersehen werden.

Kreativität wird auf vier Ebenen betrachtet

In der einschlägigen Literatur wird Kreativität auf vier Ebenen betrachtet (Rhodes, 1961):

1. Die **kreative Person**, welche zum Beispiel neugierig und offen für neue Erfahrungen ist,
2. der **kreative Prozess**, welcher Aktivitäten wie das Generieren, Implementieren und Evaluieren von Ideen beinhaltet,
3. das **kreative Produkt**, welches sich auf Ergebnisse wie zum Beispiel bestimmte Ideen oder Objekte bezieht,
4. die **kreative Umwelt**, welche die Entwicklung kreativer Persönlichkeiten, Produkte oder Prozesse fördern oder hemmen kann.

Die vier Betrachtungsebenen helfen dabei, verschiedene Definitionen und Ansätze der Kreativitätsforschung zu integrieren und zu sortieren (Krampen, 2019). Sie eignen sich zudem dafür, geeignete Maßnahmen zum Erkennen der Kreativität von Schülerinnen und Schülern zu identifizieren oder passende Fördermethoden auszuwählen. Im Verlauf des Kapitels zu Kreativität werden die vier Ebenen daher immer wieder im entsprechenden Kontext aufgegriffen.

Denkanstoß

Beziehen Sie die vier Ebenen einmal auf Personen oder Schülerinnen und Schüler, die Sie kennen.

- Wer von ihnen ist für Sie kreativ und welche Eigenschaften sind hier kennzeichnend?
- Welche kreativen Prozesse können Sie bei den Personen oder Schülerinnen und Schülern beobachten?
- Welche kreativen Produkte?
- Was kann die schulische Umwelt zum kreativen Schaffen beitragen?

10.2 Divergentes Denken

Divergentes Denken ist ein wichtiger Teilbereich von Kreativität und kann als Merkmal der kreativen Person angesehen werden (Guilford, 1950). Divergentes Denken wird definiert als mehrgleisiges, offenes, unsystematisches oder spielerisches Denken. Aufgaben zur Erfassung des divergenten Denkens zeichnen sich durch offene Probleme und Ergebnisse aus. In einer unstrukturierten Ausgangssituation (z. B. einer offenen Aufgabe) mit wenigen Restriktionen und unstrukturierten Zielvorgaben können mittels divergenten Denkens damit mehrere unterschiedliche Lösungen erschaffen werden.

„Kurz gesagt, ist divergentes Denken die Fähigkeit, viele und unterschiedliche Ideen zu entwickeln, wenn ein offenes Problem oder eine offene Aufgabe gestellt wird. Divergentes Denken ist nicht gleichzusetzen mit kreativem Denken, aber viele neuere Forschungsergebnisse weisen darauf hin, dass Tests zur Erfassung divergenten Denkens für die Vorhersage kreativer Leistungen nützlich sind." (Runco, 1990, S. 37; durch die Autorinnen übersetzt)

Hingegen kann das *konvergente Denken* als eingleisiges und schlussfolgerndes Denken beschrieben werden, welches auf einen bestimmten Lösungspunkt hinführt. Gemeinsam charakterisieren divergentes und konvergentes Denken das Durchlaufen kreativer Prozesse. Manche Intelligenzmodelle enthalten divergentes Denken als kognitive Fähigkeit (Guilford, 1967). Ein Beispiel ist das *Berliner Intelligenzstrukturmodell* (Jäger, 1984; s. Kapitel 6.2.2), in dem divergentes Denken als Ideenfähigkeit oder Einfallsreichtum in drei Inhaltsbereichen enthalten ist. Im figural-bildhaften Bereich würde es einer Person mit hohem Einfallsreichtum zum Beispiel gelingen, in kurzer Zeit verschiedene Formen auf unterschiedliche und vielfältige Art und Weise miteinander zu kombinieren, um daraus Gebrauchsgegenstände zu entwickeln (z. B. Kombination aus Kreis und Viereck zu einem Löffel). Im verbalen Bereich wäre es etwa die Fähigkeit, in kurzer Zeit viele, verschiedene Ideen zu Eigenschaften zu generieren, die Menschen vertrauenswürdig machen. Im numerischen Bereich wäre eine Person mit hohem Einfallsreichtum fähig, sich in kurzer Zeit viele, verschiedene Zahlenkombinationen mit vier Ziffern auszudenken, welche man sich gut merken kann.

Divergentes Denken ist ein wichtiger Teilbereich von Kreativität

Zu Beginn der psychologischen Kreativitätsforschung wurde divergentes Denken häufig mit Kreativität gleichgesetzt. Heutzutage geht man eher davon aus, dass divergentes Denken allein nicht ausreicht und auch nicht in alle kreativen Prozesse und Verhaltensweisen involviert ist (Runco & Acar, 2019; s. Kapitel 10.4.2). Eine Überblicksstudie zeigt, dass Unterschiede von Personen im divergenten Denken lediglich 5% der Unterschiede in ihren kreativen Leistungen erklären (K. H. Kim, 2008). Zusätzliche Befunde aus dieser Studie zeigen jedoch, dass diese Prozentzahl je nach Geschlecht oder Domäne variieren kann. So ist der Zusammenhang zwischen divergentem Denken und kreativer Leistung für Männer stärker als für Frauen sowie in künstlerischen Domänen stärker als in akademischen. Divergentes Denken ist damit für kreatives Verhalten bedeutsam. Schauen wir uns in Folge nun einmal an, durch welche Merkmale sich diese Art des Denkens auszeichnet (s. Tab. 5).

Merkmal	Beschreibung
Ideenflüssigkeit	Menge der Ideen
Ideenflexibilität	Inhaltliche Unterschiedlichkeit der Ideen
Originalität (auch Neuheit)	Bislang nicht vorhandene oder selten generierte Ideen → Unterscheidung zwischen drei Arten: • Intraindividuell: eine für das Individuum selbst neuartige Idee • Absolut: tatsächlich zum ersten Mal entdeckt • Relativ: eine früher bekannte, jedoch inzwischen vergessene Idee (wiederentdeckt)
Nützlichkeit	Problemangemessene Antwort auf die offene Ausgangssituation oder Fragestellung
Problemsensitivität	Fähigkeit, Problemstellungen zu identifizieren, „richtige“ Fragen zu stellen und lösungsrelevante Hypothesen zu formulieren → verschiedene Abstufungen: • Präsentierte Probleme: Kenntnisnahme von vorgegebenen Problemen • Entdeckte Probleme: eigenständiges Entdecken von nicht vorgegebenen Problemen (z. B. Erkennen von Widersprüchen) • Erschaffene Probleme: eigenständige und neue Entwicklung von neuen Fragestellungen und Problemen
Elaboration	Intensität oder Tiefe der intellektuellen Auseinandersetzung bzw. der Ausarbeitung von Lösungsvorschlägen

Tabelle 5. Merkmale des divergenten Denkens

Die Ideenflüssigkeit und -flexibilität charakterisieren das divergente Denken bereits stark (Runco & Acar, 2019). Um also zu erkennen, ob eine Person hohe divergente Denkfähigkeiten besitzt, ist es nicht zwingend erforderlich, zusätzlich zu diesen beiden Merkmalen auch noch die Originalität von Ideen heranzuziehen.

Fallbeispiel

Aufgabe:
Welche Möglichkeiten gibt es, einen Blumentopf zu verwenden? Schreibe möglichst ***viele, verschiedene oder ungewöhnliche und neue*** Ideen auf.

Beispiele: Gefäß, um Kekse aufzubewahren, Vogelhaus, Dekoration

Links: Beispiel eines Kindes mit hoher divergenter Denkfähigkeit
- Ideenflüssigkeit: 16 Ideen
- Ideenflexibilität: Ideen sind in 6 verschiedene Kategorien einzuordnen (*Tiere, Möbel, Aufbewahrung, Spiel, Handwerk, Kunst*)
- Originalität: Ideen vorhanden, die sonst kein Kind in der Vergleichsgruppe hatte (z. B. *Fischversteck, Insektenhotel*)

Rechts: Beispiel eines Kindes mit geringer divergenter Denkfähigkeit
- Ideenflüssigkeit: 4 Ideen
- Ideenflexibilität: Ideen sind in 2 verschiedene Kategorien einzuordnen (*Aufbewahrung, Dekoration*)
- Originalität: Ideen, die die meisten Kinder der Vergleichsgruppe auch hatten

Anmerkung: Die Aufgabe stammt aus dem Projekt LUPE („Leistung unterstützen, Potenziale erkennen"), einem Teilprojekt von ***Leistung macht Schule****, welches durch das Bundesministerium für Bildung und Forschung gefördert wird (s. Kapitel 15.3). Die Kinder hatten 5 Minuten Zeit für die Aufgabe.*

Zur Veranschaulichung der Merkmale Ideenflüssigkeit, Ideenflexibilität und Originalität finden Sie oben Beispiele von zwei Grundschulkindern der Klassenstufe 3. Die zugehörige Aufgabe „Verwendungsmöglichkeiten" stellt eine typische Aufgabe aus Tests des divergenten Denkens dar (s. Kapitel 11.1.2). Wie zu sehen ist, hatte das Kind mit hohen divergenten Denkfähigkeiten (links) insgesamt sehr viele und verschiedene (Flüssigkeit und Flexibilität) sowie originelle Ideen. Die Bewertung der Originalität der Antworten kann differenziert folgendermaßen erfolgen (Krampen, 2019): Hatten schon viele Kinder zuvor Idee x, aber das Kind entdeckt sie das erste Mal selbst (Bewertung als *intraindividuell originell*)? Hatte das Kind diese Idee selbst schon einmal und hat sie neu entdeckt, nachdem es sie vergessen hatte (Bewertung als *relativ originell*)? Hatte diese Idee noch keine andere Person zuvor (Bewertung als *absolut originell*)? Letzteres ist im Schulalter weniger wahrscheinlich und zudem schwer zu bewerten. Demnach spielen hier vor allem die intraindividuelle und relative Originalität eine Rolle.

Die Kriterien der Nützlichkeit, Problemsensitivität und Elaboration werden seltener verwendet. Sie lassen sich zudem besser in komplexeren Problemlöseaufgaben beobachten (s. Kapitel 10.4.2). Jedoch ist auch hier das charakteristische „mehrgleisige" Denken relevant. Insbesondere das Entdecken von nicht vorgegebenen Problemen oder neuen Fragestellungen (Getzels, 1979) erfordern eine offene Herangehensweise und die Flexibilität, erst einmal verschiedene Möglichkeiten zu durchdenken, ohne von vornherein ein bestimmtes Problem zu fixieren.

10.3 Modelle der Kreativität

Kreativitätsmodelle enthalten nicht nur eine Definition der Kreativität, sondern setzen sich viel breiter mit diesem Begriff auseinander. Es geht insbesondere darum, wie eine Person ist oder sein muss, um kreativ zu sein. Manche Modelle benennen Eigenschaften, die eine „typische" kreative Person auszeichnen. Darüber hinaus beschäftigen sich Kreativitätsmodelle mit der Frage, wie es eigentlich dazu kommt, dass wir kreativ sind. Ein weiterer sehr zentraler Punkt innerhalb der Modelle ist die kreative Umwelt. Hier geht es um die Frage, wie diese Umwelt aussehen muss, damit Personen ihr kreatives Potenzial überhaupt nutzen können. Daraus ergibt sich auch die unmittelbare Relevanz von Kreativitätsmodellen für die Schul- und Unterrichtspraxis. Schülerinnen und Schüler verbringen einen großen Teil ihrer Zeit in der Schule und werden von diesem Umfeld maßgeblich geprägt. Zum schulischen Umfeld gehören zum Beispiel Schulleitbilder, Lehrpersonen, Mitschülerinnen und Mitschüler, das Klassenklima oder die Ausstattung einer Schule. Alle Faktoren (= kreative Umwelt) können die Kreativität der Kinder und Jugendlichen beeinflussen. Weit über Definitionen der Kreativität hinaus benennen Modelle damit verschiedene kreative Prozesse und Kontexte, was zu einem umfassenden Verständnis des Begriffs und der unterrichtspraktischen Relevanz beiträgt. In den folgenden Abschnitten lernen Sie daher einige Modelle kennen, die die verschiedenen Ebenen der Kreativität näher beleuchten.

Kreativitätsmodelle sind für die Unterrichtspraxis relevant

10.3.1 Das „Vier-C-Modell" der Kreativität

Im Kapitel zum divergenten Denken wurde bereits der Unterschied zwischen intraindividuell, absolut und relativ neuen Ideen beschrieben. Ideen können demnach, je nach Umstand oder betrachtender Person, als mehr oder weniger neuartig gelten. Dies wird auch aufgegriffen im *Modell der Vier Cs der Kreativität* (vgl. J. C. Kaufman & Beghetto, 2009).

(1) Mini-c steht für persönliche kreative Interpretationen von Handlungen oder Erfahrungen im Alltag.
(2) Little-c steht für (kleinere) kreative Aktivitäten, Handlungen und Problemlöseprozesse im Alltag, welche über die persönliche Interpretation als kreativ hinausgehen.
(3) Pro-c steht für kreative Handlungen und Beiträge, welche nicht mehr im alltäglichen Kontext stattfinden und schon eine gewisse Professionalität/Expertise in einem Feld erfordern.
(4) Big-C steht für eminente, herausragende Kreativität, durch die kreative Beiträge oder Produkte besonderer, seltener und neuer Art entstehen.

Die vier Cs bauen aufeinander auf. Sie erfordern zum einen zunehmend Expertise, also in einem längeren Prozess erworbene Fachkenntnisse in dem Feld, in dem die Person kreativ handelt oder einen kreativen Beitrag leistet. Zum anderen werden kreative Handlungen zunehmend seltener, neuartiger und weniger alltäglich. Im Folgenden werden die vier Cs anhand des Beispiels der Erstklässlerin Karla verdeutlicht.

Fallbeispiel

(1) Karla bearbeitet in der Schule eine Problemlöseaufgabe, in der es darum geht, sich Möglichkeiten zu überlegen, ein Buch von einem hohen Regal zu holen. Karla denkt sich nun zunächst „gewöhnliche" Lösungen aus. Zum Beispiel möchte sie Gegenstände vor das Regal stellen, auf denen man stehen kann. Sie denkt zunächst an einen Stuhl. Dann kommt ihr eine zündende Idee, die sie persönlich als vollkommen neuartig empfindet. Man könnte sich auch auf den Tisch stellen, da müsste man sich weniger nach dem Buch strecken. Sie selbst ist begeistert von ihrer Idee, denn diese hatte sie zuvor noch nie. Jedoch haben auch andere Kinder in der Klasse die gleiche Idee, somit würde die Lehrperson von Karla die Idee vielleicht eher als gewöhnlich bezeichnen. Karlas Idee ließe sich folglich dem *Mini-c* der Kreativität zuordnen.

(2) Karla erkennt nach gemeinsamer Sammlung der Ideen in der Klasse, dass ihre eigene Idee gar nicht so neu ist, wie gedacht. Ihr fällt jedoch spontan ein weiterer Gegenstand ein, auf dem man sowohl stehen als auch viel Höhe erreichen kann – ihr Trampolin. Bislang hat sie dieses nur zum Spielen genutzt, aber nun denkt sie, dass man durch die Sprunghöhe ja auch das Buch im Regal erreichen könnte. Vor Karla sind bestimmt noch andere Kinder aus anderen Schulen auf diese Idee gekommen, jedoch hatte spontan kein anderes Kind aus der Klasse den gleichen originellen Einfall. Demzufolge lässt sich die Trampolin-Idee dem *Little-c* der Kreativität zuordnen.

(3) Das *Pro-c* der Kreativität geht nun über alltägliche und spontane kreative Handlungen hinaus. Es erfordert die gründliche und professionelle Einarbeitung in ein bestimmtes Feld. Somit entstehen kreative Produkte nicht aus der Situation heraus, sondern sind meist Ergebnis eines längeren Problemlöseprozesses (s. Kapitel 10.4.2). Karla könnte nun zum Beispiel schon als Studentin oder als Ingenieurin an dem Problem forschen, Gegenstände effizient in hohe Regale (z. B. in Lagerhallen) zu befördern. Ihr kreativer Beitrag könnte es sein, einen neuen Gabelstapler zu entwickeln, welcher sich durch eine besonders kostengünstige Produktion auszeichnet.
(4) Um einen Beitrag im Sinne des *Big-C* der Kreativität zu entwickeln, müsste das Beförderungsmittel sich in besonderer, herausragender und seltener Weise von anderen neuen Erscheinungen auf dem Markt abheben und in dem Forschungsfeld Aufsehen erregen. Ein Beispiel hierfür ist der *smart Tower*, welcher mittlerweile 70 mal europaweit installiert und in Betrieb genommen wurde (Nussbaum Technologies, 2015).

Bislang existiert vorwiegend Forschung zum Big-C und Little-c. Big-C-Forschung findet häufig im Rahmen der Forschung zum „kreativen Genie" statt (z. B. Simonton, 2004). Forschung zum Little-c hingegen beschäftigt sich oft mit kreativem Potenzial von Nicht-Expertinnen und -Experten. Das Mini-c und das Pro-c wurden erst nachträglich ergänzt (J. C. Kaufman & Beghetto, 2009). Sie sind im Schulkontext sehr wichtig, denn nicht alle kreativen Handlungen und Beiträge lassen sich eindeutig der alltäglichen oder herausragenden Kreativität zuordnen.

Stimmen aus der Praxis
Ein Little-c Beispiel aus dem Kunstunterricht:
Die Aufgabe der Schülerinnen und Schüler war es, die weiße freie Fläche (Bild rechts) des bekannten Gemäldes „Sternennacht" des Künstlers Vincent van Gogh (Bild links) selbstständig zu füllen.

Anmerkung: Das Bild links entstammt Pixabay, das Bild rechts ist eine Zeichnung der Lehrerin.

Das Bild der kreativen Schülerin, um die es geht, sah aus wie van Goghs Bild, aber unten rechts hat sie einen Geist hingemalt. Ich habe sie gefragt: „Warum hast du da denn einen Geist hingemalt?“ und dann meinte sie: „Das ist der Geist von van Gogh. Gucken Sie! Der hat auch ein abgebundenes Ohr!“. Sie hat diesem Geist tatsächlich auf der einen Seite einen Verband hingemalt, um zu symbolisieren, sie weiß, dass van Gogh ein Ohr fehlte und er nicht mehr lebt, aber er hat dieses Bild gemalt. Sie wollte seinen Geist mit reinbringen. Das war wirklich eine schöne Überraschung, weil es sehr unerwartet war. Währenddessen haben weniger kreative Schülerinnen und Schüler Stadt, Wiese oder Natur gemalt, sind also eher am Vorbild geblieben. – Nadja Mezger, Realschule

10.3.2 Investment-Theorie von Sternberg und Lubart (1991)

Verschiedene Kreativitätsmodelle berücksichtigen nicht immer alle der vier Ebenen, auf denen Kreativität betrachtet werden kann (Person, Prozess, Produkt, Umwelt; s. Kapitel 10.1). Wir stellen exemplarisch ein Modell vor, das zum einen alle vier Ebenen berücksichtigt und zum anderen eine gute Passung zum Schulkontext hat – die *Investment-Theorie* von Sternberg und Lubart (1991; s. Abb. 12).

Sternberg und Lubart unterscheiden in ihrem Modell zwischen verschiedenen Ressourcen, kreativen Fähigkeiten, kreativen Projekten und der Bewertung bzw. Evaluation kreativer Produkte. Es gibt unterschiedliche Ressourcen, welche kreative Leistung begünstigen können: kognitive Ressourcen (das Denken oder Verstehen betreffend), affektiv-konative Ressourcen (die Gefühle oder den „Antrieb“ betreffend) oder umweltbezogene Ressourcen (kreativitätsfördernde bzw. -hemmende Faktoren im nahen Umfeld). Das Vorhandensein einer einzelnen Ressource führt selten zu kreativer Leistung – entscheidend ist ihr Zusammenspiel und ihr effektiver Einsatz. Beispielweise ist eine hohe Intelligenz bei gleichzeitig niedriger Motivation wenig zielführend, ebenso ausgeprägtes Fachwissen ohne eine Umwelt, die eine produktive Nutzung des Wissens anregt. Aus dem Zusammenspiel der Ressourcen einer Person können dann verschiedene kreative Fähigkeiten entstehen. Diese können entweder nur für einen bestimmten Bereich gelten (z. B. numerische Fähigkeiten in Mathematik) oder bereichsübergreifend sein (z. B. eine hohe Lerngeschwindigkeit). Kreative Fähigkeiten können nun zur Aufnahme von einem oder mehreren kreativen Projekten (z. B. einer Projektarbeit in der Schule) führen. Aus den Projekten entstehen am Ende Produkte. Hier greift die vierte Ebene des Modells – die Bewertung der Produkte als mehr oder weniger kreativ. Ob Produkte als kreativ bewertet werden, hängt zum einen von den Charakteristiken der bewertenden Person ab. Dies führt dazu, dass der Konsens zwischen verschiedenen Bewertenden selten perfekt ist.

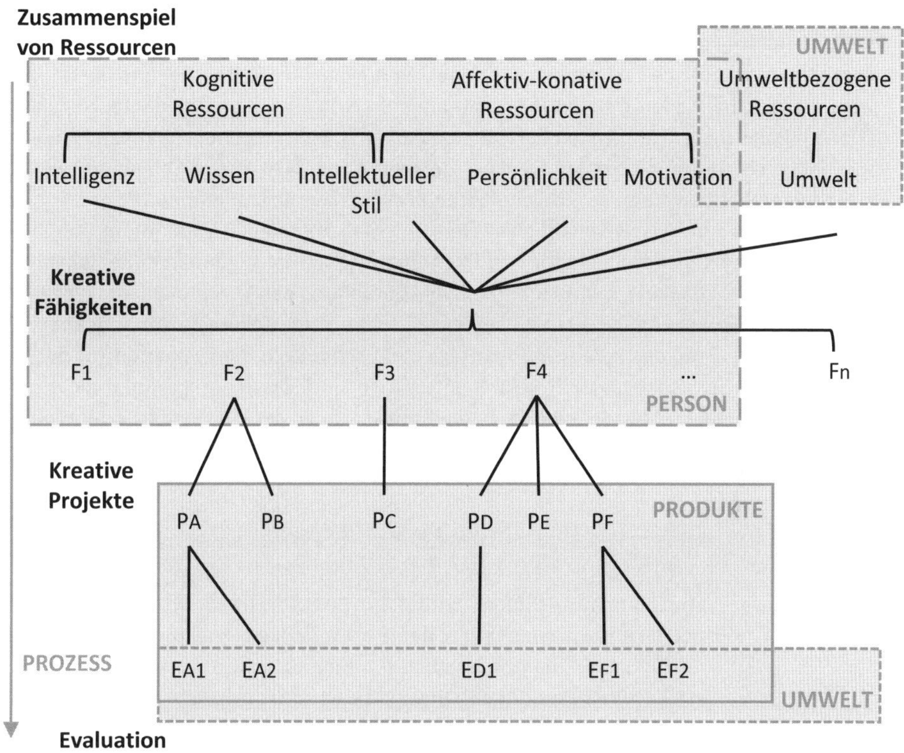

Abbildung 12. Modell der Investment-Theorie nach Sternberg & Lubart (1991) ergänzt um die vier Betrachtungsebenen der Kreativität (Prozess, Produkte, Person und Umwelt)

Zum anderen kann auch der Zeitpunkt, zu dem ein Produkt entsteht, entscheidend sein. So kann ein Produkt zu einem frühen Zeitpunkt als Innovation gelten, während es zu einem späteren Zeitpunkt bereits an Außergewöhnlichkeit verloren hat.

Die vier Betrachtungsebenen (Person, Prozess, Umwelt und Produkt) sind alle an verschiedenen Stellen im Modell von Sternberg und Lubart enthalten (s. Abb. 12). Nehmen wir wieder einmal das Beispiel von Karla.

Fallbeispiel

Karla ist besonders intelligent und besitzt ein ausgeprägtes Wissen in naturwissenschaftlichen Themengebieten (kognitive Ressourcen). Darüber hinaus zeichnet sie sich persönlich durch eine hohe Neugierde aus (affektiv-konative Ressourcen). Karla besucht als Kind eine Grundschule, die einen Schwerpunkt auf kreatives Arbeiten legt (umweltbezogene Ressource). Im Laufe der Zeit erwirbt sie verschiedene Fähigkeiten. Zum einen spezifische naturwissenschaftliche Fähigkeiten, wie hohe numerische Fähigkeiten (F_2) und die Fähigkeit zum wissenschaftlichen Denken (F_3), zum anderen eine allgemein hohe Selbstregulation (F_4). Auf Basis dieser Fähigkeiten befasst sich Karla mit verschiedenen kreativen Projekten. Ihre Fähigkeit zum numerischen Denken motiviert Karla dazu, in der Schule an zwei verschiedenen Wettbewerben für Forscherinnen und Forscher teilzunehmen (P_A und P_B). Mit ihrer Fähigkeit zum wissenschaftlichen Denken entwickelt sie ein Experiment zur Untersuchung eines naturwissenschaftlichen Phänomens (P_C). Ihre allgemein hohe Selbstregulation ermöglicht es Karla, später innerhalb ihres Studiums des Maschinenbaus gleich drei verschiedene Forschungsarbeiten zu fachspezifischen Fragestellungen zur schreiben (P_D, P_E und P_F). Am Ende des kreativen Prozesses steht schließlich die Evaluation (E) der Produkte, die aus Karlas kreativen Projekten entstanden sind. Diese erfolgt durch die externe Einschätzung durch entweder eine (z. B. die Professorin an der Universität) oder mehrere bewertende Instanzen (z. B. die Lehrperson und eine Fachjury im Forschungswettbewerb).

10.3.3 Kreativität und Persönlichkeit

Die Forschung liefert zahlreiche Befunde dazu, wie Kreativität mit (weiteren) Eigenschaften der Persönlichkeit zusammenhängt. Feist (2019) ordnet die entsprechenden Eigenschaften in vier Gruppen ein:

- *kognitive* Persönlichkeitseigenschaften, die beschreiben, wie Personen Informationen verarbeiten, Probleme lösen und auf neue Situationen reagieren,
- *soziale* Persönlichkeitseigenschaften, die das Verhalten und Einstellungen beschreiben, welche Beziehungen zu anderen Personen betreffen,
- *motivational-affektive* Persönlichkeitseigenschaften, die das Verlangen beschreiben, bestimmte Aktivitäten aufrechtzuerhalten sowie erfolgreich im eigenen Handeln zu sein
- und *klinische* Persönlichkeitseigenschaften, die bestimmte affektive Störungen mit hoher Kreativität assoziieren.

In Abbildung 13 sind in der Forschung gut untersuchte und in ihrem Zusammenhang zur Kreativität belegte Persönlichkeitseigenschaften nach kognitiven, sozialen und motivational-affektiven Merkmalen sortiert. Klinische Merkmale thematisieren wir hier nicht weiter, da sie im Handeln von Lehrpersonen in der Schule vergleichsweise wenig Relevanz haben (für weiteres Interesse, s. auch Feist, 2019, S. 358).

Der stärkste positive Zusammenhang besteht zwischen Kreativität und Offenheit für neue Erfahrungen. Personen mit einer hohen Offenheit für neue Erfahrungen sind breit interessiert, phantasievoll, offen

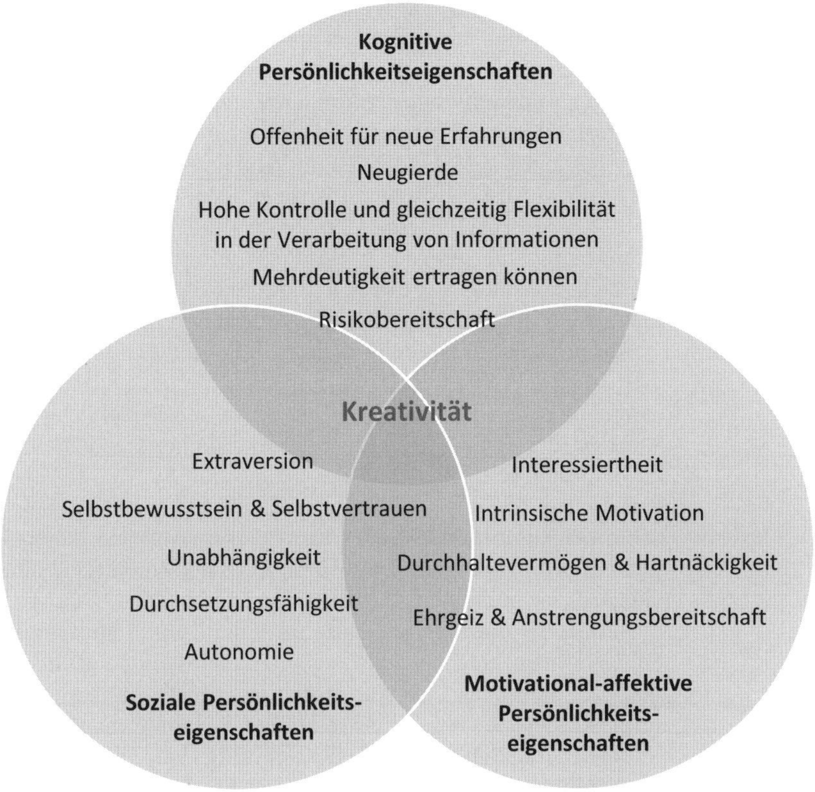

Kognitive Persönlichkeitseigenschaften

Offenheit für neue Erfahrungen
Neugierde
Hohe Kontrolle und gleichzeitig Flexibilität in der Verarbeitung von Informationen
Mehrdeutigkeit ertragen können
Risikobereitschaft

Kreativität

Extraversion
Selbstbewusstsein & Selbstvertrauen
Unabhängigkeit
Durchsetzungsfähigkeit
Autonomie

Soziale Persönlichkeitseigenschaften

Interessiertheit
Intrinsische Motivation
Durchhaltevermögen & Hartnäckigkeit
Ehrgeiz & Anstrengungsbereitschaft

Motivational-affektive Persönlichkeitseigenschaften

Abbildung 13. Persönlichkeitseigenschaften, die einen positiven Zusammenhang mit Kreativität zeigen. (Quellen: Amabile, 1983; Cropley, 1990; de Jesus, Rus, Lens & Imaginário, 2013; Feist, 2019; Hany, 1994; Heller, 1995; Hennessey, 2019; Hutmacher & Haager, 2019; Karwowski & Lebuda, 2016; Krampen, 2019; Sternberg & Lubart, 1991; Urban, 1993)

für neue Ideen und probieren gerne Neues aus (z. B. Feist, 2019; Karwowski & Lebuda, 2016; Sternberg & Lubart, 1991; Urban, 1993). Auch Mehrdeutigkeit ertragen zu können (*Ambiguitätstoleranz*), spielt in einigen Kreativitätsmodellen eine wichtige Rolle, denn es wird angenommen, dass situative Uneindeutigkeiten und Unsicherheiten eher von besonders kreativen Personen toleriert werden können (Krampen, 2019; Sternberg & Lubart, 1991; Urban, 1993).

Zusammenhänge von Kreativität mit sozialen sowie motivational-affektiven Persönlichkeitseigenschaften sind im Vergleich etwas schwächer ausgeprägt. Nennenswert ist an dieser Stelle vor allem die intrinsische Motivation. Intrinsisch motivierte Personen führen Aufgaben durch, weil sie den Willen und die Hingabe verspüren, sich mit bestimmten Inhalten auseinanderzusetzen. Im Vergleich dazu führen extrinsisch Motivierte Aufgaben durch, weil sie im Anschluss eine Belohnung, Anerkennung oder Ähnliches erwarten. Jede Person kann in unterschiedlichen Situationen intrinsisch und extrinsisch motiviert sein. Intrinsische Motivation ist im Vergleich zu extrinsischer förderlicher für kreative Leistungen (Amabile, 1983; Cropley, 1990; de Jesus et al., 2013; Feist, 2019). Dies ist nicht verwunderlich, da Freude an der Bearbeitung einer Aufgabe in der Regel mit mehr Anstrengung und Durchhaltevermögen einhergeht und somit zu vielfältigeren Problemlösungen führt (Hennessey, 2019; Krampen, 2019).

Gibt es typisch kreative Schülerinnen und Schüler?

Was nehmen wir aus der Forschung mit – gibt es nun also eine typische kreative Persönlichkeit? Da empirische Befunde überwiegend Zusammenhänge untersuchen, ist unklar, ob die Persönlichkeitseigenschaften eher Voraussetzung oder Folge von hoher Kreativität sind oder ob sie „fester Bestandteil" von Kreativität sind. Die Wahrheit liegt wohl dazwischen. Wichtig ist an dieser Stelle festzuhalten, dass es eine Vielzahl an Eigenschaften gibt, die kreative Personen besitzen können, aber nicht unbedingt müssen. Dies würde allein der Komplexität und Individualität von Menschen gar nicht gerecht (Hutmacher & Haager, 2019).

Nutzen Sie diese Befunde also im Sinne Ihrer Schülerinnen und Schüler! Bestimmte Persönlichkeitsmerkmale können darauf hindeuten, dass sie in der Lage sind, besondere kreative Leistungen zu erbringen. Viele der Eigenschaften können Sie am Verhalten der Schülerinnen und Schüler oder in Gesprächen mit ihnen erkennen. Andere Eigenschaften können Sie gezielt fördern. Nicht im Sinne Ihrer Schülerinnen und Schüler wäre es hingegen, nach Lesen dieses Kapitels ein stereotypes Bild einer kreativen Persönlichkeit zu entwickeln.

10.4 Die Rolle von Kreativität im Lern- und Leistungskontext

Kreativität ist oft fachspezifisch

Personen, die in einem Bereich (z. B. Mathematik) kreativ sind, müssen dies nicht zwingend auch in einem anderen Bereich (z. B. Musik) sein (Baer, 2010). Im Rahmen der Forschung zur Little-c-Kreativität fand sich, dass in einem Bereich kreative Schülerinnen und Schüler zumeist in anderen Bereichen weniger kreativ sind (Baer, 2010). Um Kreativität im Kontext Schule zu verstehen, ist es daher wichtig, diese in einzelnen Fächern zu betrachten.

10.4.1 Kreativität und Schulleistung

Kreativität und Schulleistung hängen zwar positiv, aber nicht all zu hoch zusammen. Im Durchschnitt erklären Unterschiede in der Kreativität fünf Prozent der Unterschiede in der Schulleistung (Gajda, Karwowski & Beghetto, 2017). Der Zusammenhang wird jedoch von verschiedenen schulbezogenen Faktoren beeinflusst. Zum Beispiel ist er deutlich stärker, wenn die Schulleistung durch standardisierte Tests erfasst wird (schulübergreifende Tests mit objektiven Auswertungskriterien) und nicht durch Noten. Dies mag auch daran liegen, dass Lehrpersonen teilweise bei der Notenvergabe dazu tendieren, außergewöhnliche Antworten schlechter zu bewerten oder diese in ihren Instruktionen als unnötig beziehungsweise unerwünscht zu beschreiben (Krampen, 2019). Einen weiteren wichtigen Einfluss hat das Alter. Gajda et al. (2017) konnten zeigen, dass bei Schülerinnen und Schülern der Unter- und Mittelstufe der Sekundarschulzeit die Kreativität stärker mit der Schulleistung zusammenhängt als in der Grundschule oder der Oberstufe. Die Autorinnen und Autoren erklären dies durch einen starken Entwicklungsschub der Kreativität ab der Pubertät (s. Kapitel 10.5). Sie spekulieren auch, dass der Zusammenhang in der Oberstufe eigentlich höher wäre, würde man bei der Erfassung der Kreativität und Schulleistung den Bereich stärker berücksichtigen, in dem beide erbracht werden. Denn je älter die Schülerinnen und Schüler sind, desto mehr werden für kreative Leistungen Wissen und Fertigkeiten innerhalb eines bestimmten Schulfaches wichtig (s. Kapitel 14.3.4). Zusätzlich ist der Zusammenhang zwischen Kreativität und Schulleistung von der Klasse beziehungsweise der Lehrperson der Klasse abhängig. Gründe dafür können in den Einstellungen der Lehrpersonen zu Kreativität oder kreativen Schülerinnen und Schülern (s. Kapitel 2) oder in der Klassenatmosphäre liegen. Denn in manchen Klassen ist kreatives Denken und Handeln mehr erwünscht und wird mehr honoriert als in anderen (Freund & Holling, 2008).

Fazit

Was können Sie nun für Ihre Unterrichtspraxis mitnehmen? (1) Wie eng Kreativität und Schulleistungen zusammenhängen, hängt auch vom Schulfach, dem Alter der Lernenden und der Wertschätzung von kreativem Verhalten durch die Lehrperson ab. (2) In der Unter- und Mittelstufe kann eine hohe Kreativität ein Hinweis auf hohe Leistungsfähigkeit sein und umgekehrt. (3) In der Oberstufe sollten Sie verstärkt auf fach- oder bereichsspezifische Kreativität und Leistung achten.

10.4.2 Kreatives Problemlösen

Kreative Prozesse finden häufig innerhalb von umfassenderen Problemlöseprozessen statt. *Problemlösen* wird verstanden als das Beseitigen eines Hindernisses beziehungsweise das Schließen einer Lücke (z. B. einer Wissenslücke) mittels kognitiver Aktivitäten, wie zum Beispiel Nachdenken, um ein angestrebtes Ziel zu erreichen. Der

Problemlöseprozess lässt sich grob in drei Komponenten unterteilen: Anfangszustand (= Problem), Zielzustand (= gelöstes Problem) und Operationen, durch die der Zielzustand erreicht werden kann (z. B.

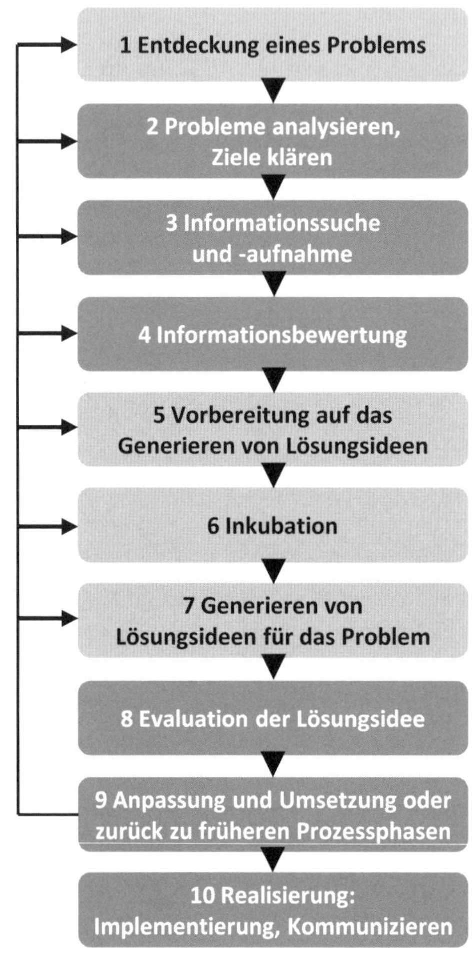

Abbildung 14. Prozess des kreativen Problemlösens orientiert an vorherigen Prozessmodellen, zum Beispiel von Amabile (1983), Schuler, Gelléri, Winzen und Görlich (2013), Preiser und Buchholz (2004) und Wallas (1926). In hellgrau sind die Phasen zu sehen, in denen vor allem divergente Denkfähigkeiten notwendig sind, in dunkelgrau solche, in denen es die konvergenten Denkfähigkeiten sind.

die Suche nach Informationen zur Lösung des Problems; Betsch, Funke & Plessner, 2011). Kreative Prozesse als Bestandteil von Problemlöseprozessen können daher auch als *kreative Problemlöseprozesse* bezeichnet werden.

Ablauf des kreativen Problemlöseprozesses

Die wichtigsten Prozessbestandteile kreativen Problemlösens sind in Abbildung 14 zusammengeführt. Die Erläuterung der einzelnen Schritte erfolgt anschließend anhand eines Beispiels.

Charakteristisch für kreative Problemlöseprozesse ist der Wechsel zwischen divergenten und konvergenten Denkprozessen, das heißt der Wechsel zwischen „offenen" und „geschlossenen" Denkrichtungen. Sie sind nicht unabhängig voneinander und erst ihr Zusammenspiel ermöglicht das erfolgreiche Durchlaufen kreativer Prozesse und die Erarbeitung von Lösungen für komplexe Probleme. Divergentes und konvergentes Denken sind also genau genommen keine gegensätzlichen Denk- und Handlungsstrategien, sondern eher qualitativ unterschiedliche Teilaspekte von Problemlöseprozessen und kreativen Handlungen, die sich ergänzen (Krampen, 2019).

Beispielaufgabe zum kreativen Problemlösen:
Der Supermarkt „Schnellkauf" bekommt zunehmend negative Bewertungen aufgrund des rutschigen Bodens im Eingangsbereich. Immer wieder rutschen Kundinnen und Kunden, insbesondere im Winter, auf dem glatten Boden aus, was bereits zu Stürzen mit kleineren Verletzungen geführt hat.
Formuliere Fragen bzw. Problemstellungen, die sich aus der Beschreibung ergeben. Suche nach Lösungsideen und beschreibe deren Untersuchung mithilfe von wissenschaftlichen Methoden. Beschreibe dein Vorgehen und zu erwartende Ergebnisse.

Fallbeispiel für den kreativen Problemlöseprozess

(1) Kreatives Problemlösen beginnt üblicherweise zunächst mit der *Entdeckung eines Problems,* auch Problemsensitivität genannt. Dies erfordert eine gewisse Offenheit, sich mit verschiedenen Aspekten der Problemstellung auseinanderzusetzen, und die Fähigkeit, in einem offenen Ausgangszustand unterschiedliche Probleme zu identifizieren. Im Beispiel hieße das, Aspekte der Bodenbeschaffenheit, der Abnutzung, des Wetters oder des typischen Schuhwerks der Kundinnen und Kunden als Probleme in Betracht zu ziehen. (2) Nach der Identifikation verschiedener *Probleme* geht es darum, *diese zu analysieren und Ziele zu klären.* Wird zum Beispiel die Bodenbeschaffenheit als Hauptproblem fokussiert, könnte es ein Ziel sein, diese zu verbessern, um Rutschfestigkeit zu gewährleisten. Nach der Definition von Zielen werden nun (3) *Informationen gesucht und aufgenommen,* um das Problem zu lösen. Hier spielen die Nutzung von Vorwissen oder der Zugang

zu Quellen, wie relevanter Fachliteratur, Beratenden, Mentoren oder Peers, eine wichtige Rolle. (4) Diese *Informationen* müssen im Anschluss hinsichtlich ihrer Nützlichkeit für die Lösung des Problems *bewertet werden*. Die Schritte zwei bis vier erfordern vor allem konvergentes Denken. Danach wird der Problemlöseprozess wieder offener und erfordert mehr divergentes Denken. Nun geht es darum, verschiedene Lösungsideen für die Problemstellung zu generieren. (5) Zur *Vorbereitung auf das Generieren von Lösungsideen* ist es förderlich, in einem „kreativen Zustand" zu sein, das heißt, sich zum Beispiel an einen Ort zu begeben, an dem man in Ruhe nachdenken kann, oder sich in einem passenden Gemütszustand zu befinden (z. B. motiviert oder erholt). (6) Nach einer ersten aktiven Arbeit an Lösungsideen folgt ein Zustand der *Inkubation*, das heißt eine eher zufällige Ideengenerierung durch unbewusstes, spontanes „Gedankentreiben". (7) Nun werden noch einmal aktiv *Lösungsideen generiert* und festgehalten. Für das Problem der Bodenbeschaffenheit könnten verschiedene Lösungsansätze nun zum Beispiel auf das Material selbst abzielen. Eine mögliche Idee wäre es, nach grundlegend neuen Bodenbelägen zu suchen, welche besonders rutschfest sind. Weitere Lösungsideen könnten sich aber auch auf die Verbesserung des vorhandenen Materials – zum Beispiel die Ausbesserung des Bodens mit einer „Anti-Rutsch-Beschichtung" – oder der vorhandenen Gegebenheiten beziehen – zum Beispiel durch die Auflage von Gummimatten. Die letzten Phasen des kreativen Problemlöseprozesses erfordern wieder konvergentes Denken. Nun geht es darum, die eigenen *Lösungsideen* hinsichtlich ihrer (8) Nützlichkeit oder Problemangemessenheit *zu evaluieren* und (9) gegebenenfalls *Anpassungen vorzunehmen oder noch einmal zu früheren Prozessphasen zurückzukehren*. (10) Wird eine Idee für nützlich befunden, erfolgt zu guter Letzt die *Realisierung der Lösungsidee*. Dieser Schritt wäre für eine Schulaufgabe eher untypisch, könnte aber gegebenenfalls der Aufgabe hinzugefügt werden. Zum Beispiel könnten Schülerinnen und Schüler sich im Rahmen einer Projektarbeit mit verschiedenen Bodenmaterialien auseinandersetzen, diese gemäß der eigenen Lösungsidee verbessern und im Anschluss in Form eines Referats den Mitschülerinnen und Mitschülern präsentieren.

Es wird deutlich, dass Problemlöseprozesse kreative Prozesse beinhalten und dass kreativen Produkten Problemlöseprozesse vorausgehen. Wenn es nun um die Bewertung der Kreativität eines Produkts geht, reicht es oftmals nicht aus, lediglich danach zu bewerten, wie viele, verschiedene und originelle Ideen eine Person hatte. Denn insbesondere für die Lösung realer Probleme wird häufig die Nützlichkeit der Ideen beurteilt (Runco & Acar, 2019). Der Supermarkt „Schnellkauf" aus dem Beispiel würde vermutlich einen neuen, außergewöhnlichen und gleichzeitig in der Produktion sehr teuren Boden nicht kaufen. Daher ist fraglich, inwiefern das Merkmal Originalität für die Lösung realer Probleme gewichtet werden sollte. Im Schulkontext kann in einer Aufgabe jedoch explizit der Hinweis gegeben werden, dass eine Idee durchaus außergewöhnlich sein darf, solange sie zur Lösung des Problems passt.

Stimmen aus der Praxis
Ausschnitte aus dem kreativen Prozess der Schülerin aus dem van Gogh Fallbeispiel (s. Kapitel 10.3.1):

Die Schülerin ist den Weg ganz alleine gegangen. Sie kam nicht zu mir und hat gefragt: „Wie kann ich weitermachen? Was kann ich noch verbessern?" Sie war jedoch nicht zufrieden mit ihrem Bild und hat mir das erzählt. Dann habe ich sie einfach eine Weile in Ruhe und mit ihren Gedanken allein gelassen, weil ich der Meinung bin, dass so ein Prozess eigentlich im besten Fall schülerintern läuft. Und das soll auch manchmal frustrierend sein. Sie sollen an ihre Grenzen stoßen. Und sie ist diesen Weg tatsächlich alleine gegangen. Ich wusste nur, sie ist nicht zufrieden – und irgendwann kam sie dann mit dem Produkt, das wirklich überraschend und witzig für mich war. Das war eine ganz tolle Sache. – Nadja Mezger, Realschule

10.5 Entwicklung und Einflussfaktoren

Ellis Paul Torrance gilt bis heute als einer der bekanntesten Kreativitätsforscher. Er war unter den Wissenschaftlerinnen und Wissenschaftlern einer der ersten, der die Kreativitätsentwicklung von Schülerinnen und Schülern über die Schulzeit untersuchte. Seine Forschung wurde im Anschluss durch zahlreiche weitere Studien gestützt (vgl. Hui, He & Wong, 2019; Krampen, 2019). Er fand, dass zu bestimmten Lebensphasen besondere Spitzen und Einbrüche in der Kreativität beobachtet werden können (s. Abb. 15). In der Schulzeit findet sich eine Spitze in der dritten Klasse sowie eine kontinuierliche Steigerung ab der sechsten/siebten Klasse bis zur Oberstufe und darüber hinaus. Die Forschung weist auf eine weitere Spitze im mittleren Erwachsenenalter hin. Einbrüche finden sich vor allem bei Entwicklungsübergängen, wie dem Schuleintritt und dem Übergang in die Sekundarschule. Torrance (1963) stellte dazu die Vermutung auf, dass die hohen Anforderungen, die mit einem Entwicklungsübergang verbunden sind, zu vermehrtem konvergentem im Vergleich zu divergentem Denken führen. Anforderungen können etwa die soziale Anpassung an neue Klassenverbände, die Akzeptanz durch neue Lehrpersonen oder die Umstellung auf neuen und schwereren Lernstoff sein.

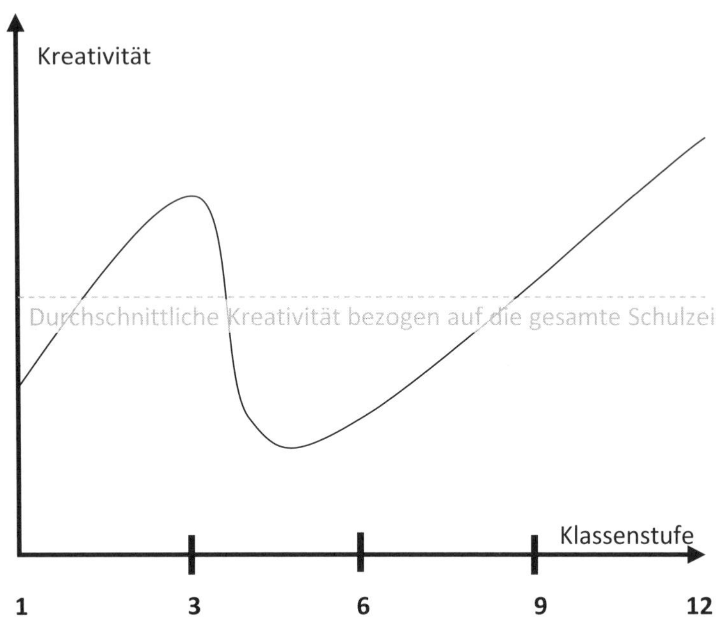

Abbildung 15. Entwicklungsverlauf der Kreativität über die Schulzeit

Der wellenförmige Verlauf bildet jedoch lediglich den Durchschnitt aller Schülerinnen und Schüler ab. Individuelle Verläufe können anders aussehen und manche Schülerinnen und Schüler sind stärker, andere weniger stark von extremen Schwankungen betroffen. Verschiedene umweltbezogene oder individuelle Faktoren können hier maßgeblich Einfluss nehmen. Dennoch kann es vor allem während der typischen Entwicklungsspitzen und Anstiege sinnvoll sein, Schülerinnen und Schüler hinsichtlich ihres kreativen Denkens und Handelns zu beobachten (s. Kapitel 11), um Rückschlüsse auf Potenziale und Fördermöglichkeiten zu erhalten.

Einflussfaktoren auf die Entwicklung von Kreativität

Verschiedene Faktoren können die Entwicklung von Kreativität fördern und hemmen. Eine Auswahl an möglichen Faktoren finden Sie in Tabelle 6. Individuelle und Umweltfaktoren beeinflussen die Entwicklung der Kreativität im Zusammenspiel (vgl. Kapitel 6.4). Die Faktoren *Geschlecht* und *Herkunft* sowie verschiedene Einflussfaktoren im *Kontext Schule* sind in der Tabelle nur knapp dargestellt, da sie in nachfolgenden Kapiteln vertieft behandelt werden (s. Kapitel 10.6 und 12.2).

	Fördernd	Hemmend
Individuelle Faktoren		
Geschlecht	• Befundlage inkonsistent mit Vor- und Nachteilen für Schülerinnen und Schüler	
Kognitive Merkmale	• Bei Misserfolgen wird die Ursache in externen Faktoren und nicht in der Person selbst gesehen • Hohe Leistungsfähigkeit • Divergente und konvergente Denkfähigkeiten • Verantwortungsübernahme • Fähigkeit zur Perspektivübernahme	• Entweder-Oder-Denken
Motivationale Merkmale	• Intrinsische Motivation • Kreative Selbstwirksamkeitserwartung (Überzeugung, aufgrund der eigenen Fähigkeiten eine kreative Anforderungssituation erfolgreich bestehen zu können)	• Misserfolgsvermeidung
Emotionale Merkmale	• Positive und aktivierende Emotionen/Stimmungen (z. B. Freude, Erregung)	• Allgemeine Ängstlichkeit • Angst vor Fehlern • Angst vor Bewertung
Umweltfaktoren		
Schule	• Kreativitätsförderndes Schulsystem • Kreativitätsfördernde Unterrichtsgestaltung (z. B. Förderung von Autonomie) • Kreatives Vorbildverhalten der Lehrperson • Anregung und Aktivierung durch die Lehrperson • Transparente Bewertungssysteme • Gruppenarbeit • Offene Aufgabenstellungen • Positives Schul- und Klassenklima	• „Traditionelles" Schulsystem (z. B. Fokus auf hoher Leistung) • Wenige Freiräume im Unterricht • Routinetätigkeiten im Unterricht • Abwertung von Kreativität durch die Lehrperson • Externe Anreize in der Bewertung (z. B. Belohnungen) • Zu wenig/zu stark fordernde Aufgaben

	Fördernd	Hemmend
Soziale Interaktionen	• Positive Beziehungen und Interaktionen mit Lehrpersonen und Peers • Offene, respektvolle und vertrauensvolle Gesprächsatmosphäre • Offene Bearbeitung von Konflikten • Wechselseitige Verstärkung, Stimulierung und Aktivierung sowie emotionale Sicherheit in Gruppen	• Negative Gruppeneinflüsse (z. B. soziale Hierarchien, Aggression, Konflikte) • Konformitätsdruck • Sozialer Wettbewerb mit Peers
Herkunft	• Elterliche Unterstützung • Autonomiefördernde Erziehung • Kreativitätsförderliche Kultur (z. B. westlich) • Bildung und Vorwissen	• Fehlende Kenntnisse der Muttersprache
Physische Umwelt	• Abwechslungsreich ausgestattete Arbeitsräume • Freundliche Raumatmosphäre • Abwechslung durch Arbeit an verschiedenen Orten • Bewegung und Outdoor-Aktivitäten	• Überladene Arbeitsräume

Tabelle 6. Mögliche Einflussfaktoren auf die Kreativitätsentwicklung. Quellen: Haager (2019c), Jesson (2012), Krampen (2019) Nakano, Da Oliveira und Zaia (2021), Preiser und Buchholz (2004), Sternberg (2019), van der Zanden, Meijer und Beghetto (2020).

10.6 Unterschiede nach Geschlecht und Herkunft

Lehrpersonen schätzen Jungen häufig als kreativer ein als Mädchen und Schülerinnen und Schüler aus bildungsnäheren Elternhäuser als kreativer als solche aus bildungsferneren (Wollschläger, 2016). Doch stimmen diese Einschätzungen mit tatsächlichen Unterschieden überein?

Geschlecht

Nakano et al. (2021) erstellten eine Übersicht über Befunde zu Geschlechterunterschieden in der Kreativität. In 45 % der Studien konnten keine Geschlechterunterschiede gefunden werden und in 55 % wurden Unterschiede gefunden. Innerhalb dieser 55 % zeigte sich eine leichte Tendenz zu Gunsten der Frauen und Mädchen. Vorhandene Geschlechterunterschiede ließen sich dabei nicht eindeutig bestimmten Teilbereichen der Kreativität zuordnen. So waren etwa in manchen

Studien die weiblichen Teilnehmenden in der verbalen oder figuralen Kreativität überlegen, in anderen Studien wiederum die männlichen Teilnehmenden. Insgesamt lassen sich damit in Bezug auf Geschlechterunterschiede in der Kreativität keine eindeutigen Rückschlüsse ziehen. Die vorhandenen Befunde deuten eher darauf hin, dass es keine systematischen Gruppenunterschiede gibt.

Herkunft

Kreative Problemlöseaufgaben sind häufig textlastig und verbale Fähigkeiten spielen eine große Rolle für die Bearbeitung. Wird die Aufgabe in deutscher Sprache gestellt und bearbeitet, kann das dazu führen, dass kreative Schülerinnen und Schüler mit geringem Wortschatz in Deutsch und/oder Migrationshintergrund schlechter erkannt und weniger gefördert werden. Zudem erfordern viele kreative Problemlöseaufgaben ein bestimmtes Vorwissen. Kinder aus Elternhäusern mit höherer Bildung erhalten häufig mehr kognitive Anregung und Lerngelegenheiten (Mackintosh, 2011; Rost, 2013). Die Forschung zur Kreativität zeigt, dass bereits für kleinere kreativere Alltagshandlungen (Little-c) domänenspezifisches Vorwissen notwendig ist (Grégoire, 2016). Nehmen wir das Beispiel Mathematik. Kreativität zeigt sich hier zum Beispiel in der Kombination mathematischer Elemente auf neue, originelle Weise oder in der Generierung von unüblichen und unterschiedlichen Fragestellungen für gegebene mathematische Situationen (vgl. Sriraman, 2004). Hier ein Beispiel für eine Problemlöseaufgabe, die im Hinblick auf mathematische Kreativität ausgewertet werden kann (Leikin, 2013). Die Instruktion lautet: „Lösen Sie die Aufgabe auf so viele verschiedene Arten, wie möglich:“

$$\begin{cases} 3x + 2y = 10 \\ 2x + 3y = 10 \end{cases}$$

Können Sie sich vorstellen, mathematisch kreativ zu sein, ohne fachspezifisches Vorwissen zu besitzen?

Stimmen aus der Praxis

Für mich zeigt sich Kreativität, wenn eine Person zur Lösung einer Aufgabe oder eines Problems auf ihre Erfahrungen und ihr vorhandenes Wissen zurückgreift oder sich Wissen verschafft, das sie zur Problemlösung benötigt und mithilfe dessen dann eigene Ideen entwickelt und umsetzt. – Michaela Streicher, Grundschule

Herkunftssprache und Bildung sind nur zwei mögliche Einflussfaktoren. Einen Überblick über weitere Herkunfts- und Umwelteinflüsse gibt Krampen (2019, S. 442 ff.)

10.7 Fazit

Zu Beginn des Kapitels haben wir Sie gebeten, in Ihrer Suchmaschine nach kreativitätsbezogenen Bildern zu suchen. Vergleichen Sie nun einmal die Bilder und Ihre Notizen dazu mit dem, was Sie in diesem Kapitel erfahren haben. Was stimmt überein, was unterscheidet sich? Inwiefern hat sich Ihr eigenes Verständnis von Kreativität durch das Kapitel verändert?

Take-Home Message

- Kreativität ist sehr vielfältig – die Komplexität kann reduziert werden, indem vier Betrachtungsebenen genutzt werden: die kreative Person, der kreative Prozess, das kreative Produkt und die kreative Umwelt. Für die Unterrichtspraxis bedeutet das, dass Sie Kreativität auf verschiedenen Ebenen erkennen und fördern können.
- Kreativitätsmodelle verdeutlichen die wichtige Rolle von Lehrpersonen und der Schule als kreative Umwelt von Schülerinnen und Schülern.
- Divergentes Denken ist ein wesentlicher Teil von Kreativität und wird zumeist über die Merkmale Ideenflüssigkeit, Ideenflexibilität und Originalität definiert. Gemeinsam mit konvergentem Denken wird divergentes Denken beim Problemlösen benötigt.
- Kreativität hängt positiv mit Intelligenz und bestimmten Persönlichkeitsmerkmalen (z. B. der Offenheit für Erfahrungen oder der intrinsischen Motivation) und vor allem in der Mittelstufe auch mit den Schulleistungen von Schülerinnen und Schülern zusammen.
- Die Entwicklung von Kreativität verläuft wellenförmig und kann von verschiedenen individuellen und umweltbezogenen Faktoren beeinflusst werden. Merkmale der Herkunft erfordern besondere pädagogische Aufmerksamkeit, da sie mit verschiedenen Vor- und Nachteilen für Schülerinnen und Schüler einhergehen können.

11 Erkennen

Lernziele

Sie erhalten einen Überblick über verschiedene Informationsquellen in der Kreativitätsdiagnostik. Sie kennen unterschiedliche Möglichkeiten, die Kreativität von Schülerinnen und Schülern in der Schule einzuschätzen; und Sie wissen, welche Herausforderungen mit der Einschätzung und Bewertung von Kreativität einhergehen.

11.1 Ansätze der Kreativitätsdiagnostik

Die Tradition der Kreativitätsdiagnostik liegt vor allem in der Psychologie (Plucker, Makel & Qian, 2019). Die psychologische Kreativitätsdiagnostik unterscheidet fünf Arten von Informationsquellen (s. Abb. 16; vgl. Krampen, 2019):

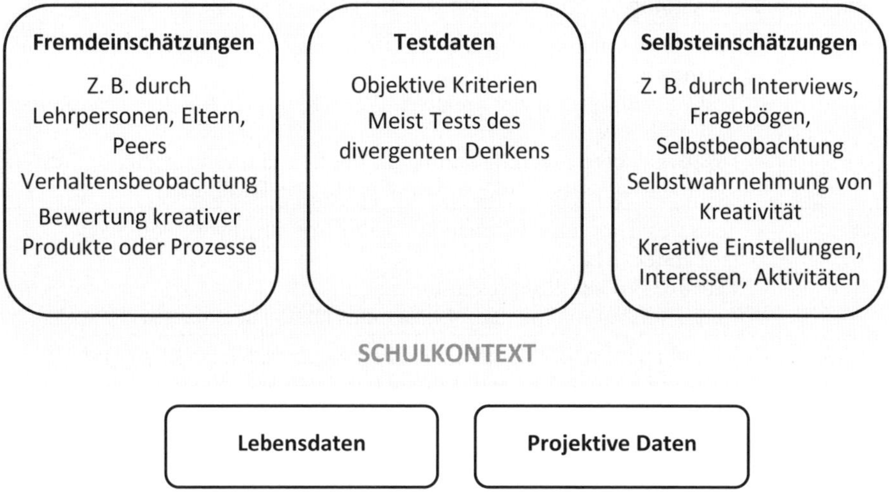

Fremdeinschätzungen	Testdaten	Selbsteinschätzungen
Z. B. durch Lehrpersonen, Eltern, Peers Verhaltensbeobachtung Bewertung kreativer Produkte oder Prozesse	Objektive Kriterien Meist Tests des divergenten Denkens	Z. B. durch Interviews, Fragebögen, Selbstbeobachtung Selbstwahrnehmung von Kreativität Kreative Einstellungen, Interessen, Aktivitäten

SCHULKONTEXT

Lebensdaten	Projektive Daten

Abbildung 16. Informationsquellen in der psychologischen Kreativitätsdiagnostik

Für Sie als (angehende) Lehrperson sind vor allem Fremd- und Selbsteinschätzungen, aber auch Testdaten interessant. Tests sind zwar in ihrer ursprünglichen Form nicht im Unterricht nutzbar, da ihre Durchführung in der Regel den Abschluss eines Psychologiestudiums voraussetzt. Dennoch können Ihnen solche Tests Anregungen für die pädagogische Diagnostik der Kreativität im Unterricht geben. Hierauf gehen wir im Verlauf des Kapitels ein, nicht aber auf Lebensdaten (wie die bisherige Biographie) oder projektive Daten, die beispielsweise mittels spezifischer projektiver Tests gewonnen werden.

11.1.1 Überblick über verschiedene Informationsquellen und Methoden

Wie Sie aus Kapitel 10.1 bereits wissen, wird Kreativität auf den verschiedenen Ebenen Person, Prozess, Produkt und Umwelt betrachtet. Auf diesen Ebenen lassen sich verschiedene Methoden zum Erkennen von Kreativität einordnen. In Tabelle 7 erhalten Sie dazu einen Überblick (s. a. Abdulla und Cramond, 2017, sowie Plucker et al., 2019).

Zum Erkennen des kreativen Umfelds existieren bislang die wenigsten Tests oder Fragebögen. Auch das Erkennen kreativer Produkte hat bislang eher wenig Aufmerksamkeit in der Forschung erhalten, was auch an der Herausforderung liegen mag, einheitliche bereichsübergreifende Bewertungskriterien zu erstellen. Hingegen gibt es zur

Ebene	Beschreibung
Person	• Persönlichkeitsfragebögen (z. B. zur Erfassung von Offenheit für neue Erfahrungen) • Tests zur Erfassung von kreativem Verhalten (z. B. kreative Leistungen und Aktivitäten) • Kreativitätsbezogene Einstellungen, Werte und Interessen (z. B. Wertschätzung neuartiger Ideen, Sinn für Humor, Flexibilität)
Prozess	• Tests des divergenten Denkens als Maß von kreativem Potenzial (s. Kapitel 11.1.2) • Kreative Problemlöseprozesse • Kompetenzen in einzelnen Phasen des kreativen Prozesses
Produkt	• Produkt wird z. B. hinsichtlich seiner Neuheit, Nützlichkeit und Relevanz für die Konsumierenden des Produkts bewertet • Bewertung nach verschiedenen Kriterien durch i. d. R. Expertinnen und Experten in einem Feld
Umwelt	• Erfassung verschiedener Charakteristika einer kreativen Umwelt • Wahrnehmungen der Person, die in der kreativen Umwelt arbeitet

Tabelle 7. Informationsquellen zum Erkennen von Kreativität

kreativen Person und zu kreativen Prozessen bereits viele Fragebögen und Testverfahren – und hier insbesondere Tests des divergenten Denkens (Plucker et al., 2019).

11.1.2 Tests des divergenten Denkens

Torrance Tests of Creative Thinking

Tests des divergenten Denkens bilden in der Psychologie den Schwerpunkt der Kreativitätsdiagnostik. Die Torrance Tests of Creative Thinking (TTCT; Torrance, 2008) zählen zu den weltweit bekanntesten Tests zum divergenten Denken und wurden seit ihrem Erscheinen 1966 fortlaufend weiterentwickelt. Der Entwicklung seiner Tests legte Torrance die nachfolgende Definition zugrunde.

„[Kreatives Denken ist] ein Prozess [...], bei dem man Schwierigkeiten, Probleme, Informationslücken, fehlende Elemente oder etwas Schiefes wahrnimmt; bei dem man Vermutungen anstellt [...], bewertet und testet; bei dem man sie möglicherweise überarbeitet und erneut testet; und bei dem man schließlich die Ergebnisse kommuniziert.“ (Torrance, 1988, S. 47, zitiert nach Abdulla und Cramond, 2017; durch die Autorinnen übersetzt)

Der TTCT enthält verbale und figurale Aufgaben. Pro Aufgabe sind 5 bis 10 Minuten Bearbeitungszeit gegeben. Den getesteten Personen wird dabei die Instruktion gegeben, dass der Test erfassen soll, wie gut sie darin sind, *sich neue Ideen auszudenken, sich Dinge vorzustellen* und *Probleme zu lösen*. Die Aufgabe ist es, zu jeder Frage des Tests alle möglichen (und ungewöhnlichen) Antworten aufzuschreiben oder zu zeichnen, die ihnen einfallen. Ein Beispiel für eine verbale Aufgabe ist es, ein Spielzeug (z. B. ein Kuscheltier) so zu verändern, dass Kinder mehr Spaß am Spielen damit haben (z. B. Kuscheltier mit Geräuschen ausstatten, Kuscheltier vergrößern usw.). Ein Beispiel für eine figurale Aufgabe ist es, unvollständige Bilder zeichnerisch zu ergänzen (z. B. aus einer Wellenlinie ein Gesicht zeichnen). Die Testaufgaben werden im Anschluss hinsichtlich der Ideenflexibilität, Ideenflüssigkeit, Originalität und Elaboration ausgewertet (s. Kapitel 10.2). Neben dem TTCT existiert mittlerweile eine Vielzahl an Tests des divergenten Denkens. Einen Überblick über häufig eingesetzte Verfahren finden Sie in Krampen (2019, S. 177 ff.).

11.2 Erkennen von Kreativität in der Schule

Es lohnt sich, in der Schule und im Unterricht Gelegenheiten zu schaffen, in denen Schülerinnen und Schüler ihr kreatives Potenzial zeigen können. Denn das Erkennen und Fördern von Kreativität in der Schule unterstützt das Lernen und die Entwicklung der Persönlichkeit der Schülerinnen und Schüler. Zwar bringt das Erkennen verschiedene Herausforderungen mit sich. Diese sind aber überwindbar. So ist Kreativität nicht jederzeit beobachtbar und muss gegebenenfalls provoziert werden. Dies kann zum Beispiel durch die Wahl geeigneter Aufgaben oder durch eine geeignete Unterrichtsatmosphäre gelingen. Günstig ist zudem, wenn es bewertungsfreie Räume gibt, denn Personen haben in der Regel mehr Hemmungen kreativ zu sein, wenn sie dabei bewertet werden (Runco & Acar, 2019). Im Folgenden beschreiben wir Möglichkeiten für das Erkennen kreativer Prozesse und Produkte im Unterrichtsalltag und wir geben Impulse für die Ausgestaltung des eigenen Unterrichtsfachs.

11.2.1 Erkennen kreativer Prozesse

Für den Unterricht eignen sich zwei Aufgabenformate besonders gut, um kreative Prozesse bei Schülerinnen und Schülern sichtbar zu machen: (1) *Aufgaben zum divergenten Denken* und (2) *Aufgaben zum kreativen Problemlösen*.

Aufgaben zum divergenten Denken können in allen Unterrichtsfächern verwendet werden und lassen sich leicht in den Unterricht integrieren. In Tabelle 8 sehen Sie einige Beispiele.

Kreative Prozesse können in verschiedenen Unterrichtsfächern erkannt werden

Bereich	Beispiele

Verbal	• Verschiedene Worte/Wortteile finden
	  • Verschiedene Wortanfänge für „-ung", verschiedene Wortenden für „Sand-" finden
	  • Verschiedene Worte mit den gleichen Anfangsbuchstaben finden
	• Verschiedene Titel für eine Kurzgeschichte erfinden
	• Verschiede Fragen zu einem Gegenstand (z. B. einer Blechdose) entwickeln

Numerisch/ mathematisch	• Sich verschiedene Nummern mit fünf Ziffern ausdenken, die man sich gut merken kann • Ein Quadrat auf verschiedene Art und Weise in drei gleich große Flächen unterteilen • Aus vorgegebenen Zahlen verschiedenen Gleichungen aufstellen
Figural	• Vorgegebene Formen auf verschiedene Art und Weise kombinieren • Zeichnungen auf verschiedene Art und Weise vervollständigen • Verschiedene Objekte aus vorgegebenen Formen zeichnen

Musisch	• Zu vorgegebenem musikalischen Thema verschiedene Varianten improvisieren
	  • Verschiedene Varianten als Noten aufschreiben
	  • Verschiedene Varianten auf einem Instrument spielen
	• Vielfältiges Bearbeiten einer Tonsatzaufgabe (Anordnen von Tönen und Noten in mehrstimmigen Werken)
	  • Bach-Choral auf verschiedene Art und Weise fortführen

Motorisch	• Verschiedene Fortbewegungsarten im Raum finden
	  • Verschiedene Möglichkeiten zur Überbrückung von drei Metern finden
	  • Pappbecher auf verschiedene Art und Weise in einen zwei Meter entfernten Papierkorb transportieren
	• Produktion verschiedener Handlungen und Bewegungen
	  • Regalinhalt auf verschiede Art und Weise anordnen
	  • 10-Schritte-Sequenz auf verschiedene Art und Weise ausführen

(Natur-) Wissenschaft-lich	• Gegenstände vergleichen und verbessern
	  • Verschiedene Methoden finden, die Qualität zweier Servietten zu bewerten
	  • Verschiedene Möglichkeiten finden, einen Rucksack nützlicher zu gestalten
	• Verschiedene Forschungsfragen zu einem (fiktiven) Thema oder Gegenstand überlegen

Tabelle 8. Aufgaben zum divergenten Denken in verschiedenen Inhaltsbereichen. Anmerkung: Die Aufgabenbeispiele sind angelehnt an Aktamış, Pekmez, Can und Ergin (2005), Aschenbrenner, Tucha und Lange (2001), Guilford und Hoepfner (1976), Jäger et al. (2006), Krampen, Freilinger und Wilmes (1990), Lothwesen und Lehmann (2018), Pitta-Pantazi, Sophocleous und Christou (2013) und Torrance (2008).

Mit den Beispielen möchten wir Ihnen eine Vorstellung davon geben, mit welchen Methoden Sie divergente Denkleistungen der Schülerinnen und Schüler in Ihrem Unterricht provozieren und damit ihre entsprechenden Denkfähigkeiten „sichtbar machen" können. Wir möchten Sie ermutigen, aus den Beispielen Aufgaben zu entwickeln, die zu Ihrem Curriculum, Ihrer Klasse, Ihrem Unterrichtsstil und Ihrem Unterrichtsfach passen.

Entwicklung einer Aufgabe zum divergenten Denken für das eigene Unterrichtsfach

Denkanstoß

Versuchen Sie einmal, eine Aufgabe zum Erkennen divergenter Denkfähigkeit in einem Unterrichtsfach Ihrer Wahl zu entwickeln. Die Aufgabe soll folgende Kriterien erfüllen:

- Es sind viele, verschiedene Antworten möglich,
- es gibt keine eindeutig richtige Antwort,
- die Aufgabenstellung ermöglicht auch originelle beziehungsweise ungewöhnliche Antworten,
- die Aufgabenstellung macht neugierig.

Wenn Ihnen die Aufgabe im ersten Moment noch schwer erscheint, kann es hilfreich sein, sich mit einer weiteren Person zusammenzutun (z. B. einer Kommilitonin oder Kollegin). Mit der Übung wird es einfacher!

Sie können die Aufgabe im Unterrichtsgespräch oder schriftlich in Einzelarbeit bearbeiten lassen. Im Unterrichtsgespräch können Sie die Lösungen einiger Schülerinnen und Schüler beobachten, bei der schriftlichen Bearbeitung können Sie die Lösungen aller Schülerinnen und Schüler im Nachhinein genauer auswerten. Hierfür möchten wir Ihnen eine praktikable Vorgehensweise aufzeigen. Wir orientieren uns dabei wieder an der Aufgabe „Verwendungsmöglichkeiten eines Blumentopfes" aus Kapitel 10.2. Die Aufgabe lässt sich inhaltlich dem verbalen Bereich zuordnen. Ausgewertet wird primär nach Ideenflüssigkeit, also der reinen Menge an Ideen. Im Einzelfall kann zudem nach Ideenflexibilität und Originalität ausgewertet werden. Sichten Sie pro Schülerin beziehungsweise Schüler alle Lösungen und führen Sie nachfolgende Auswertungsschritte durch.

1. Sortieren Sie ungültige Lösungen aus (d. h. Lösungen, die gar nicht zur Aufgabenstellung passen oder die sich exakt wiederholen). Bitte gehen Sie hierbei eher großzügig vor und werten Lösungen im Zweifel eher als gültig. Beim Blumentopfbeispiel läge eine ungültige Antwort nur vor, wenn ein Kind sich gar nicht auf diesen Gegenstand bezieht, sondern einen anderen.

2. Summieren Sie gültige Lösungen auf (Anzahl der Lösungen): *Ideenflüssigkeit*.
3. Optionale Auswertung nach *Ideenflexibilität*:
   a. Überlegen Sie sich verschiedene Kategorien, in die die Lösungen einsortiert werden (ein Beispiel für die Blumentopfaufgabe sehen Sie im nächsten Fallbeispiel).
   b. Ordnen Sie jede Lösung einer Schülerin bzw. eines Schülers einer Kategorie zu. Sollte keine von Ihnen vorformulierte Kategorie passen, erstellen Sie eine neue Kategorie (N) für die jeweilige Lösung.
   c. Summieren Sie die Anzahl der Kategorien für die Schülerin bzw. den Schüler auf, in die die Lösungen passen.
4. Optionale Auswertung nach *Originalität*: Suchen Sie nach besonderen, ungewöhnlichen Lösungen (z. B. Lösungen, die Ihnen neuartig erscheinen, oder die keine der Mitschülerinnen und Mitschüler hatte).
5. *Tipp*: Wenn es um das Erkennen hoher Potenziale geht, sind für die genauere Auswertung vor allem starke Lösungen interessant. Wählen Sie dafür daher eher Schülerinnen oder Schüler aus, die eine große Anzahl an Ideen produziert haben. Originelle Einzelantworten können Sie als Gesprächsanlass nutzen.

Beispiele aus den LUPE-Stunden für die Bildung verschiedener Antwortkategorien zur Blumentopfaufgabe:

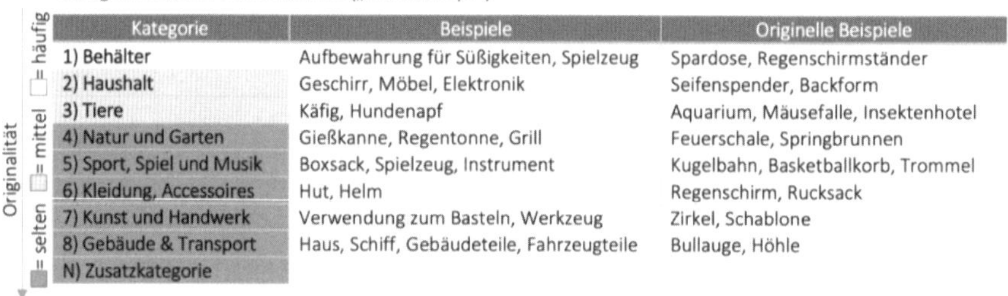
Kategorientabelle Arbeitsblatt 2 („Blumentopf")

Originalität (■ = selten, □ = mittel, □ = häufig)

Kategorie	Beispiele	Originelle Beispiele
1) Behälter	Aufbewahrung für Süßigkeiten, Spielzeug	Spardose, Regenschirmständer
2) Haushalt	Geschirr, Möbel, Elektronik	Seifenspender, Backform
3) Tiere	Käfig, Hundenapf	Aquarium, Mäusefalle, Insektenhotel
4) Natur und Garten	Gießkanne, Regentonne, Grill	Feuerschale, Springbrunnen
5) Sport, Spiel und Musik	Boxsack, Spielzeug, Instrument	Kugelbahn, Basketballkorb, Trommel
6) Kleidung, Accessoires	Hut, Helm	Regenschirm, Rucksack
7) Kunst und Handwerk	Verwendung zum Basteln, Werkzeug	Zirkel, Schablone
8) Gebäude & Transport	Haus, Schiff, Gebäudeteile, Fahrzeugteile	Bullauge, Höhle
N) Zusatzkategorie		

Links sind die Kategorien zu sehen, in die verschiedene Lösungen eingeordnet werden können. In der Mitte sind Beispiele pro Kategorie zu sehen. In der Spalte rechts sind besonders originelle Beispiele pro Kategorie zu sehen. Der Pfeil links symbolisiert, dass die Kategorien zunehmend seltener genutzt werden und somit zunehmend originell sind. Die Kategorien und Beispiele wurden auf der Grundlage von 214 Kindern der 3. Klasse aus 12 Klassen des Projekts LUPE gebildet.

Bei dieser Auswertungsmethode geht es *nicht* darum, objektive psychologische Kreativitätsdiagnostik zu betreiben! Es geht vielmehr darum, Gelegenheiten zu schaffen, Schülerinnen und Schüler genauer zu beobachten, mit ihnen ins Gespräch zu kommen und dadurch den eigenen Blick für Potenziale der Schülerinnen und Schüler zu weiten. Es ist bereits ein Zugewinn, wenn Sie durch obige Aufgabenstellungen ein bis zwei Schülerinnen und Schüler entdecken, die Ihnen bislang wenig (positiv) auffielen.

Sie haben auch die Möglichkeit, gesamte kreative Problemlöseprozesse im Unterricht zu beobachten und zu begleiten. Kreative Prozesse laufen jedoch nicht innerhalb einer einzelnen Unterrichtsstunde ab und benötigen daher Zeit.

Stimmen aus der Praxis

Ich würde sagen, dass Kreativität die Fähigkeit ist, mit einer Aufgabe umzugehen, die einem gegeben wird. Die Fähigkeit, anhand der eigenen Gedanken und der eigenen Beschäftigung mit diesem Thema eine Lösung zu finden. Und ich würde sagen, dass Kreativität der Prozess zum Produkt ist. Als Lehrerin schaue ich mir den Weg der Aufgabe an – wie das Kind mit dieser Aufgabe umgeht bis hin zum fertigen Produkt. – Nadja Mezger, Realschule

Kriterien zur Bewertung kreativer Prozesse können fachübergreifend genutzt werden

Besonders geeignet sind beispielsweise Projektarbeiten. In Kapitel 10.4.2 haben Sie bereits eine Aufgabenstellung für die Sekundarstufe kennengelernt, die sich eignet, kreative Problemlöseprozesse bei Schülerinnen und Schülern hervorzurufen. In Abbildung 17 sehen Sie vier etwas allgemeiner zusammengefasste Bewertungskriterien für verschiedene Phasen des Problemlöseprozesses, an denen Sie sich orientieren können, sowie vertiefende Leitfragen, die Sie Ihren Schülerinnen und Schülern an die Hand geben können.

Wir möchten Ihnen anhand der Aufgabe zum Supermarkt „Schnellkauf" (s. Kapitel 10.4.2 aufzeigen, was die Bewertungskriterien inhaltlich bedeuten und wie Sie sie nutzen können. Schülerinnen und Schüler mit einer hohen *Problemsensitivität* erkennen, dass die Aufgabenstellung viele (qualitativ) unterschiedliche Probleme offenbart (z. B. „Der Boden ist glatt", „Menschen verletzen sich", „Die Bodenbeschaffenheit eignet sich nicht für den Winter"). Die Problembeschreibungen beziehen sich dabei auf den aktuellen Zustand, auf Ursachen oder auf Konsequenzen. Zu jedem Problem kann ein passendes Ziel formuliert werden (z. B. „Die Bodenbeschaffenheit eignet sich für alle Jahreszeiten"). Schülerinnen und Schüler, die kompetent in der *Informationssuche und -bewertung* sind, nutzen ihr eigenes Vorwissen und kennen geeignete Quellen, um sich Wissen zu verschaffen (z. B. Inter-

Problemsensitivität

Informationssuche und -bewertung

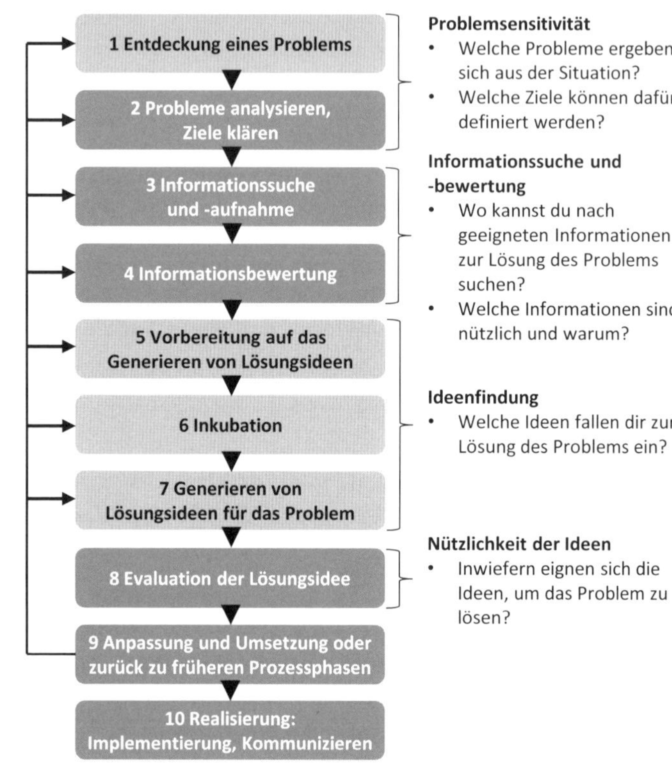

Abbildung 17. Bewertungskriterien für den Prozess des kreativen Problemlösens sowie zugehörige Leitfragen für die Schülerinnen und Schüler

net, Fachliteratur, Lehrpersonen). Sie können einordnen, welche Informationen ihnen bei der Generierung von Lösungsideen nutzen (z. B. Fachliteratur zu Bodenmechanik) und welche nicht (z. B. intuitive Ratschläge von Eltern). Zudem erkennen Schülerinnen und Schüler mit kreativen Problemlösekompetenzen, dass *Ideenfindung* Zeit benötigt. Sie generieren Ideen eigenständig und basierend auf recherchierten Informationen und kommen dabei auf viele, verschiedene und originelle oder neuartige Ideen. Bei der Bewertung der *Nützlichkeit der Ideen* geht es nun darum, ob Schülerinnen und Schüler ihre Ideen objektiv und kritisch bewerten können (z. B. „Die Entwicklung eines neuen, rutschfesten Bodenbelags würde das Problem gut lösen, ist aber für einen Supermarkt nicht umsetzbar und zu teuer“, „Eine Anti-Rutsch-Beschichtung würde das Problem gut lösen, da sie im Winter

Ideenfindung

Nützlichkeit der Ideen

flexibel aufgelegt werden kann sowie einfach und günstig in der Produktion ist"). Gegebenenfalls vergleichen sie verschiedene Ideen miteinander und wählen dann diejenige aus, die sich am besten zur Lösung des Problems eignet.

11.2.2 Erkennen kreativer Produkte

Kreative Produkte stehen in der Regel am Ende eines kreativen Prozesses. Auch wenn Sie diese Prozesse nicht immer von Anfang an beobachten und begleiten können, können Sie sich die Produkte von Schülerinnen und Schülern, die zum Beispiel im Rahmen von bestimmten Unterrichtseinheiten oder Projektarbeiten entstanden sind, genauer ansehen. Bei der Bewertung kreativer Produkte in der Schule stellt sich insbesondere die Frage, wann ein Produkt „gut genug" ist. Baudson (2019) schlägt vor, zunächst einmal gemeinsam mit den Schülerinnen und Schülern zu reflektieren, welche Bewertungsrichtlinien eigentlich geeignet sind, um das Produkt zu bewerten. Dies kann sie dabei unterstützen, im Rahmen des kreativen Prozesses zu entscheiden, ob ein Produkt fertig ist oder ob es weiter optimiert werden muss.

Kriterien zur Beschreibung kreativer Produkte

Mögliche Bewertungsrichtlinien benennt die Student Product Assessment Form (SPAF) von Reis und Renzulli (1991). Sie wurde ursprünglich entwickelt, um kreative Produkte in Hochbegabtenprogrammen zu bewerten, eignet sich aber auch für den Unterricht. Sie liefert Kriterien, mit deren Hilfe Produkte der Schülerinnen und Schüler beschrieben werden können (hier leicht umformuliert): (1) klare Zielsetzung, (2) klarer Problemfokus, (3) Anzahl, Vielfalt und Angemessenheit der verwendeten Ressourcen (d. h. nicht nur Nutzung einer Quelle zur Lösung des Problems, sondern Verwendung verschiedener und auch anspruchsvoller Quellen, die das Problem aus verschiedenen Perspektiven beleuchten können und inhaltlich dazu passen), (4) Logik und Reihenfolge (d. h. logisches Vorgehen bei der Problemlösung; z. B. zuerst Problem analysiert – danach Informationen gesucht – danach Ideen generiert), (5) Handlungsorientierung (d. h. Lösungsideen zielen klar auf eine Handlung ab anstatt lediglich auf Berichtlegung vorhandener Befunde; es werden z. B. verschiedene Arten und Weisen vorgeschlagen, wie ein Boden rutschfester gestaltet werden kann vs. es werden verschiedene Befunde berichtet, die in der Fachliteratur zu Verbesserung der Rutschfestigkeit von Böden zu finden sind), (6) Passung des Produkts zur Zielgruppe (z. B. rutschfester Boden passt optisch zum Supermarkt, in dem er verlegt werden soll), (7) Originalität der Idee, (8) Erreichung der zu Beginn geplanten Ziele, (9) fortgeschrittene Kenntnis des bearbeiteten Themas, (10) Sorgfalt und Liebe zum Detail, (11) verwendete Zeit und Aufwand, (12) Eigenbeitrag (d. h. für die Altersgruppe angemessener neuer Beitrag im Feld des Problems).

Die Kriterien können dabei helfen, Produkte von Schülerinnen und Schülern (auch sozial oder intraindividuell vergleichend) zu beschreiben und mit den Schülerinnen und Schülern über ihr Produkt ins Gespräch zu kommen (zum Beispiel darüber, im Hinblick auf welche Kriterien die Schülerin/der Schüler das Produkt noch optimieren möchte, oder wo Sie noch Unterstützung anbieten können). Anhand der Kriterien können Sie zudem verfolgen, wie sich ein Produkt weiterentwickelt oder wie sich eine Schülerin oder ein Schüler über verschiedene Produkte hinweg in der eigenen Kreativität weiterentwickelt. Da es nicht einfach ist, kreative Produkte objektiv zu bewerten, werden Bewertungen häufig durch mindestens zwei Expertinnen oder Experten des jeweiligen Bereichs vorgenommen (Consensual Assessment Technique; Amabile, 1983). Erinnern Sie sich an die Definition von Amabile (1983): „Ein Produkt [...] ist in dem Maße kreativ, in dem geeignete Beobachtende unabhängig voneinander in Bezug auf dessen Kreativität übereinstimmen.“. Für die Bewertung kreativer Produkte Ihrer Schülerinnen und Schüler kann es also sinnvoll sein, sich eine unabhängige Einschätzung einer Kollegin oder eines Kollegen desselben Schulfaches einzuholen.

11.3 Fazit

In diesem Kapitel haben Sie Anregungen dazu erhalten, wie Sie kreative Prozesse und Produkte bei Schülerinnen und Schülern im Unterricht erkennen können.

Take-Home Message

- Im Schulkontext eignen sich zum Erkennen vor allem Fremdeinschätzungen, Daten aus Tests sowie Selbsteinschätzungen durch Schülerinnen und Schüler.
- Methoden zum Erkennen von Kreativität lassen sich den vier Informationsquellen „Person“, „Prozess“, „Produkt“ und „Umwelt“ zuordnen. Beispielfragen und -aufgaben können Ihnen eine Orientierung für das Erkennen im Unterricht geben.
- Die Herausforderungen beim Erkennen von Kreativität liegen vor allem im Umgang mit der Vielzahl verschiedener Ideen und der Einheitlichkeit von Bewertungskriterien. Die Orientierung an Auswertungsrichtlinien kann die Komplexität der Auswertung reduzieren.
- Zum Erkennen kreativer Prozesse werden häufig Aufgaben zum divergenten Denken genutzt. Offene Aufgabenstellungen, die viele, verschiedene und originelle Antworten ermöglichen, unterstützen Sie beim Erkennen.
- Produkte von Schülerinnen und Schülern können hinsichtlich ihrer Kreativität eingeschätzt werden. Es ist wichtig, sich dabei an festgelegten Kriterien zu orientieren und die Einschätzung mit einer weiteren sachkundigen Person abzugleichen.

12 Fördern

Lernziele

Sie wissen, welche Rolle die Kreativität in der Schule spielt. Sie kennen Möglichkeiten, Kreativität in der Schule zu fördern und haben einen Überblick über verschiedene kreativitätsfördernde Techniken, die Sie im Unterricht einsetzen können.

12.1 Kreativität in der Schule

Kreativität erregt im Bildungskontext noch gar nicht allzu lange – jedoch zunehmend – Aufmerksamkeit. Entsprechend haben sich zum Beispiel erst 2012 in den PISA-Studien auch Problemlöseaufgaben etabliert, welche gezielt kreative (z. B. divergente und konvergente) Denkfähigkeiten erfordern (Funke & Baudson, 2019). Das Schul- und Bildungssystem beinhaltet einige Ziele, welche die Förderung von Kreativität in der Schule voraussetzen. Die deutsche Bundesregierung formuliert im Rahmen der Agenda 2030 etwa, dass „Bildung für nachhaltige Entwicklung [...] nicht nur [der] Schlüssel für mehr *Eigenverantwortung* der Menschen [ist], sondern [...] auch das *Demokratieverständnis* und die *Innovationsfähigkeit* weltweit [stärkt]" (Bundesministerium für wirtschaftliche Zusammenarbeit und Entwicklung). Laut den Bildungsstandards der Kultusministerkonferenz (2005) ist ein Ziel für Unterricht und Erziehung, dass „die Schule [...] zu *selbstständigem kritischen Urteil, eigenverantwortlichem Handeln* und *schöpferischer Tätigkeit* befähigen [soll]".

Gleichzeitig scheint das deutsche Bildungssystem den Lehrpersonen, zum Beispiel durch Curricula mit engen Zeitplänen und einem starken Fokus auf Fachinhalte, wenige Möglichkeiten einzuräumen, kreative Potenziale und Problemlösefertigkeiten von Schülerinnen und Schülern gezielt zu fördern (Haager, 2019a). Im Vergleich zu weiteren Bildungszielen, wie dem Erwerb von fachspezifischem Wissen oder Fertigkeiten, sind solche, die kreatives Handeln beinhalten, eher selten (s. auch Kultusministerkonferenz, 2005). Wir stehen also vor dem Dilemma, dass Kreativität einerseits erwünscht und gefordert ist, die Hürden für die Förderung in der Schule andererseits recht hoch erscheinen (Haager, 2019a).

Kreativität im Curriculum

Es liegt also aktuell vor allem an Ihnen als Lehrperson, Schülerinnen und Schüler in ihrer Kreativität zu fördern. Sie haben beispielsweise die Möglichkeit, Ihr Curriculum gezielt nach kreativitätsbezogenen Schlüsselwörtern zu durchsuchen. Diese können Ihnen Hinweise geben, an welcher Stelle eine Förderung besonders sinnvoll sein kann. Sehen Sie im Folgenden einmal einige Beispiele an, angelehnt an den Perspektivrahmen für den Sachunterricht in der Grundschule (Gesellschaft für Didaktik des Sachunterrichts e.V., 2013):

Fallbeispiel
Kompetenzen, die kreatives Denken und Handeln im Sachunterricht in der Grundschule erfordern:

- Modelle erfinden und herstellen (z. B. Wind- oder Wassermaschinen)
- Gestalten von Produkten mit vorgegeben Eigenschaften
- Erfinden von neuen Dingen (z. B. Regenbekleidung)
- eigene Versuche/Erfindungen planen, konstruieren und durchführen
- Bauen praktischer, fantasievoller Geräte, Gegenstände oder Objekte
- Vermutungen zu einem bestimmten Thema oder über den Ablauf eines Experimentes formulieren
- verschiedene Lösungswege finden (z. B. für das Bauen von Türmen)
- neue Erklärungsansätze finden

Das Wissen, das Sie in den vorherigen Buchkapiteln zu Kreativität erworben haben, kann Ihnen dabei helfen, entsprechende Schlüsselwörter in den Curricula zu finden.

Stimmen aus der Praxis
Kreativität wird explizit im Lehrplan gefordert. Das sind die sogenannten prozessbezogenen Kompetenzen. Bezogen auf das Fach Mathematik geht es zum Beispiel darum, Lernwege zu beschreiben und darzustellen, in den Austausch zu kommen, zu mathematisieren. Genau in diesen Prozessen geht es ja um Kreativität. Da kann man dann entdecken, inwieweit sich ein Kind schon etwas zunutze macht und wie kreativ es an etwas herangeht. Eigentlich gibt es im System Schule so viel Kreativität! Das macht letztendlich die Vielfalt aus und das spiegelt die Vielfalt dann auch wider, die das System Schule anbietet – durch die Menschen, die hier sind, arbeiten, lernen und leben. Unser Motto ist: „Hier bist du richtig, denn uns ist jeder wichtig". Damit möchten wir deutlich machen, dass wir jedes Kind aufnehmen und willkommen heißen in seiner Vielfalt und Kreativität, die es automatisch mitbringt. – Michaela Pössinger, Grundschule

Ich habe das Gefühl, dass Kreativität zunehmend an Bedeutung und Beachtung gewinnt und wir im Schulsystem insgesamt offener werden und mehr Möglichkeiten eröffnen, damit die Kinder kreativ tätig werden können. – Michaela Streicher, Grundschule

12.2 Kreativitätsfördernde und -hemmende Faktoren im Schulkontext

Verschiedene Faktoren können die Entwicklung von Kreativität fördern oder hemmen. Tabelle 9 gibt einen Überblick über Faktoren, die im Kontext Schule relevant sein können.

Einfluss-faktor	Fördernd	Hemmend
Persönlichkeit der Lehrperson	• Positive Annahmen und Offenheit gegenüber Kreativität oder kreativen Schülerinnen und Schülern • Kreatives Vorbildverhalten	• Negative oder inkorrekte Annahmen gegenüber Kreativität oder kreativen Schülerinnen und Schülern • Abwertung von divergentem Denken und Handeln
Unterrichtsstil	• Kritische Fragen zulassen • Reflexion fördern • Abschätzbare Risiken erlauben • Dinge fächerübergreifend durchdenken, Dinge aus vielen Perspektiven betrachten • Zur Äußerung und zum Hinterfragen eigener Ideen ermutigen • Anregung und Aktivierung von Neugier, Nachdenken und Handeln • Den Schülerinnen und Schülern durch Akzeptanz, Empathie und Wertschätzung Sicherheit vermitteln	• Häufige Wiederholungen von auswendig gelernten Inhalten/Tätigkeiten und bereits gut gelernten Fertigkeiten sowie verstandenen Inhalten • Vermehrte Routinetätigkeiten • Starrer, fachgebundener Unterricht
Autonomie und Unterstützung	• Balance zwischen freiem Handeln der Schülerinnen und Schüler und notwendiger Führung/Unterstützung durch die Lehrperson • Förderung von Unabhängigkeit und unabhängigem Denken • Flexible Zeitnutzung (z. B. freie Einteilung von Pausen)	• Verbot, (zu viele) Fragen zu stellen und Dinge im Unterricht zu explorieren • Gebot, still zu sitzen und zuzuhören • Eingeschränkte Wahlmöglichkeit (z. B. in Bezug auf Arbeitsmaterialien oder Lösungsansätze) • Zeitdruck • Wenig Unterstützung
Bewertung	• Transparente Bewertungskriterien und Erwartungen • Schul-/klasseninterne Kriterien zur Definition von Erfolg und Misserfolg • Fehler zulassen ohne negative Konsequenzen	• Übermäßige Belohnungs-/Anreizsysteme für hohe Leistung • Übermäßiger Leistungsdruck • Starke Orientierung am Erfolg
Aufgabengestaltung	• Flexible Aufgabengestaltung, offene Aufgaben • Angemessener Schwierigkeitsgrad (aber herausfordernd) • Außerschulischer Bezug • Abwechslungsreiche Aufgaben und Arbeitsmaterialien	• Aufgaben mit wenig übertragbaren Lösungstechniken (Transferpotenzial) • Strikte Trennung von Arbeit und Spiel, von Unterricht und Freizeit • Zu wenig/zu viel Herausforderung

Einflussfaktor	Fördernd	Hemmend
Gruppenarbeit	• Methoden, die den Fokus auf die Zusammenarbeit zwischen Schülerinnen und Schülern legen • Heterogene Gruppenbildung • Zusammenbringen von Schülerinnen und Schülern, die viele, verschiedene Ideen und sich ergänzende Fertigkeiten haben	• Zulassen, dass einzelne Schülerinnen und Schüler bei Gruppenarbeiten häufig stören
Klassen-/ Schulklima	• Positive Beziehungen zwischen den Schülerinnen und Schülern sowie Lehrpersonen • Offene, vertrauensvolle und respektvolle Atmosphäre • Persönliche Gespräche • Offene Bearbeitung von Konflikten	• Negative Interaktionen und Arbeitsatmosphäre
Physische Schulumwelt	• Flexibel nutzbare Klassenzimmer mit wenig Mobiliar • Wanddekoration mit unfertigen und fertigen Arbeiten • Beteiligung der Schülerinnen und Schüler an der Gestaltung des Klassenzimmers	• Überladene Klassenzimmer
Schulsystem	• Gelegenheiten zum fachlichen Austausch innerhalb des Kollegiums und mit Expertinnen und Experten • Fortbildungen zum Thema Kreativität • Individuumszentrierter Unterrichtsstil • Bereitstellung geeigneter Ressourcen	• Konflikte zwischen Politik, Entscheidungsträgerinnen und -trägern und der Schule • Hoher Druck auf Lehrpersonen, Schülerinnen und Schüler auf Prüfungen vorzubereiten • Alleiniger Fokus auf Inhalte des Curriculums und den zugehörigen Leistungsmessungen • Betonung traditioneller gesellschaftlicher Rollenerwartungen (z. B. Geschlechterrollen)

Tabelle 9. Kreativitätsfördernde und -hemmende Einflussfaktoren im Schulkontext. Quellen: Haager (2019c), Jesson (2012), Krampen (2019), Preiser (2019), Sternberg (2019), van der Zanden et al. (2020).

Annahmen von Lehrpersonen als Einflussfaktor

Als Lehrperson haben Sie auf die meisten der genannten Faktoren Einfluss und können mitentscheiden, in welchem Umfang Sie Kreativität in Ihrem Unterricht fördern. Wichtig ist es dabei, immer wieder die eigenen Annahmen zu Kreativität und zu kreativen Schülerinnen und Schülern zu überprüfen. Lehrpersonen, die ein enges Verständnis von Kreativität aufweisen, vernachlässigen die Vielfältigkeit und Komplexität von Kreativität und verorten diese primär in künstlerischen oder ästhetischen Fächern (J. C. Kaufman et al., 2016). Viele Lehrpersonen fokussieren zudem auf die Person. Kreative Prozesse und Produkte oder auch die Umweltkomponente werden oft übersehen. Zudem wird Kreativität teilweise gar nicht als entwickelbar angesehen (J. C. Kaufman et al., 2016; Mullet, Willerson, Lamb & Kettler, 2016). Lehrpersonen, die hingegen davon ausgehen, dass Kreativität gefördert werden kann, sind eher dazu bereit, die längerfristige Entwicklung kreativer Leistungen und Produkte ihrer Schülerinnen und Schüler zu begleiten und nicht nur punktuelle Informationen darüber zu sammeln (Davies et al., 2014). Positive Annahmen und Vorstellungen zu Kreativität sind bei Lehrpersonen zudem oftmals mit einem „kreativem Vorbildverhalten" verbunden, was bereits im Grundschulalter von hoher Bedeutung für die Kreativitätsentwicklung von Schülerinnen und Schülern ist (Davies et al., 2014). Vor allem aber dann, wenn Lehrpersonen grundsätzlich zeigen, dass Kreativität ein elementarer Bestandteil des Unterrichts ist, fühlen sich Schülerinnen und Schüler darin unterstützt, kreativ zu sein (Jacob, 2019).

12.3 Kreativitätsförderung im Unterricht

Kreativitätsförderung im Unterricht setzt vor allem an den Ebenen Produkt, Prozess und Umwelt an. Sie können Schülerinnen und Schüler darin unterstützen, kreative Produkte zu entwickeln und eigene kreative Prozesse zu durchlaufen, und Lernumwelten an die jeweiligen Bedürfnisse der Schülerinnen und Schüler anpassen. Im Wesentlichen geht es darum, kreatives Verhalten und Kreativitätsförderung immer wieder wertschätzend in den Unterricht zu integrieren. Zur Kreativitätsförderung existieren mittlerweile zahlreiche Techniken und Programme. Diese haben Valgeirsdottir und Onarheim (2017) in einer Überblicksstudie hinsichtlich ihrer Wirksamkeit untersucht. Die Techniken und Programme konnten dabei vier Kategorien zugeordnet werden. *(1) Kognitive* Techniken, die spezifisch auf die Förderung kreativen Denkens ausgerichtet sind. *(2) Physische* Techniken, in denen der Fokus auf Körper und Bewegung liegt. *(3) Computergestützte* Programme, welche individuell am Computer durchgeführt werden. *(4) Traditionelle* Trainingsprogramme, die meist etwas umfassender sind und verschiedene Elemente beziehungsweise Methoden kombinieren. Wir ordnen kreativitätsfördernde Techniken nachfolgend in diese Kategorien ein. Die computergestützten Programme lassen wir aus, da diese nicht frei zugänglich sind und/oder nicht auf Deutsch vorliegen (für einen Überblick, s. Valgeirsdottir & Onarheim, 2017).

12.3.1 Kognitive Techniken

Brainstorming

Beim *Brainstorming* sollen sich Schülerinnen und Schüler für verschiedene Assoziationen öffnen, die mit einer Frage- oder Problemstellung einhergehen, sodass möglichst viele, verschiedene und auch (auf den ersten Blick) nützliche sowie weniger nützliche Ideen produziert werden. Brainstorming funktioniert am besten, wenn Schülerinnen und Schüler ihre Ideen zunächst allein generieren und danach weiter in der Gruppe arbeiten. Zudem sind kleinere Gruppen förderlicher als große Gruppen (Krampen, 2019; Sternberg, 2019).

- 1. Phase: Hier steht der quantitative Aspekt der Ideenproduktion im Vordergrund. Schülerinnen und Schüler können ihre (zuvor allein generierten) Ideen bewertungsfrei in der Gruppe äußern, weitere Ideen auf denen der anderen aufbauen und ihrer Phantasie freien Lauf lassen. Es empfiehlt sich, diese Phase zu beenden, sobald der Ideenfluss in der Gruppe sinkt.
- 2. Phase: Nach einer kurzen Pause werden alle Ideen und Ideenkombinationen in der Gruppe hinsichtlich ihrer Nützlichkeit diskutiert.
- 3. Phase: Optional kann nun an einer oder mehreren Ideen weitergearbeitet werden und in einer Kleingruppe über Umsetzungsmöglichkeiten nachgedacht werden.

Mindmapping

Innerhalb eines *Mindmaps* (auch Gedanken- oder Gedächtniskarte) wird eine Fragestellung bearbeitet, für die neue Lösungsmöglichkeiten gesucht werden (s. Abb. 18). In der Mitte eines Blattes schreiben die Schülerinnen und Schüler die Fragestellung auf. Rundherum sammeln sie Schlüsselbegriffe, die mit dem Problem assoziiert sind („Knoten“). Teilaspekte der Schlüsselbegriffe werden als Verzweigungen aufgezeichnet („Äste“). Verbindungen zwischen verschiedenen Begriffen und Aspekten werden durch mehr oder weniger dicke Verbindungslinien dargestellt. Das Ergebnis ist ein verschachteltes grafisches Netz, das die Gedanken der Schülerinnen und Schüler repräsentieren soll (Krampen, 2019). Die Wirkung von Mindmapping auf Kreativität wurde bislang vor allem mit Studierenden untersucht, weshalb dieser Förderansatz eher in der Mittel- bis Oberstufe sinnvoll ist.

Verknüpfen

Beim *Verknüpfen* geht es darum, Verbindungen zwischen verschiedenen Themen, Ideen oder Objekten herzustellen. Es ist ein Element, das beinahe allen kognitiven Fördertechniken zugrunde liegt (Krampen, 2019). Schülerinnen und Schüler können zum Beispiel sinnvolle Verbindungen zwischen zwei (zufällig ausgewählten) unterschiedlichen Wörtern oder Wortlauten suchen. Eine fortgeschrittene Möglichkeit ist die *Reizwortanalyse* (Jacob, 2019):

1. Thema oder Problem bestimmen (z. B. *Was führt dazu, dass Schülerinnen und Schüler ihre Hausaufgaben gerne machen?*)
2. zufällige Auswahl eines Wortes (z. B. durch Aufschlagen eines Buches, z. B. *Sonnenaufgang*)
3. genaue Analyse des Wortes: Bedeutungen, Assoziationen etc. notieren und ggf. gemeinsam sammeln (z. B. *Licht geht auf*)
4. aus Assoziationen Ideen für Problemlösung ableiten (z. B. *Hausaufgaben müssen so gestaltet sein, dass den Schülerinnen und Schülern dabei ein Licht aufgeht. Das könnte zum Beispiel durch einen hohen Aufforderungs- oder Rätselcharakter gelingen.*)

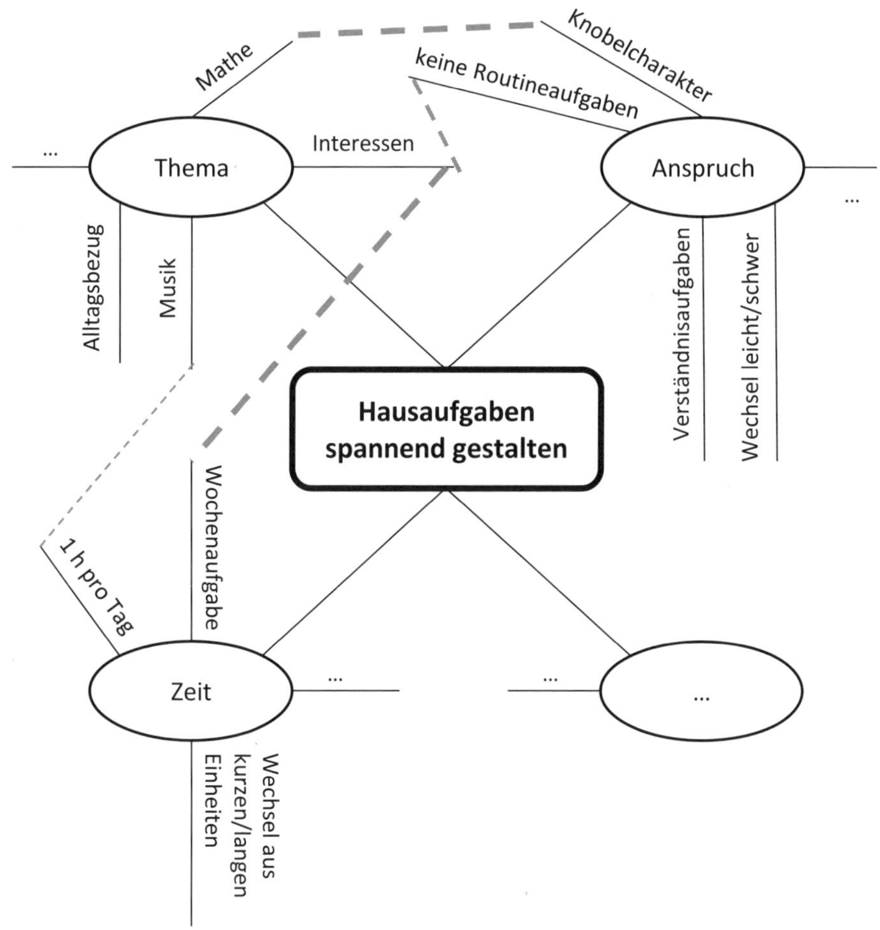

Abbildung 18. Beispiel eines Mindmaps zum Thema „Hausaufgaben spannend gestalten"

Lexikonmethode

Die *Lexikonmethode* ähnelt der Methode des Verknüpfens. Zunächst wird eine Problemstellung festgelegt. Danach wird ein beliebiger Lexikontext zufällig ausgewählt (z. B. durch Aufschlagen eines Lexikons). Der Text wird (vor-)gelesen und reflektiert. Auch hier werden wieder Assoziationen, verwandte Begriffe etc. gesammelt und anschließend auf das zu behandelnde Problem bezogen (Krampen, 2019).

Perspektivenwechsel

Schülerinnen und Schüler nehmen bei Problemlöseaufgaben eine andere Sicht ein. Erfolgt die Übung in Gruppen, sollten diese eher heterogen als homogen zusammengesetzt sein. Perspektivenwechsel kann sich auf verschiedenen Ebenen abspielen (Krampen, 2019). Als Beispiel nehmen wir die Aufgabe zu den Hausaufgaben aus der Fördertechnik „Verknüpfen" (s. oben): *Was führt dazu, dass Schülerinnen und Schüler ihre Hausaufgaben gerne machen?* (1) Ein Perspektivenwechsel auf *sozialer Ebene* bedeutet, eine Situation vom Standpunkt einer anderen Person aus zu betrachten. Das würde im Fallbeispiel bedeuten, das Problem aus Perspektive der Lehrperson zu betrachten. (2) Auf *räumlicher Ebene* bedeutet ein Perspektivenwechsel, sich vorzustellen, wie Gegenstände aus unterschiedlichen Perspektiven aussehen. Im Beispiel würde das bedeuten das Erledigen der Hausaufgaben an verschiedenen Orten durchzuspielen (z. B. in der Schule, zu Hause, bei Freundinnen oder Freunden). (3) Ein Perspektivenwechsel auf *zeitlicher Ebene* bedeutet, sich ein Problem in unterschiedlichen Zeitspannen oder -abschnitten vorzustellen; zum Beispiel, wie das Hausaufgaben-Machen vor 100 Jahren ausgesehen haben könnte oder in 100 Jahren aussehen wird. (4) Beim Perspektivenwechsel auf *kognitiver Ebene* geht es darum, die Gedanken einer anderen Person nachzuvollziehen. Entsprechend könnte es hier darum gehen, sich in eine Mitschülerin oder einen Mitschüler hineinzuversetzen und ihre oder seine Gedankengänge zur Ausgangsfrage zu verstehen.

Hinterfragen

Beim *Hinterfragen*, sollen Schülerinnen und Schüler dazu angeregt werden, eingefahrene Denkweisen oder „starre" Strukturen zu hinterfragen, zum Beispiel wann bestimmte Regeln nicht passen (Jacob, 2019). Die Fördertechnik stammt vor allem aus der Forschung zu Innovation im Arbeitskontext und ist daher eher ab der Mittel- oder Oberstufe sinnvoll einsetzbar. Zudem sollte sie auch stets mit anderen Förderansätzen oder der Lösung eines tatsächlichen Problems verbunden sein, um Wirkung zu zeigen. Dyer, Gregersen und Christensen (2011) schlagen dazu das sogenannte *QuestionStorming* vor:

1. Eine Thematik, an der gearbeitet werden soll, wird identifiziert (z. B. *Hinterfragen der Regel „Zur Schule kommt man pünktlich um 8 Uhr*).
2. Die Schülerinnen und Schüler sollen eine Mindestanzahl an Fragen (z. B. 20) dazu notieren, ohne jedoch eine Antwort darauf zu geben. Es empfehlen sich folgende Fragetechniken:

a. Warum? Warum nicht? (z. B. *Warum wurde die Zeit 8 Uhr festgelegt? Warum kann nicht jede Schülerin/jeder Schüler zu einer beliebigen Uhrzeit erscheinen?*)
b. Was wäre, wenn? (z. B. *Was wäre, wenn die Hälfte der Klasse um 8 Uhr und die andere um 9 Uhr käme?*)
c. Was ist? (z. B. *Was ist eigentlich Pünktlichkeit?*)
d. Was verursachte? (z. B. *Wie kam es dazu, dass die Schule immer vormittags zur gleichen Uhrzeit beginnt?*)
e. Ins-Gegenteil-verkehren (z. B. *Wie kann sichergestellt werden, dass keine Schülerin und kein Schüler um 8 Uhr in der Schule erscheint?*)

3. Anschließend werden die Fragen sortiert, nach Priorität geordnet, diskutiert und Lösungsansätze besprochen.

12.3.2 Physische Techniken

Entspannung

Entspannung kann zur Distanzierung von einer Problemstellung beitragen und somit vor allem in der Inkubationsphase (Phase des „spontanen Gedankentreibens") nützlich sein. Eine praktikable und wissenschaftlich gut belegte Möglichkeit für die Schule ist die Durchführung einer Phantasiereise (Krampen, 2013). Einen Überblick über weitere Entspannungsübungen, deren Wirksamkeit empirisch nachgewiesen werden konnte, finden Sie in Krampen (2013). Sehen Sie hier zwei Beispiele:

1. *Luftballon aufblasen*: Die Schülerinnen und Schüler stellen sich einen Luftballon vor (ggf. auch sehr detailliert: Farbe, Muster, Form etc.). Sie sollen nun die Vorstellung entwickeln, dass der fiktive Luftballon langsam und Atemzug für Atemzug aufgeblasen wird. Dies wird mit tiefem Ein- und Ausatmen verbunden. Es wird gestoppt, bevor der erste Luftballon „platzt".
2. *Äpfel pflücken*: Die Schülerinnen und Schüler stehen als Gruppe im Kreis. Sie stellen sich vor, dass überall Apfelbäume stehen und auf dem Boden ein Korb, in den die Äpfel hineingelegt werden sollen. Alle strecken sich und atmen ein, pflücken einen Apfel und legen diesen ausatmend in den Korb. Dieses Vorgehen wird für ein paar Äpfel wiederholt.

Bewegung und Körperhaltung

Einige Studien belegen, dass bestimmte *Bewegungen* beziehungsweise *Körperhaltungen* die Phase der Ideengenerierung begünstigen können (vgl. Krampen, 2019). Zum Beispiel führt eine einladende oder heranholende Körperbewegung zu einer erfolgszuversichtlichen Grundhaltung. Darüber hinaus begünstigen im Sitzen angespannte und gebeugte Arme den Ideenfluss, im Liegen hingegen entspannte Arme. Auch ein gemütliches Gehen kann eine positive Auswirkung zeigen. Währenddessen kann intensiver Sport für ungeübte Sportlerinnen und Sportler einen gegenteiligen Effekt haben.

12.3.3 Traditionelle Techniken

Projektarbeit

Frei- und Projektarbeit ermöglichen es den Schülerinnen und Schülern, eigene Interessen und Neigungen zu verfolgen, sich mit einer Vielfalt an Materialien und Themen zu beschäftigen, eigene Zugänge zu wählen und sich mit realen Problemen zu beschäftigen (vgl. Chen & Yang, 2019). Damit wird eine wichtige Voraussetzung dafür geschaffen, in der „eigenen Nische" überhaupt erst kreativ zu werden.

Stimmen aus der Praxis

Das Arbeiten in Projekten ist sehr geeignet. Das Schöne ist, dass sich die Kinder selbst für ein Thema entscheiden. Und das auch im Unterrichtssetting. Ich kann den Sachunterricht zum Beispiel so aufziehen, dass ich immer feste Themen habe, die ich im Rahmen des Lehrplans bearbeite. Ich kann ihn aber auch so aufbereiten, dass ich mir anschaue: Was sind die Themen der Kinder? Was interessiert die Kinder? Wie kann ich das im Lehrplan unterbringen? Grundlage eines Projekts an unserer Schule „Maus zu Haus" war ein Bilderbuch. Es ging um Alltagsmaterialien, die in diesem Bilderbuch genutzt wurden. Daraus wurden verschiedene Räume gestaltet, in denen sich eine Maus zu Hause fühlt. Das konnten die Kinder dann umsetzen. Da sind so tolle, kreative Ergebnisse erfolgt, die wir dann auch ausgestellt haben. Die Kinder haben sich zum einen mit den Alltagsmaterialien auseinandergesetzt und überlegt: Wie kann ich sie denn zusammenstellen, um etwas zu bauen – einen Tisch, einen Stuhl, ein Schwimmbad, ein Fitnessraum. Zum anderen haben sie ihren Raum dann interessengeleitet gestaltet. – Michaela Pössinger, Grundschule

Hier kannst du von oben in eine Wohnung schauen, in der es sehr viel zu entdecken gibt.

Anmerkung: Ergebnis eines Kindes der zweiten Klasse aus dem Projekt „Maus zu Haus" der GGS Waldschule Lohmar (Quelle: Homepage der Schule).

Wenn Kinder kreativ tätig geworden sind, gehört es natürlich dazu, dass wir die Lösungen zeigen oder vorstellen, sie entsprechend würdigen und als Anregung für andere nutzen. Dadurch entsteht ein großes Engagement weit über den Unterricht hinaus, sodass sie sich auch außerhalb vom Unterricht eigenständig damit beschäftigen. – Michaela Streicher, Grundschule

Förderung des kreativen Prozesses

Die *Förderung kreativer Prozesse* erfordert eine längerfristige Begleitung der Schülerinnen und Schüler. Unabhängig vom Fach, in dem ein kreativer Prozess stattfindet, können Sie als Lehrperson in vier Bereichen unterstützend tätig sein (Baudson, 2019).

1. *Unterstützung des Erwerbs von Vorwissen und Fertigkeiten:* Kristallisiert sich bei Schülerinnen und Schülern in einem Bereich ein bestimmtes Interesse oder eine Neigung heraus, ist es sinnvoll, dass Lehrpersonen mit Fachwissen in den jeweiligen Bereichen die Schülerinnen und Schüler dabei unterstützen, hier Grundlagen und Techniken zu erwerben. Dabei geht es zum einen um das sogenannte deklarative Wissen („knowing that", z. B. Fakten, Begriffe) und zum anderen um prozedurales Wissen („knowing how", z. B. Strategien und Routinen).
2. *Unterstützung der Generierung verschiedener potenziell geeigneter Lösungen:* Die Fertigkeit, verschiedene Lösungen zu generieren, lässt sich zum Beispiel fördern, indem Sie im Unterricht immer wieder kognitive Trainingstechniken einfließen lassen (s. Kapitel 8.2.1). Auch bieten sich offene Aufgaben an.

Stimmen aus der Praxis

Eine Möglichkeit zur Förderung kreativer Prozesse ist es beispielsweise, offene Aufgabenstellungen anzubieten. Hier werden Lösungswege nicht vorgegeben, sondern die Kinder erhalten die Möglichkeit, sich auf ihrem Niveau mit der Aufgabe auseinanderzusetzen und Lösungswege auszuprobieren und umzusetzen. Zwar können Lösungswege immer aufgezeigt und angeboten werden, aber durch offene Aufgabenstellungen entscheiden Kinder selbst „Was ist denn mein Weg, wie komme ich denn zu einem Ergebnis..." – Michaela Pössinger, Grundschule

Zum Beispiel machen wir es seit einiger Zeit so, dass wir den Kindern freitags Hausaufgaben geben, die zu einem vorgegebenen Thema formuliert sind. Zum Beispiel: „Beschäftige dich diesen Freitag mit dem Thema St. Martin." Dann bekommen die Kinder von uns eine ziemlich umfangreiche Ideenliste, die in alle möglichen Richtungen geht – von basteln, malen, gestalten, über Texte schreiben. Sie haben dann immer die Option, eine von unseren Ideen zu verwenden, aber wenn ihnen etwas ganz anderes einfällt, dürfen sie sich auch auf diese Art mit dem Thema beschäftigen. – Michaela Streicher, Grundschule

3. *Unterstützung der begründeten Entscheidungsfindung:* Ob ein Produkt fertig ist, sollten die Schülerinnen und Schüler selbst entscheiden. In dieser Phase des kreativen Prozesses ist es also wichtig, dass Sie Ihre Schülerinnen und Schüler dazu ermutigen, eine eigene Entscheidung zu treffen. Zudem können Techniken unterstützend sein, mit denen die Schülerinnen und Schüler gezielt üben, Dinge zu begründen und Argumente zu entwickeln.
4. *Unterstützung bei der Umsetzung der Idee:* In dieser Phase des kreativen Prozesses können Sie Ihre Schülerinnen und Schülern dabei unterstützen, zu überlegen, wie eine Idee praktisch umgesetzt werden kann. Hierbei steht das Durchhaltevermögen im Mittelpunkt. Sie können gezielt mit den Schülerinnen und Schülern an der Beseitigung von Hindernissen arbeiten (Sternberg, 2019). Möglicherweise kann es hilfreich sein, dass Sie einmal selbst von einer schwierigen Situation berichten, die Sie erfolgreich überwinden konnten. Oder Sie berichten davon, dass die erfolgreichsten Wissenschaftlerinnen und Wissenschaftler in ihrem Berufsalltag immer wieder auch mit Ablehnung und Gegenwind zu tun haben. Zudem ist es ermutigend, Schülerinnen und Schüler bei sowohl erfolgreichen als auch wenig erfolgreichen Umsetzungen einer Idee nützliches Feedback geben (s. auch Kapitel 8.2.3).

12.4 Fazit

Kreativitätsförderung in der Schule ist wichtig, denn sie wirkt nicht nur auf die Entwicklung der Kreativität selbst. Sie begünstigt auch noch nach der Schulzeit die persönliche und berufliche Entwicklung der Schülerinnen und Schüler und kann somit auch zur gesellschaftlichen Entwicklung beitragen. Im Unterricht haben Sie zahlreiche Möglichkeiten (im Rahmen des Curriculums) Kreativität zu fördern. Einige Ansatzpunkte dazu haben wir in diesem Kapitel aufgezeigt.

Take-Home Message

- Ihre Rolle als Lehrperson ist in der Kreativitätsförderung besonders bedeutsam. Positive Annahmen zu Kreativität und kreatives Vorbildverhalten begünstigen auch weitere Einflussfaktoren, wie den Unterrichtsstil, die Aufgabengestaltung und -bewertung oder das Klassenklima.
- Im Unterricht eigenen sich vor allem kognitive, physische und traditionelle Techniken, um die Kreativität zu fördern. Die meisten Techniken sind sowohl mit einzelnen Kindern als auch mit der gesamten Klasse durchführbar.
- Bei kognitiven Techniken der Kreativitätsförderung geht es meistens darum, Themen, Ideen oder Objekte miteinander zu verknüpfen.

- Bei physischen Techniken liegt der Fokus auf der Bewegung und dem Körper. Eine Möglichkeit ist die Durchführung von Entspannungsübungen.
- Traditionelle Techniken erfordern zumeist die längerfristige Begleitung der Schülerinnen und Schüler. Dazu gehört zum Beispiel die Begleitung im Rahmen individueller Projektarbeiten oder verschiedener Phasen des kreativen Prozesses.

13 Leseempfehlungen

13.1 Printmedien

Abdulla, A. M. & Cramond, B. (2017). After six decades of systematic study of creativity: What do teachers need to know about what it is and how it is measured? *Roeper Review,39*(1), 9–23. https://doi.org/10.1080/02783193.2016.1247398

Krampen, G. (2019). *Psychologie der Kreativität. Divergentes Denken und Handeln in Forschung und Praxis* (1. Aufl.). Göttingen: Hogrefe. https://doi.org/10.1026/02982-000

Hochbegabung

Denkanstoß

Inwiefern treffen die folgenden Aussagen Ihrer Meinung nach zu? Nutzen Sie folgende Antwortskala: **1 = trifft gar nicht zu, 2 = trifft eher nicht zu, 3 = trifft eher zu, 4 = trifft völlig zu** und notieren Sie sich Ihre Antworten. Am Ende dieses Kapitels werden wir nochmal darauf zurückkommen.

1. Hohe Begabung und hohe Leistung sind im Wesentlichen dasselbe.
2. Besonders Begabte sind Generalisten – ihnen gelingt meist alles.
3. Um ihre Fähigkeiten zu entwickeln, müssen besonders Begabte weniger üben als weniger Begabte.
4. Die Schule spielt eine zentrale Rolle dabei, ob sich eine besondere Begabung entfaltet oder nicht.
5. Schülerinnen und Schüler unterscheiden sich in ihren Begabungen.
6. Wenn jemand keine Leistung erbringt, kann er oder sie eigentlich nicht wirklich begabt sein.

Mediale Darstellung von Hochbegabung

Beim Thema Hochbegabung denken wir schnell an Wunderkinder, prominente Wissenschaftlerinnen und Wissenschaftler wie Albert Einstein oder Marie Curie oder auch an mögliche Probleme hochbegabter Schülerinnen und Schüler. Die Darstellung hochbegabter Personen in den Medien hat dabei einen großen Einfluss (Bergold, Hastall & Steinmayr, 2021). Hochbegabte sind vergleichsweise selten und in der Ausbildung von Lehrpersonen spielt dieses Thema eine eher untergeordnete Rolle. Insofern haben es mediale Darstellungen leicht, das Bild zu prägen. In den Medien werden intellektuell Hochbegabte manchmal ambivalent dargestellt, anders als Personen mit einer besonderen sportlichen oder musikalischen Begabung. Während beispielsweise sportlich hochbegabte Kinder und Jugendliche meist sehr positiv und mit großem Stolz und Bewunderung beschrieben werden, werden intellektuell hochbegabte Kinder und Jugendliche zwar als schlau und leistungsstark, aber oft auch als Außenseiter mit sozialen oder emotionalen Problemen dargestellt (O'Connor, 2012). Solche Eindrücke werden in den Medien weiter verstärkt, indem wiederholt einzelne, meist emotionale Fälle berichtet werden, die als prototypisch für alle Hochbegabten gelten sollen (Bergold et al., 2021). Doch wie zeigt sich Hochbegabung tatsächlich? Gibt es „typische" Eigenschaften, die auf alle Hochbegabten zutreffen? Schauen wir uns dazu zwei Fallbeispiele genauer an.

Fallbeispiele

Jannis besucht die sechste Klasse eines Gymnasiums. Zu Hause zeigt er ein großes Interesse an Informatik und fällt durch seine hohe Begeisterungsfähigkeit und Anstrengungsbereitschaft auf. In der Schule ist Jannis hingegen sehr angepasst und unauffällig. Er schreibt durchschnittlich gute Noten und wird von seinem Klassenlehrer als freundlicher und hilfsbereiter Schüler beschrieben, der bei seinen Mitschülerinnen und Mitschülern beliebt ist. In einer Computer-AG scheint Jannis jedoch wie verwandelt. Er zeigt eine hohe Neugierde an den Themen und sein detailliertes Spezialwissen zum Programmieren sprudelt nur so aus ihm heraus. In einem Gespräch mit seinem Klassenlehrer wird deutlich, dass Jannis sich dennoch nicht so viel beim Programmieren zutraut. Der Klassenlehrer veranlasst daraufhin, dass Jannis eine Projektarbeit über das Programmieren erarbeiten und diese sogar am Tag der offenen Tür einer großen Zuhörerschaft aus interessierten Mitschülerinnen und Mitschülern sowie Eltern präsentieren kann.

Patrick fällt im Kindergarten durch ein besonders hohes Sachwissen sowie starke verbale Fähigkeiten (Wortschatz, Ausdrucksweise, Lesen) auf. Das Lesen habe er sich laut der Mutter ohne jede Anleitung selbst beigebracht. Patrick ist zudem sehr wissbegierig. Aktuell fragt er immer wieder, ob er nicht zu Hause bei seinen Büchern bleiben dürfe und wann er denn endlich zur Schule gehen könne. Er orientiert sich zunehmend an den Erzieherinnen und nachmittags spielt er zufrieden mit deutlich älteren Kindern. Patrick fiebert dem Tag der Einschulung entgegen und als dieser kommt, arbeitet er sofort gewissenhaft an seinen ersten Arbeitsaufträgen. Doch schon nach kurzer Zeit beginnt er, die Hausaufgaben vor sich herzuschieben. Er äußert ständig, dass es für ihn schrecklich langweilig sei. Mit seiner Lehrerin hat er deswegen häufiger Streit. Morgens hat er Mühe aufzustehen und aus dem fröhlichen Patrick wird ein nörgelndes und missmutiges Kind. Nach Anraten einer Lehrerin aus dem Bekanntenkreis veranlassen die Eltern einen Intelligenztest. Die Ergebnisse deuten auf eine überdurchschnittlich hohe Intelligenz hin. Mitte der Klasse 1 wechselt Patrick zunächst probeweise in die zweite Klasse. Bereits nach wenigen Tagen taut er auf. Er kann gleich im Lesen und Rechnen mit seinen Mitschülerinnen und Mitschülern mithalten und geht nun wieder gerne zur Schule.

Wie die Fallbeispiele zeigen, können Hochbegabte ganz unterschiedlich sein. Hochbegabte Kinder können in der Art ihrer Begabung, in ihrer Leistung und auch in ihrer Persönlichkeit stark voneinander abweichen. Während Jannis eher unauffällig und sich seiner Fähigkeiten nicht ganz sicher ist und durchschnittlich gute Noten schreibt, fühlt Patrick sich unterfordert und verweigert sich dem Unterricht zunehmend. Beide sind jedoch ganz normale Kinder, die genauso wie andere Kinder lernen und üben müssen, um sich weiterzuentwickeln. Hochbegabung, wie sie in diesem Buch verstanden wird, stellt eine weit überdurchschnittlich hohe, intellektuelle Begabung dar, die erkannt und gefördert werden muss, um sich gut zu entwickeln. Eine solch hohe Begabungsausprägung fällt in das Spektrum menschlicher Möglichkeiten und daher sollte bei einer Unterscheidung zwischen Hochbegabten und anderen Begabungsgruppen auch von *nicht Hochbegabten* oder *durchschnittlich Begabten* gesprochen werden und nicht von *Normalbegabten*. Kontrastiert man hingegen Hochbegabte mit Normalbegabten schafft das lediglich Raum für Missverständnisse und falsche Vorurteile.

Annahmen von Lehrpersonen zu Hochbegabten bilden eine wichtige Grundlage für die Förderung in der Schule und müssen gerade vor dem Hintergrund der medialen Berichterstattung konsequent reflektiert und auf ihre Richtigkeit hin überprüft werden (s. Kapitel 3 und 4). Hierzu reicht es nicht aus, Lehrpersonen ausgewählte Informationen vorzulegen, die falschen Annahmen ausdrücklich widersprechen (Weyns et al., 2021). Vielmehr ist es erforderlich, dass man sich selbst gründlicher mit dem Thema Hochbegabung auseinandersetzt. Das Kapitel Hochbegabung bietet Ihnen dazu Anregungen. Neben Informationen über Hochbegabung geben wir Ihnen verschiedene Impulse dazu, die eigene Haltung zur Förderung von Hochbegabten und zum Umgang mit Leistungsunterschieden zwischen Schülerinnen und Schülern zu reflektieren und die Vorstellungen, die in der Gesellschaft zu Hochbegabten existieren, zu hinterfragen.

14 Verstehen

Lernziele

In diesem Kapitel erlangen Sie anhand ausgewählter Definitionen und Modelle einen Einblick in das komplexe Thema *Hochbegabung*. Sie lernen, welche Rolle Intelligenz und Kreativität dabei spielen. Sie erfahren mehr über die Eigenschaften und die Leistungsentwicklung von Hochbegabten und darüber, wie sie sich selbst wahrnehmen. Und Sie lernen verschiedene Ursachen für *Underachievement* kennen und wissen anschließend, welche Auswirkungen sich daraus für Schülerinnen und Schüler ergeben können.

14.1 Begriffsklärung

Neben Hochbegabung existieren noch viele andere Begriffe, die zum Teil synonym verwendet werden, wie zum Beispiel „hochtalentiert“ oder „hochleistend“. Was versteht man also unter Hochbegabung und wie unterscheidet sie sich von Begabung, Potenzial, Talent oder Leistung?

Begabung meint das leistungsbezogene Entwicklungspotenzial eines Menschen (LemaS Forschungsverbund, 2022). Ist dies extrem hoch ausgeprägt, sprechen wir von **Hochbegabung**. Die Begabung umfasst eine individuelle Konstellation aus Fähigkeiten, Persönlichkeitsmerkmalen und psychosozialen Fertigkeiten, die eine positive Leistungsentwicklung wahrscheinlich machen. Hohe Begabung kann unter bestimmten Umständen in hoher Leistung resultieren, muss dies jedoch nicht. Begabung ist in einem gewissen Rahmen entwickel- und veränderbar (**multidimensionaler, dynamischer Begabungsbegriff**).

Im Gegensatz zu Begabung ist der Begriff *Potenzial* breiter gefasst und kann auch auf nicht leistungsbezogene Bereiche angewendet werden (z. B. gesellschaftliches Potenzial wie beispielsweise die Chancen, die sich aus der Zusammensetzung einer Gesellschaft ergeben). Spricht man wiederum von einem leistungsbezogenen Potenzial, ist dies mit Begabung gleichzusetzen. Von *Talent* ist hingegen die Rede, wenn sich Begabung durch überdurchschnittliche Leistung in einem Bereich sichtbar macht (z. B. musikalisches Talent). *Leistung* meint dann sowohl die Leistungshandlung selbst als auch deren Ergebnis. Leistung wird durch Anstrengung und Begabung unter bestimmten Umständen und in bestimmten Domänen erreicht.

Beurteilungskriterien

Für die Beurteilung von Begabung und Leistung als außergewöhnlich hoch existieren eine Reihe an Kriterien (nach Sternberg & Zhang, 1995):

- *Exzellenzkriterium* = die Person ist in mindestens einem Bereich Gleichaltrigen überlegen (z. B. ist Selina deutlich intelligenter als Gleichaltrige).
- *Seltenheitskriterium* = die Person muss eine hoch ausgeprägte Begabung besitzen, die im Vergleich zu Gleichaltrigen selten ist (z. B. haben nur 5% ihrer Altersgruppe eine vergleichbare Intelligenzausprägung wie Selina).
- *Produktivitätskriterium* = die Begabung, die eine Person als überdurchschnittlich kennzeichnet, führt potenziell zu besonderen Produkten, Ideen oder Handlungen (z. B. hilft Selinas Intelligenz ihr dabei, neue Inhalte sehr schnell zu begreifen und anzuwenden).
- *Beweisbarkeitskriterium* = die besondere(n) Begabung(en) einer Person müssen durch einen oder mehrere valide(n) Test(s) nachgewiesen werden (z. B. spiegelt sich die überdurchschnittlich hohe Intelligenz von Selina in Intelligenztestleistungen wider).
- *Wertkriterium* = die Person muss außergewöhnliche Leistung in einem Bereich zeigen, der von der Gesellschaft geschätzt und anerkannt wird (z. B. wird schnelles Lernen in der Schule i.d.R. geschätzt,

während eine außergewöhnliche Begabung darin, den Unterricht zu stören, nicht als Hochbegabung bezeichnet werden würde).

Diese Kriterien zeigen, dass Hochbegabung auch immer sozial definiert wird. Es zählt der Vergleich mit anderen, altersgleichen Personen und deren Leistungen und Fähigkeiten (Exzellenz und Seltenheit). Und auch was überhaupt als Leistungsbereich betrachtet wird, ist abhängig von bestimmten Werten und Bedürfnissen (Wert und Produktivität), inklusive dem jeweiligen (Wissenschafts-)Verständnis (Beweisbarkeit). Damit ist die Definition von Hochbegabung auch kulturabhängig (Sternberg, 2007), denn was in einer Kultur als hohe Begabung angesehen wird, muss nicht zwangsläufig auch in einer anderen Kultur gelten.

Auch daher gibt es in der Forschung nicht nur eine Definition von Hochbegabung. Für die Arbeit in Bildungseinrichtungen geht das jeweilige Verständnis von Hochbegabung zudem mit bestimmten Werten und Prioritäten einher, die in der Einrichtung im Fokus stehen und bestimmten (praktischen) Zielen dienen. Bei der Entscheidung, wie die Begabtenförderung aussehen und welchen Zweck sie erfüllen soll, spielen auch ethische, politische und pragmatische Überlegungen eine Rolle. Im Folgenden wollen wir unterschiedliche Paradigmen der Hochbegabtenförderung vorstellen.

14.2 Paradigmen der Hochbegabtenförderung

Unter Paradigmen in der Bildungspraxis können bestimmte Annahmen, Ziele und Verfahren verstanden werden, auf die sich eine Gemeinschaft an Praktizierenden als Praxisstandards geeinigt hat. Diese Standards werden durch vier aufeinander aufbauende Fragen definiert (vgl. Tab. 10, linke Spalte). Die Art und Weise, wie Begabung aufgefasst wird, bestimmt beispielsweise, wer schlussendlich gefördert wird und wie die Förderung aussieht. Im Folgenden stellen wir drei prominente Paradigmen vor (Dai & Chen, 2013), die zum Teil recht unterschiedliche Antworten auf die Frage geben, wer warum und wie gefördert werden sollte.

Paradigma des hochbegabten Kindes

Das *Paradigma des hochbegabten Kindes* ist zu Beginn der Hochbegabtenforschung entstanden und war den größten Teil des 20. Jahrhunderts vorherrschend. Hochbegabung wird hier als allgemeine kognitive Fähigkeit aufgefasst, die durch Intelligenztests gemessen werden kann. Hochbegabte Personen werden als „qualitativ verschieden" von anderen Personen angesehen, da sie beispielsweise anders denken und andere Bildungsbedürfnisse haben. Ausgehend davon sollten laut diesem Ansatz spezielle Förderprogramme für Hochbegabte angeboten werden.

Talententwicklungsparadigma

Das *Talententwicklungsparadigma* hat sich maßgeblich in den 90er Jahren, in Folge einer Welle an Talententwicklungsmodellen, entwickelt.

Hier wird anstelle der Kategorie „hochbegabte Kinder“ der Fokus auf unterschiedliche Ausprägungen von Verhaltensweisen und Leistungen gelegt. Hohe Begabung wird demnach als eine Konstellation aus verschiedenen kognitiven und nicht-kognitiven Fähigkeiten und Potenzialen angesehen. Diese kann sich verändern und entwickeln und je nach Domäne unterscheiden. Das *Differenzierungsparadigma* wiederum ist im Kontext der inklusiven Pädagogik entstanden, im Rahmen derer die Differenzierung im Unterricht in den Fokus gerückt ist. Hier wird davon ausgegangen, dass alle Schülerinnen und Schüler verschiedene Lernbedürfnisse haben, auf die sich die Förderung innerhalb des regulären Unterrichts beziehen sollte. Daraus sind verschiedene Ansätze entstanden, die die Passung von Lerninhalt, Lerngeschwindigkeit oder Lernbedürfnissen (z. B. Interessen) von Schülerinnen und Schülern als Basis für geeignete Fördermethoden heranziehen (z. B. Renzulli & Reis, 2009; VanTassel-Baska & Wood, 2010). Es findet dabei keine Einteilung in „hochbegabt“ und „nicht-hochbegabt“ statt.

Differenzierungsparadigma

Denkanstoß
Überlegen Sie nun einmal selbst, welchem Paradigma Sie am ehesten zustimmen würden. Was macht für Sie die Natur von (Hoch-)Begabung aus? Mit welchem Ziel sollte gefördert werden und wie?

Fragestellung	Hochbegabtes Kind	Talententwicklung	Differenzierung
Was kennzeichnet besondere Begabung?	• Kategoriale Annahme • Statusdefinition • Dauerhafte außergewöhnliche allgemeine kognitive Fähigkeit	• Entwicklungsperspektive • Veränderbarkeitsannahme • Domänenspezifität • Talentvielfalt • Außergewöhnlichkeit wird nicht vorausgesetzt	• Individualitätsannahme • Differenzierungsbedarf innerhalb des Schulkontextes • Außergewöhnlichkeit ist punktuell und kontextabhängig
Warum brauchen wir Bildungsangebote für Hochbegabte?	• Lernbedürfnissen gerecht werden • Hochbegabung produktiv nutzen • Führungskräfte der Zukunft sichern	• Unterstützung der Talententwicklung und von Exzellenz und Innovation in spezifischer Domäne	• Pädagogisch-diagnostischer Fokus • Passung der Förderangebote zu individuellen Lernbedürfnissen

Fragestellung	Hochbegabtes Kind	Talententwicklung	Differenzierung
Wer hat einen Anspruch auf diese Angebote und wie erkennen wir diese Personen und ihre Bedürfnisse?	• Messung kognitiver Fähigkeiten (z. B. Top 3%)	• Selektion basierend auf domänenspezifischen Begabungsindikatoren und Leistungen	• Diagnose von individuellen Stärken und Bedürfnissen im Schulkontext
Wie können effektive Angebote aussehen?	• Spezielle Förderprogramme (ausschließlich für Hochbegabte)	• Enrichment • Angebote inner- und außerhalb der Schule	• Anpassung des Curriculums, der Instruktion und des Unterrichts

Tabelle 10. Ausgewählte Paradigmen der Hochbegabtenförderung (nach Dai & Chen, 2013)

Im Paradigma des hochbegabten Kindes werden demnach nur Kinder besonders gefördert, welche die entsprechenden Kriterien für Hochbegabung erfüllen, die zum Beispiel zu den oberen 3% in einem Intelligenztest gehören. Dies führt schnell dazu, dass Begabungen übersehen werden. Im Differenzierungsparadigma werden der Lehrplan und der Unterricht an das Potenzial und die Leistung aller Schülerinnen und Schüler angepasst. Oft scheitert dies jedoch an den schulischen Voraussetzungen wie räumlichen oder zeitlichen Ressourcen oder der Qualifizierung der Lehrpersonen für adaptiven Unterricht (Borland, 2021). Um routinemäßigen differenzierten Unterricht in der Praxis umzusetzen, sind Weiterbildungen zu Differenzierungsstrategien sowie eine nachhaltige Unterstützung durch die Schulleitung mit entsprechenden Ressourcen erforderlich. Bei der Talententwicklungsperspektive werden unterschiedliche Schülerinnen und Schüler in unterschiedlichen Leistungsbereichen sowohl inner- als auch außerhalb des Unterrichts gefördert und somit auch Begabungen berücksichtigt, die nicht in direktem Zusammenhang mit dem Lehrplan einer Schule stehen. Dieses Vorgehen entspricht einem Begabungsbegriff, nach dem die Begabung in unterschiedlichen Bereichen liegen und sich entwickeln und verändern kann (s. Kapitel 14.3.3). Insgesamt verdeutlichen die Paradigmen, dass ein gemeinsames Verständnis über Begabung den Grundstein dafür bildet, welche Ziele und Strategien in einer Schule verfolgt werden, um Begabung zu erkennen und zu fördern.

14.3 Modelle der Hochbegabtenforschung

Begabungsdefinitionen

Nachdem wir uns die Paradigmen der Hochbegabtenförderung in der Bildungspraxis angesehen haben, geht es nun um Definitionen und Modelle zur Hochbegabung in der Forschung. Die unterschiedlichen Definitionen lassen sich grob strukturieren in *Potenzial-* versus *Performanzdefinitionen* sowie in *ein-* versus *mehrdimensionale Definitionen* (vgl. Abb. 19).

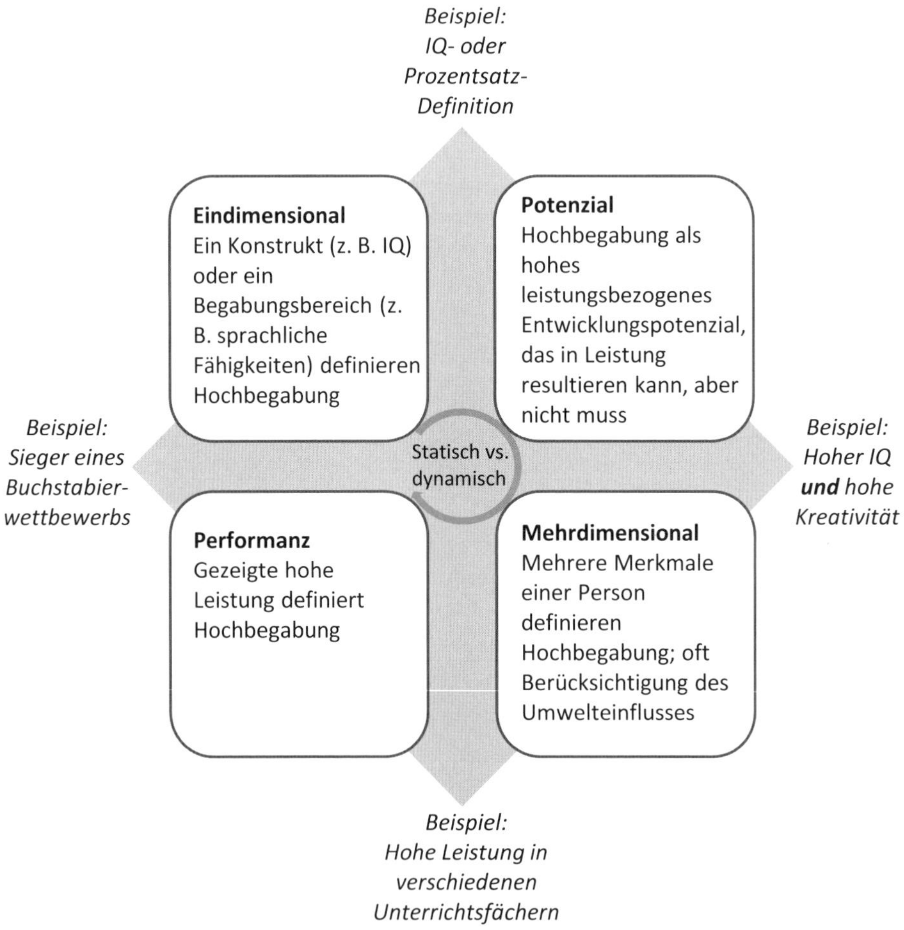

Beispiel: IQ- oder Prozentsatz-Definition

Eindimensional
Ein Konstrukt (z. B. IQ) oder ein Begabungsbereich (z. B. sprachliche Fähigkeiten) definieren Hochbegabung

Potenzial
Hochbegabung als hohes leistungsbezogenes Entwicklungspotenzial, das in Leistung resultieren kann, aber nicht muss

Beispiel: Sieger eines Buchstabierwettbewerbs

Statisch vs. dynamisch

Beispiel: Hoher IQ ***und*** *hohe Kreativität*

Performanz
Gezeigte hohe Leistung definiert Hochbegabung

Mehrdimensional
Mehrere Merkmale einer Person definieren Hochbegabung; oft Berücksichtigung des Umwelteinflusses

Beispiel: Hohe Leistung in verschiedenen Unterrichtsfächern

Abbildung 19. Differenzierung von Begabungsdefinitionen

Während bei Potenzialdefinitionen das leistungsbezogene Entwicklungspotenzial einer Person, unabhängig von ihrer gezeigten Leistung, die hohe Begabung definiert, sind bei Performanzdefinitionen tatsächlich gezeigte, hohe Leistungen kennzeichnend für die Hochbegabung. Beide Definitionen können ein- oder mehrdimensional formuliert sein. Ein Beispiel für eine eindimensionale Potenzialdefinition ist die IQ-Definition (IQ für Intelligenzquotient; s. Kapitel zu Intelligenz), bei der als hochbegabt gilt, wer einen bestimmten IQ-Wert erreicht (z. B. IQ > 130) oder auch die Prozentsatz-Definition, bei der als hochbegabt gilt, wer zu den oberen „x-Prozent" in einem bestimmten Bereich gehört (z. B. obere 3% in einem Kreativitätstest). Bei der mehrdimensionalen Potenzialdefinition kommt noch mindestens ein weiteres Kriterium hinzu, wie beispielsweise ein hoher IQ *und* eine hohe Kreativität. Nach der Performanzdefinition ist hingegen hochbegabt, wer in einem oder mehreren Bereichen besondere Leistungen gezeigt hat. Dazu könnte die Siegerin eines Buchstabierwettbewerbs zählen (eindimensionale Performanzdefinition) oder ein Abiturient mit einem Abschluss von 1,0 und Auszeichnungen in verschiedenen Schülerwettbewerben (mehrdimensionale Performanzdefinition). Darüber hinaus können sich Definitionen in ihrem Verständnis von Hochbegabung als eher statisch oder eher dynamisch unterscheiden. Das heißt, sie fassen Hochbegabung entweder als ein eher stabiles Merkmal auf oder als etwas, das sich im Laufe der Zeit entwickeln und verändern kann. Im Folgenden werden wir einige mehrdimensionale Modelle genauer betrachten, die häufig in der Praxis Anwendung finden.

Stimmen aus der Praxis

Grundsätzlich ist ein Anhaltspunkt der IQ-Wert, der ab einem bestimmten Punkt als Hochbegabung angerechnet wird. Hochbegabung kann aber in den verschiedensten Bereichen stattfinden. Für die Entwicklung ist zum einen die Anlage wichtig, die das Kind mitbringt. Zum anderen das gesamte Umfeld, das darauf reagiert, mit dem Kind arbeitet und es unterstützt. – Susanne Vogt, Grundschule

14.3.1 Drei-Ringe-Modell

Mehrdimensionale Modelle

In den Anfängen der Begabungsforschung stand die IQ-Definition im Fokus. Sie lässt sich dem Paradigma des hochbegabten Kindes zuordnen und setzt Hochbegabung mit angeborener, überdurchschnittlich hoher allgemeiner Intelligenz gleich. Diese Vorstellung wurde jedoch aufgrund ihrer starren Auffassung kritisiert. Als Alternative entwickelte Renzulli bereits in den 1970er Jahren das erste mehrdimensionale

Hochbegabungsmodell, das sich dem Talententwicklungsparadigma zuordnen lässt. Er setzte hierfür ein breites und dynamisches Begabungsverständnis voraus, bei dem Begabung auf verschiedene Ursachen zurückzuführen ist und sich entwickeln und verändern kann. Eine Person wird somit nicht hochbegabt geboren, sondern kann hochbegabtes Verhalten entwickeln. In seinem *Drei-Ringe-Modell* (1978; vgl. Abb. 20) setzt sich die Hochbegabung aus hoher Intelligenz (bzw. überdurchschnittlichen Fähigkeiten), Kreativität und Aufgabenverpflichtung zusammen. Die Aufgabenverpflichtung stellt eine Form der Motivation dar und meint die Energie, die eine Person aufbringt, um ein bestimmtes Problem o. ä. zu bearbeiten. Harte Arbeit und Durchhaltevermögen sind somit genauso charakteristisch wie die Intelligenz und Kreativität. Nur wenn es zu einem Zusammenspiel dieser drei Merkmale kommt, können kreative, einzigartige und produktive Leistungen erbracht und Neues erschaffen werden. Wie hoch welches Merkmal ausgeprägt sein muss, bleibt im Modell offen. Wenn alle drei Merkmale überdurchschnittlich hoch ausgeprägt sein müssen, kann dies schnell dazu führen, dass Begabung bezogen auf einzelne Merkmale, übersehen wird. Dennoch schafft das Modell viel Raum für die Förderung von Begabung. Es bildet die Grundlage für Programme zur Begabtenförderung, wie das Schoolwide Enrichment Model (SEM; Renzulli & Reis, 1997), mit dessen Hilfe vor allem die Kreativität und Aufgabenverpflichtung durch Enrichmentangebote (zusätzliche För-

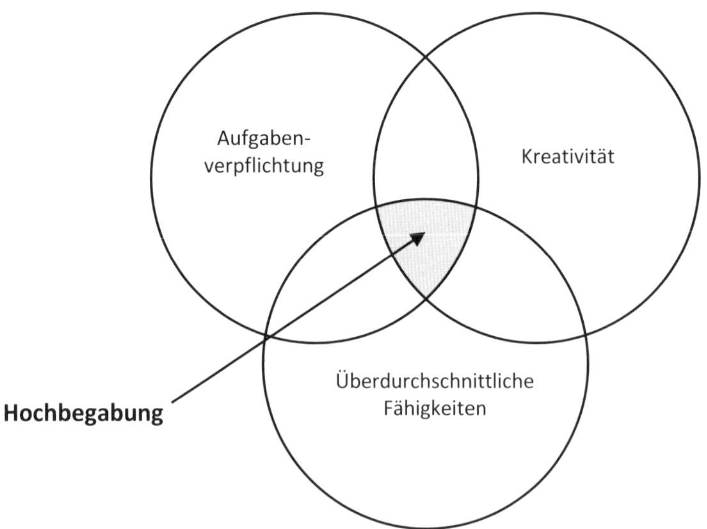

Abbildung 20. Drei-Ringe-Modell nach Renzulli (1978)

derangebote zum regulären Unterricht; s. Kapitel 16.2.3) gefördert und so Begabungen möglichst vieler Kinder und Jugendlicher entwickelt werden sollen (vgl. Preckel & Baudson, 2013; S. 89).

14.3.2 Differenziertes Begabungs- und Talentmodell

Im Modell von Renzulli erfolgt keine Unterscheidung von Begabung und Leistung. Dies wurde durch Gagné (1985) kritisiert. In seinem differenzierten Begabungs- und Talentmodell (engl. Differentiated Model of Giftedness and Talent, DMGT; Gagné, 2009; vgl. Abb. 21) definiert er Begabung als überdurchschnittliche natürliche Fähigkeiten, die in einem oder mehreren Fähigkeitsbereichen vorhanden sein können (z. B. intellektueller oder sozialer Bereich). Diese Fähigkeiten können sich durch systematisches Lernen, Training und Übung zu spezifischen Leistungen oder Talent (z. B. im akademischen oder künstlerischen Bereich) entwickeln. Sowohl Begabung als auch Talent definiert Gagné darüber, dass die Person mindestens zu den besten 10% im Vergleich mit ihrer Altersgruppe gehört.

Sein Modell ist dem Talententwicklungsparadigma zuzuordnen. Der Entwicklungsprozess von Begabung hin zu Talent kann nach Gagné über bestimmte Aktivitäten beschrieben werden (z. B. Wann besteht zu welchen Inhalten Zugang? Werden diese selbst erarbeitet oder vorstrukturiert vermittelt?). Weiterhin kann beschrieben werden, wie viel Zeit und Ressourcen jemand in die Talententwicklung investiert (Wie oft wird beispielsweise geübt?). Und schließlich kann der Entwicklungsprozess auch qualitativ beschrieben werden (z. B. Auf welcher Stufe befindet sich eine Person und wie schnell ist sie dorthin gekommen?). Der Talententwicklungsprozess wird nach Gagné von verschiedenen Katalysatoren aus der Umwelt (z. B. Unterstützung der Eltern) und aus der Person selbst (z. B. Motivation) beeinflusst. Hier wird erstmals auch die Bedeutung der Unterstützung durch Bezugspersonen, wie Eltern oder Lehrpersonen, für die Entwicklung von Begabung deutlich. Das Modell integriert damit Annahmen aus verschiedenen Forschungsrichtungen (Begabungsforschung, Expertiseforschung). Zum einen berücksichtigt es die Rolle verschiedener Begabungsmerkmale als Voraussetzung für die Talententwicklung, zum anderen den Einfluss systematischer Instruktion und Übung in einem bestimmten Bereich. Alle Faktoren des Modells interagieren miteinander. Ihr Einfluss verändert sich im Verlauf des Bildungsweges und kann sich auch von Person zu Person unterscheiden. Dennoch weist Gagné (2004) den verschiedenen Modellkomponenten unterschiedliche Bedeutung für die Talententwicklung zu: An erster Stelle stehen Begabungen, an zweiter intrapersonale Katalysatoren und hier insbesondere Motivation (Werte, Interessen) und Volition

Katalysatoren aus Umwelt und Person

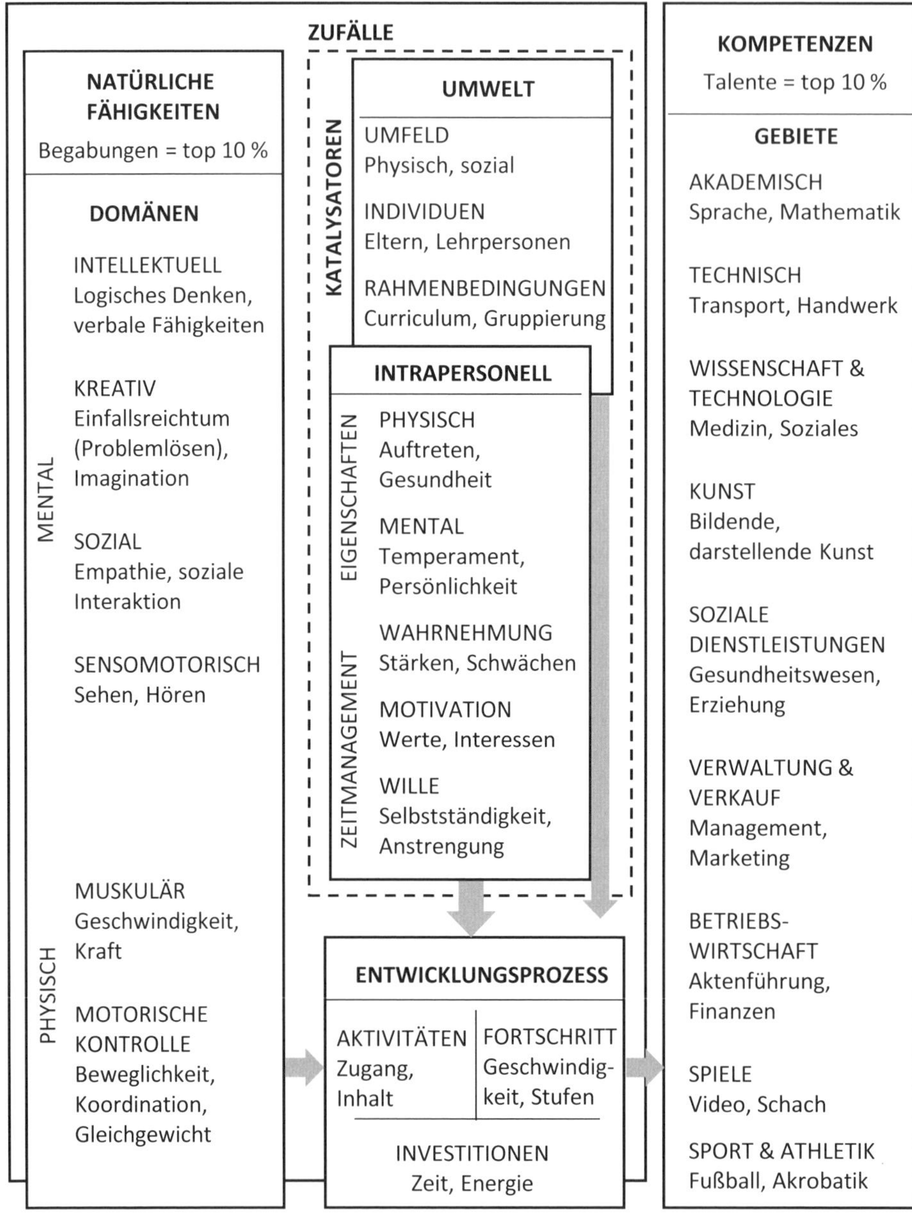

Abbildung 21. Differenziertes Begabungs- und Talentmodell nach Gagné (2009; Abbildung und Übersetzung nach Vock & Jurczok, 2019, S. 16-17)

(Wille, Einsatz, Durchhaltevermögen). An dritter Stelle stehen die Komponenten des Talententwicklungsprozesses wie die Investition von Zeit, Energie und Ressourcen und an vierter Stelle schließlich die Umweltkatalysatoren. Insgesamt enthält das Modell eine Vielzahl an Faktoren und zum Teil bleibt unklar, wie diese zusammenwirken. Es macht aber deutlich, wie komplex der Prozess der Entwicklung von hoher Begabung hin zu besonderer Leistung ist.

14.3.3 Das TAD-Modell

Talent Development in Achievement Domains Modell

Das Talent Development in Achievement Domains (TAD) Modell (Preckel et al., 2020) stellt kein neues Hochbegabungsmodell dar, sondern liefert vielmehr einen Rahmen, um den gesamten Entwicklungsprozess von anfänglichem Potenzial bis hin zu außergewöhnlicher Leistung in unterschiedlichen Domänen zu beschreiben. Wie der Name bereits andeutet, gehört es zum Talententwicklungsparadigma. Es integriert Erkenntnisse aus verschiedenen Modellen und Theorien aus der Forschung zu Begabung und Leistung mit dem Ziel, die Komplexität der Modelle und Befunde zu reduzieren und eine Art „Sprungbrett" für die Entwicklung von domänenspezifischen Talententwicklungsmodellen zu sein. Um das zu erreichen, fokussiert das TAD-Modell personenbezogene Merkmale und es werden ganz konkrete Prädiktoren und Indikatoren für die verschiedenen Abschnitte der Talententwicklung benannt und definiert. *Prädiktoren* meint hier Personenmerkmale, welche die Talententwicklung in einem bestimmten Abschnitt positiv vorhersagen, wie die Motivation oder sprachliche Fähigkeiten. *Indikatoren* stellen hingegen Verhaltensweisen der Person dar, die in Bezug auf einen Prädiktor beobachtet werden können, wie eine hohe Beteiligung am Unterricht (für Motivation) oder ein hoher Wortschatz (für sprachliche Fähigkeit). Im TAD-Modell (vgl. Abb. 22) werden vier aufeinanderfolgende Entwicklungsabschnitte unterschieden:

1. *Potenzial* = ein anfängliches leistungsbezogenes Entwicklungspotenzial, das sehr breit angelegt sein kann.
   Beispiel: Selina hat ein hohes naturwissenschaftliches Potenzial, das sich in einer Konstellation aus hoher Beobachtungsfähigkeit, besonderer Freude an Denkaufgaben und hoher logischer Denkfähigkeit zeigt.
2. *Kompetenz* = systematisch erworbenes Wissen und Fertigkeiten in einem oder mehreren Bereichen.
   Beispiel: Selina beschäftigt sich intensiv mit den Sternbildern und Fragen zum Weltraum; sie engagiert sich in den entsprechenden Unterrichtsfächern besonders und besucht eine Sternegucker-AG

der Schule; dadurch erwirbt sie astronomisches Wissen und ein Grundverständnis der Materie.

3. *Expertise* = intelligente Nutzung von Wissen und Fertigkeiten sowie dauerhaft überdurchschnittliche Leistungen in einem Bereich als Folge jahrelanger Investition.
   Beispiel: Als Erwachsene studiert Selina Astronomie, spezialisiert sich in weiterer Forschung auf die Entstehung von schwarzen Löchern und wird hier zur Expertin.
4. *Außergewöhnliche Leistung* = Entwicklung neuer Fragen oder Problemlösungen in einem Bereich und folglich nachhaltige Beeinflussung und Veränderung des Bereichs.
   Beispiel: Selina publiziert ihre Forschung auf Kongressen und in Fachzeitschriften und trägt mit ihren Ideen zu neuen Debatten bei, die auch die Weltraumforschung voranbringen.

Jeder Entwicklungsabschnitt baut auf einer gelungenen Entwicklung im vorherigen Abschnitt auf und zwar in einem Prozess zunehmender Spezialisierung von allgemeinen Fähigkeiten hin zu spezifischem Wissen und Fertigkeiten. Die Entwicklung besonderer Leistungen erfordert eine intensive Beschäftigung mit einer Domäne. Dies bindet Zeit

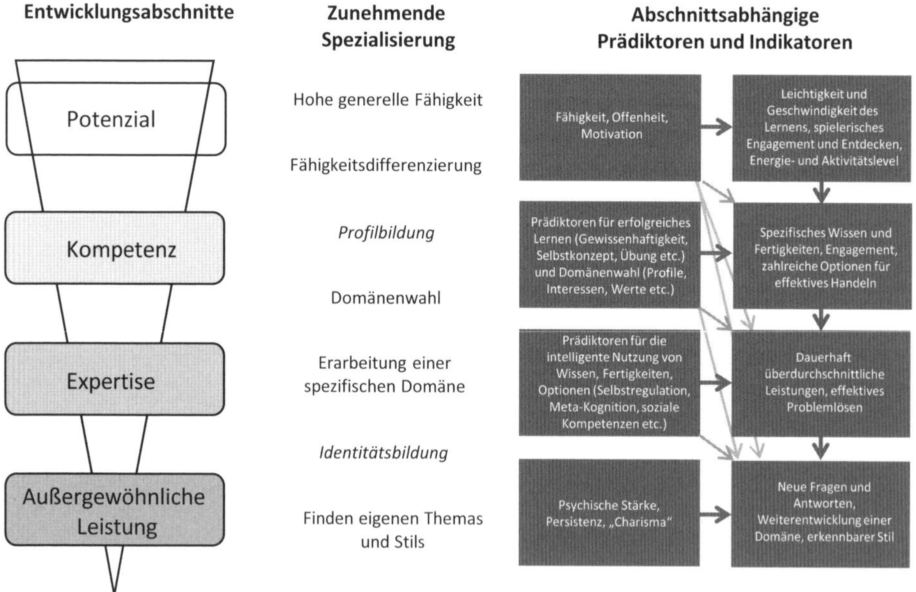

Abbildung 22. Kernannahmen des Talent Development in Achievement Domains (TAD) Modells (Abbildung nach Preckel et al., 2020, S. 697)

und Energie, die dann wiederum für die Beschäftigung mit anderen Inhalten fehlen. Dadurch entwickeln sich bestimmte Fähigkeiten und Fertigkeiten weiter (und andere nicht), die dann auch die Sicht der Person auf sich selbst beeinflussen (z. B. das Selbstkonzept ihrer eigenen Fähigkeiten).

Das TAD-Modell sieht damit Begabung an als (1) *multidimensional*, (2) *dynamisch* und (3) *domänenspezifisch*. *Multidimensional* meint, dass Begabung eine Konstellation aus verschiedenen Fähigkeiten, Persönlichkeitsmerkmalen und Fertigkeiten beinhaltet, die für die Talententwicklung wichtig sind und diese auch vorhersagen. Fähigkeiten umfassen beispielsweise die allgemeine Intelligenz, räumliches Denken und Kreativität. Zu den Persönlichkeitsmerkmalen zählen unter anderem die Leistungsmotivation, das Selbstkonzept und die Gewissenhaftigkeit einer Person. Fertigkeiten beinhalten fachspezifisches Wissen und psychosoziale Fertigkeiten (z. B. soziale Kompetenzen, Selbstregulation, Arbeitsverhalten), die sich durch die Investition von allgemeinen Fähigkeiten und der Nutzung von Lernangeboten entwickelt haben. *Dynamisch* beschreibt, dass sich die Wichtigkeit dieser Fähigkeiten, Merkmale und Fertigkeiten in den unterschiedlichen Abschnitten der Talententwicklung verändert. Beispielsweise reichen eine hohe Intelligenz und Motivation für den Kompetenzerwerb allein nicht aus; hinzukommen müssen Gewissenhaftigkeit, die Fähigkeit zu Üben und der Glaube an die eigenen Fähigkeiten. Persönlichkeitsmerkmale (wie Gewissenhaftigkeit oder Ich-Stärke) und psychosoziale Fertigkeiten (wie Umgang mit Kritik) gewinnen nach dem TAD-Modell im Entwicklungsverlauf zunehmend an Bedeutung. Darüber hinaus unterscheidet sich ihre Wichtigkeit auch zwischen verschiedenen Domänen (z. B. Schulfächern), denn Talententwicklung findet *domänenspezifisch* statt. Dies meint wiederum, dass in unterschiedlichen Domänen verschiedene Merkmale für die Talententwicklung relevant sind (z. B. ein Interesse an Zahlen in der Mathematik und rhythmisches Empfinden für Musik). Für die Diagnostik und Förderung von Begabung folgt aus dem TAD-Modell, dass Begabungsdiagnostik keine einmalige Statusdiagnostik ist, sondern zum Prozess wird, in dem eine Vielzahl an Merkmalen (Fähigkeiten, Persönlichkeitsmerkmale und Fertigkeiten) Beachtung finden sollte. All diese Merkmale bieten zudem Ansatzpunkte für die Förderung der Talententwicklung, die damit über die Förderung kognitiver Merkmale hinausgeht.

14.3.4 Die Rolle der Intelligenz und Kreativität in Hochbegabungsmodellen

Die mehrdimensionalen Hochbegabungsmodelle benennen Intelligenz und Kreativität als wichtige Komponenten, die erklären, warum eine Person ein höheres Leistungspotenzial besitzt als andere. Intelligenz und Kreativität sind dabei entweder Voraussetzungen für Hochbegabung (z. B. Drei-Ringe-Modell) oder eigene Begabungsbereiche (z. B. DMGT). Dennoch bleibt in den Modellen recht unklar, wie beide Fähigkeiten zusammenwirken.

Zusammenhänge von Intelligenz und Kreativität

Überblicksstudien zeigen, dass intelligentere Personen tendenziell auch kreativer sind; die Zusammenhänge sind klein bis mittelgroß (Gerwig et al., 2021; Karwowski, Czerwonka, Wiśniewska & Forthmann, 2021; K. H. Kim, 2008). Auch fand sich, dass Schülerinnen und Schüler, die auf Grundlage ihrer Intelligenz als hochbegabt nominiert wurden, höhere Kreativitätswerte im Vergleich zu durchschnittlich intelligenten Schülerinnen und Schülern hatten (Kahveci & Akgul, 2019). Eine aktuelle Überblicksstudie von Karwowski et al. (2021) untersuchte den Zusammenhang zwischen Intelligenz und selbstberichteter kreativer Leistung in verschiedenen Domänen. Intelligenzunterschiede zwischen Personen erklärten insgesamt lediglich drei Prozent der Unterschiede in ihrer Kreativität. Je nach Kreativitäts- und Intelligenzbereich variierte der Zusammenhang zwischen beiden Konstrukten jedoch. Die Zusammenhänge waren am größten für naturwissenschaftliche Kreativität und schlussfolgerndes Denken und am geringsten für künstlerische oder Alltagskreativität (z. B. beim Spielen oder beim Humor).

Ein gewisses Maß an Intelligenz scheint damit in bestimmten Bereichen eine notwendige Voraussetzung für Kreativität zu sein, sie stellt jedoch keine hinreichende Bedingung dar (Ilagan & Patungan, 2018). Dies passt auch zur Annahme des TAD-Modells, dass die Talententwicklung domänenspezifisch und multidimensional ist. Je nach Domäne (z. B. künstlerischer oder naturwissenschaftlicher Bereich) können demnach andere Faktoren für die Entwicklung relevant sein und auch ihr Zusammenhang kann variieren. Hinzu kommt, dass die Talentenwicklung dynamisch abläuft. Die Wichtigkeit der Faktoren kann sich also über die Entwicklungsabschnitte hinweg verändern. Während die allgemeine Intelligenz in allen akademischen Bereichen und über den gesamten Prozess der Talententwicklung eine wichtige Rolle spielt (Reeve & Bonaccio, 2011), hat sich für die Kreativität gezeigt, dass diese vor allem ab der Mittelstufe relevant für akademische Leistungen wird (Gajda et al., 2017). Neuere Befunde deuten auch darauf hin, dass Persönlichkeitsmerkmale, wie die Offenheit einer Person für neue Ideen und Erfahrungen, eine entscheidende Rolle für die Beziehung zwischen Intelligenz und Kreativität spielen (Harris, Williamson & Carter, 2019). Vor allem bei einer sehr hohen Intelligenz scheinen solche Persönlichkeitsmerkmale noch einmal wichtiger für eine hohe Kreativität zu werden.

In der Forschung zum Zusammenhang von Intelligenz und Kreativität wird oft die sogenannte **Schwellenhypothese** formuliert. Diese wurde erstmals von Guilford (1967) in Studien zum Zusammenspiel von divergenten und konvergenten Denkfähigkeiten untersucht (s. Kapitel 10.2). Nach der Schwellenhypothese gilt: Je intelligenter eine Person ist, desto höher ist ihre Kreativität – jedoch nur bis zu der „Intelligenzschwelle" einer überdurchschnittlichen Intelligenz (z. B. IQ 120). Ab dieser Schwelle gibt es nur noch einen schwachen oder keinen Zusammenhang mehr, sodass mehr Intelligenz nicht zu mehr Kreativität führt, da nun andere Faktoren wie die Motivation der Person entscheidender sind. Neuere Studien finden jedoch **keine empirische Unterstützung** für die Schwellentheorie; vielmehr zeigen Intelligenz und Kreativität auch im Bereich hoher Intelligenz einen kleinen und positiven Zusammenhang (Breit, Scherrer & Preckel, 2022; Weiss, Steger, Schroeders & Wilhelm, 2020).

Kreativität wird in der Forschung zumeist durch das divergente Denken gemessen (s. Kapitel 10.2). Dies greift jedoch für die Betrachtung des Zusammenhangs zwischen Intelligenz und Kreativität zu kurz. Denn Kreativität ist mehr als divergentes Denken. Sie bezieht sich auch auf kreative Prozesse, Produkte oder eine kreative Umwelt. Beim Zusammenspiel beider Faktoren kann es daher sinnvoll sein, diese verschiedenen Betrachtungsebenen (Person, Produkt, Prozess, Umwelt) zu unterscheiden. Schauen wir uns dies an einem Beispiel an: Selina ist eine intelligente, neugierige und mutige Grundschülerin (Person). Sie scheut sich nicht davor, im Sachunterricht eigene Ideen einzubringen, die auch häufiger kreativ und ungewöhnlich sind (Prozess), jedoch des Öfteren von der Lehrperson als wenig zielführend bewertet werden (Produkt). Im Laufe der Grundschulzeit nimmt ihre Leistung im Sachunterricht ab. Selina vermeidet es zunehmend, sich mit den Themen des Sachunterrichts auseinanderzusetzen und beteiligt sich nur noch, wenn sie aufgerufen wird. Dann zeigt sie jedoch, dass sie das nötige Wissen besitzt und dies auch anwenden kann. In der Mittelstufe fällt Selina durch ihre besonderen Leistungen im Physikunterricht auf. Hier ist sie ausgesprochen engagiert, worauf ihre Lehrperson mit weiterführendem Material und offenen Aufgaben reagiert (Umwelt). Selina erwirbt viel Wissen, das sie in den Unterricht einbringt, indem sie sich kontinuierlich am Geschehen beteiligt. Besonders im Rahmen von

4 Betrachtungsebenen

Projekten, in denen sie selbstständig Fragestellungen entwickelt und untersucht (Prozess), zeigt Selina herausragende Leistungen. In „normalen" Leistungsüberprüfungen macht sie dagegen häufig Flüchtigkeitsfehler, obwohl sie den Stoff verstanden hat, und sie bleibt damit deutlich unter ihrem Potenzial (Produkt). Daher bekommt Selina die Möglichkeit, ihr Können in Projektarbeiten unter Beweis zu stellen (Umwelt). Beispielsweise stellt sie fest, dass sie keine guten Lernvideos zum Thema Schwarze Löcher finden kann. Deshalb arbeitet sie in der Projektzeit des Physikunterrichts und innerhalb der Astronomie-AG an ihren Lernvideos, welche von den Physiklehrpersonen der Schule und ihren Mitschülerinnen und Mitschülern als besonders wertvoll beurteilt werden (Produkt).

Zusammenfassend wird deutlich, dass der Zusammenhang von Intelligenz und Kreativität immer auch von der Betrachtungsebene der Kreativität, der jeweiligen Domäne und vom Abschnitt der Talententwicklung abhängt.

14.3.5 Fazit zu Hochbegabungsmodellen

In der Praxis wird immer noch häufig aus der Intelligenz von Schülerinnen und Schülern auf eine mögliche Hochbegabung geschlossen. Ein Vorteil dabei ist, dass sich die Intelligenz mit Intelligenztests valide und ökonomisch erfassen und zwischen Personen vergleichen lässt (s. Kapitel 7.3). Zudem haben Schülerinnen und Schüler mit einer hohen Intelligenz zumeist auch die besseren Schulleistungen (Roth et al., 2015). Dennoch kann der Fokus auf Intelligenz als alleiniges Merkmal für Hochbegabung dazu führen, dass Begabungen übersehen werden und auch falsche Leistungserwartungen entstehen, da Leistung nicht allein über Intelligenz erklärbar ist. Mehrdimensionale Modelle von Hochbegabung berücksichtigen, dass Hochbegabung als hohes leistungsbezogenes Entwicklungspotenzial stets multifaktoriell bedingt ist und daher nicht auf ein Merkmal reduziert werden sollte. Sie liefern damit zudem viele Ansatzpunkte für das Erkennen und Fördern von Begabung in unterschiedlichen Leistungsbereichen (s. Kapitel 15 und 16).

14.4 Eigenschaften Hochbegabter

Denkanstoß

Beantworten Sie spontan folgende Fragen und machen Sie sich Notizen:

- Was ist Ihrer Meinung nach typisch für hochbegabte Schülerinnen und Schüler?
- Welche Eigenschaften zeichnen sie aus? Und worin unterscheiden sie sich von anderen Schülerinnen und Schülern?

- Welche Erfahrungen haben Sie bereits mit hochbegabten Schülerinnen oder Schülern gesammelt?

Reflektieren Sie Ihre Antworten beim Lesen der nachfolgenden Kapitel.

Disharmoniehypothese

Die Disharmoniehypothese (s. Kapitel 3), nach der hochbegabte Schülerinnen und Schüler zwar kompetenter sind, gleichzeitig jedoch mehr emotionale und soziale Probleme haben, wurde durch die Forschung widerlegt. Zwar sind hochbegabte Schülerinnen und Schüler kognitiv leistungsfähiger und zeigen oft bessere schulische Leistungen (Wirthwein et al., 2019), sie unterscheiden sich jedoch nicht generell in ihrer Persönlichkeit und ihrem sozio-emotionalen Erleben von durchschnittlich begabten Personen (Francis, Hawes & Abbott, 2016; Peyre et al., 2016; für eine ausführliche Diskussion s. Preckel & Vock, 2021). Ebenfalls sind sie nicht anfälliger für psychische Störungen (Martin, Burns & Schonlau, 2010). Ganz im Gegenteil fallen die Befunde in einigen Bereichen sogar zugunsten der Hochbegabten aus (Ogurlu, 2020). Zum Beispiel haben sie positivere Beziehungen in der Schule, ein höheres schulisches Wohlbefinden sowie eine höhere emotionale Intelligenz (s. Kapitel 6.2.3) als durchschnittlich begabte Schülerinnen und Schüler (Abdulla Alabbasi, Ayoub & Ziegler, 2021). Sie schätzen ihre Leistungsfähigkeit und Leistungsbereitschaft in der Schule höher ein als nicht Hochbegabte (Preckel & Vock, 2021). Sie sind weniger ängstlich und offener für neue Erfahrungen (Ogurlu & Özbey, 2021; Zeidner & Shani-Zinovich, 2011). Sie zeigen kein ungesünderes Streben nach Perfektion (maladaptive Form des Perfektionismus) als nicht Hochbegabte, aber ein höheres Anspruchsniveau für eigene Leistungen (adaptive Form des Perfektionismus), was wiederum positiv mit der akademischen Leistungsfähigkeit und der Lebenszufriedenheit zusammenhängt (Ogurlu, 2020; Stricker, Buecker, Schneider & Preckel, 2020; K. T. Wang, Fu & Rice, 2012). Hochbegabte interessieren sich stärker für intellektuell fordernde Freizeitaktivitäten wie Literatur, Mathematik oder Musik; in der Vielfalt ihrer Interessen unterscheiden sie sich aber nicht von nicht Hochbegabten (Preckel & Vock, 2021).

Stimmen aus der Praxis

Was würdest du einer Person über dich erzählen, die dich noch nicht kennt?

„Ich würde erzählen, dass ich gerne Musik höre und viel lese. Und dass ich gerne lerne, und wenn jemand neues in meine Klasse kommt, würde ich ihm dabei helfen, das zu verstehen, was wir gerade machen.“

Was denkst du, kannst du besonders gut?
„Ich kann besonders gut Freundschaften schließen. Was die Schule betrifft, bin ich gut in Sachunterricht und in Sport. Und ich kann mir Sachen gut und schnell merken." – Hochbegabte Drittklässlerin

Insgesamt ist die Gruppe der Hochbegabten genauso heterogen wie die der nicht Hochbegabten. Die im vorgehenden Abschnitt beschriebenen Unterschiede zwischen Gruppen beziehen sich auf Durchschnittswerte und im Einzelfall sollte immer genau hingeschaut werden. Eine falsche mediale Darstellung oder eine Verallgemeinerung von Einzelfällen auf die Gruppe der Hochbegabten kann schnell dazu führen, dass Menschen Neid in Bezug auf diese ihnen „überlegenen Genies" entwickeln oder Angst vor „verrückten unangepassten Nerds" haben. Deshalb ist es nur verständlich, dass einige Hochbegabte befürchten, dass andere Menschen Vorurteile haben, wenn sie von ihrer Begabung erfahren – und das, obwohl die Hochbegabten selbst sich gar nicht als anders wahrnehmen (Coleman & Cross, 2000). Als Folge kann es dazu kommen, dass hochbegabte Kinder und Jugendliche ungünstige Bewältigungsstrategien entwickeln, wie das Verleugnen der eigenen Fähigkeiten durch gegensätzliches Verhalten (z. B. durch Schwänzen). Als Lehrperson können Sie dem entgegenwirken, indem Sie beispielsweise bei der Bearbeitung von offenen Aufgaben (s. Kapitel 16.2.1) das Thema Begabung und Leistungsunterschiede offen ansprechen und vermitteln, dass es völlig normal ist, dass Schülerinnen und Schüler unterschiedlich schnell lernen und sich entwickeln.

14.5 Unterschiede nach Geschlecht und Herkunft

Geschlechterunterschiede

Wenn Sie sich ein hochbegabtes Kind vorstellen, denken Sie eher an einen Jungen oder ein Mädchen? Insgesamt lässt sich vorwegnehmen, dass sich Jungen und Mädchen nicht in ihrer allgemeinen Intelligenz unterscheiden (s. Kapitel 6.5). Nach der IQ-Definition gibt es demnach etwa gleich viele hochbegabte Jungen und Mädchen. Dennoch wird die Hochbegabung von Jungen etwas häufiger erkannt als die von Mädchen. Dies trifft vor allem zu, wenn IQ-Tests und standardisierte Leistungstests herangezogen werden, weniger häufig jedoch bei der Nominierung durch Lehrpersonen (Petersen, 2013). Dennoch können auch bei Lehrpersonen geschlechtsspezifische Vorurteile die Identifikation von Hochbegabung zum Nachteil der Mädchen beeinflussen (z. B. Bianco, Harris, Garrison-Wade & Leech, 2011; Lee, 2002). Eine mögliche Erklärung könnte sein, dass hohe Leistungen von Mädchen eher auf ihre hohe Anstrengung und Motivation und die der Jungen eher auf ihre hohen kognitiven Fähigkeiten zurückgeführt werden (z. B. Tiedemann, 2000). Dies kann dazu führen, dass hochbegabte Mädchen eher übersehen werden, vor allem, wenn sie ihr Potenzial nicht in Leistung umsetzen können (s. Kapitel 14.6).

In den Interessen zeigen sich zum Teil Geschlechterunterschiede. Generell interessieren sich Jungen häufiger für Bereiche mit forschungsbezogenen und realistischen Inhalten (z. B. Physik) und Mädchen eher für Bereiche mit sozialen, künstlerischen oder lebendigen Inhalten (z. B. Biologie; Su, Rounds & Armstrong, 2009). Dieses Bild zeigt sich auch für hochbegabte Jungen; hochbegabte Mädchen zeigen jedoch über alle Bereiche hinweg eher ähnlich hoch ausgeprägte Interessen (Vock, Köller & Nagy, 2013). Sie interessieren sich demnach nicht nur für MINT-Bereiche, sondern auch für andere Themen, während hochbegabte Jungen hier ein klareres Interessenprofil haben. Dies könnte eventuell daraus resultieren, dass nach wie vor Jungen eher Möglichkeiten geboten werden, ihre Talente in MINT-Bereichen zu entwickeln oder dass sie von ihren Eltern oder Lehrpersonen eher in diesen Bereichen gesehen werden. Unterschiede in den Interessenprofilen können auch dazu beitragen, dass selbst mathematisch hochbegabte Mädchen seltener im MINT-Bereich zu finden sind als mathematisch hochbegabte oder auch durchschnittlich begabte Jungen (Cimpian, Kim & McDermott, 2020; Lubinski & Benbow, 2006).

Unterschiede nach der Herkunft

Zwischen den Familien hochbegabter und durchschnittlich begabter Kinder und Jugendlicher finden sich keine systematischen Unterschiede (z. B. in Familiengröße, Alter der Eltern oder Leistungsorientierung; Rost, 2009). Dennoch kommen Hochbegabte häufiger aus Familien mit höherem sozioökonomischen Status und Bildungsniveau (Rost & Sparfeldt, 2009). Dies liegt vermutlich daran, dass Kinder aus diesen Familien häufiger als hochbegabt erkannt und gefördert werden. Beispielsweise zeigte sich, dass Schülerinnen und Schüler mit vergleichbarer Intelligenz häufiger für Hochbegabungsprogramme nominiert werden, wenn ihre Eltern einen höheren Bildungsabschluss aufweisen (Wollschläger, 2016). Sie erhalten auch mit höherer Wahrscheinlichkeit eine Gymnasialempfehlung als Kinder aus bildungsferneren Familien mit vergleichbaren schulischen Leistungen (Bos et al., 2004). Folglich können sie sich besser entwickeln und sind erfolgreicher in der Schule und im Studium (Watermann, Daniel & Maaz, 2014). Kommen Kinder hingegen aus Familien mit einem niedrigen sozioökonomischen Status, sinkt für sie die Wahrscheinlichkeit, als hochbegabt erkannt zu werden. Dies wird nochmals verstärkt, wenn die Kinder einer Minderheitengruppe angehören, wie Kinder mit Migrationshintergrund (Hodges & Gentry, 2021; Olszewski-Kubilius & Corwith, 2018; Wollschläger, 2016). Sie sind demnach doppelt benachteiligt, wenn es um die Identifikation und Förderung ihrer Begabung geht. Die finanziellen Ressourcen von Familien hochbegabter Schülerinnen und Schüler beeinflussen beispielsweise, wo die Kinder leben und welche Schule sie besuchen, ob ihnen Bildungsangebote außerhalb der Schule gemacht werden (z. B. Museumsbesuche oder Ferienprogramme) und welche Lernmaterialien (z. B. Bücher, Instrumente) sie zur Verfügung haben (Olszewski-Kubilius & Corwith, 2018). Aber auch andere Hintergrundvariablen, wie die geographische Herkunft, wirken sich auf Identifikation und Förderung von Hochbegabten aus (Hodges, Mun & Rinn, 2022). Kinder aus ländlichen Regionen sind oft benachteiligt, was die Ausstattung ihrer Schulen oder den Zugang zu außerschulischen Bildungsangeboten angeht (Callahan & Azano, 2021).

14.6 Leistungsentwicklung und Underachievement

Underachiever

Den meisten Hochbegabten gelingt es, ihr Potenzial auch in Leistung umzusetzen, und ihre Leistungsfähigkeit und auch Leistungsbereitschaft sind dabei beeindruckend hoch (Preckel & Vock, 2021). Dies gilt nicht nur für die Schule, sondern auch für Berufsausbildung, Studium und Beruf (z. B. Kell, Lubinski & Benbow, 2013; Lubinski & Benbow, 2006; Roth et al., 2015). Dennoch gibt es auch Hochbegabte, die deutlich hinter ihren Möglichkeiten zurückbleiben. Einige hochbegabte Schülerinnen und Schüler erbringen trotz überdurchschnittlicher intellektueller Fähigkeiten durchschnittliche oder unterdurchschnittliche Schulleistungen. Hat eine Schülerin oder ein Schüler ein hohes leistungsbezogenes Entwicklungspotenzial, kann dies jedoch nicht in Leistung umsetzen, spricht man von hochbegabten *Underachievern* (sog. erwartungswidrig Minderleistende). Ähnlich wie bei der Definition von Hochbegabung gibt es aber auch für hochbegabte Underachiever keine einheitliche „Richtlinie“, wie hoch die Diskrepanz zwischen Potenzial und Leistung sein muss, wie lange oder in wie vielen unterschiedlichen Bereichen sie bestehen muss, um von Underachievement zu sprechen. Bis zu 50% aller Hochbegabten zeigen im Verlauf ihrer Schullaufbahn schlechtere Leistungen, als aufgrund ihrer Begabung zu erwarten wären (Siegle, 2018). Damit sind sie jedoch nicht automatisch Underachiever. Um als Underachiever zu gelten, muss die Diskrepanz zwischen Potenzial und Leistung gravierend sein und über einen längeren Zeitraum bestehen (Reis & McCoach, 2000). Der Anteil an Underachievern unter den Hochbegabten liegt Schätzungen zufolge zwischen 9 und 28% (White, Graham & Blaas, 2018). Etwa doppelt so viele Jungen wie Mädchen sind betroffen (Matthews & McBee, 2007). Möglicherweise ist dieser Geschlechterunterschied jedoch geringer, da zum Beispiel geschlechtstypische Erwartungen von Lehrpersonen dazu führen, dass diese gute Leistungen von Mädchen eher mit Anstrengung anstelle von Potenzial erklären und somit eine Diskrepanz zwischen Potenzial und Leistung bei ihnen seltener erkennen (Jones & Myhill, 2004; s. Kapitel 14.5). Weiterhin hat sich gezeigt, dass Underachievement vermehrt in sozial benachteiligten Familien vorkommt, da hier Hochbegabung seltener erkannt und gefördert wird. Underachiever weisen geringere sozio-emotionale Fähigkeiten auf verglichen mit hochbegabten *Achievern*, die entsprechend ihres Potenzials leisten. Sie sind zum Beispiel in der Schule ängstlicher, weniger lernmotiviert, zeigen schlechtere Selbstregulationsfähigkeiten und vertrauen weniger in ihre eigene Handlungsfähigkeit (Obergriesser & Stoeger, 2015; Ritchotte, Matthews & Flowers, 2014). Underachiever weisen demnach öfters problematische Charakteristika auf und viele leiden unter diesen Problemen und ihrer Schulsituation (Hanses & Rost, 1998). Dies kann daran liegen, dass das sozio-emotionale Erleben von Schule bei Hochintelligenten stärker von ihrer Leistung abhängt als bei durchschnittlich intelligenten Kindern. Hochintelligente Schülerinnen und Schüler erleben Schule zumeist positiver, wenn sie gleichzeitig hohe Schulleistungen erbringen; bei durchschnittlich intelligenten Kindern ist dieser Zusammenhang weniger stark (Gnas, Mack, Matthes, Breit & Preckel, 2022).

Entwicklung von Underachievement

Zahlreiche individuelle, familiäre und schulische Faktoren tragen zur Entwicklung von Underachievement bei. Betroffene Schülerinnen und Schüler selbst nennen hier anhaltende Unterforderung, außerschulisches Engagement und die Pflege von sozialen Kontakten, Probleme mit Zeitmanagement und Selbstregulation oder familiäre Veränderungen (Desmet & Pereira, 2021). Weitere Einflussfaktoren sind fehlende Unterstützung durch Eltern oder zu hohe oder niedrige Erwartungen durch Lehrpersonen (Reis & McCoach, 2000). Es können demnach unterschiedliche Faktoren auf verschiedenen Ebenen (Individuum, Familie, Schule) zusammenspielen und die Entwicklung von Underachievement begünstigen. Eine adäquate Förderung von Hochbegabten stellt eine wichtige Voraussetzung dar, um Underachievement vorzubeugen (s. Kapitel 16). Haben sich bereits Lerndefizite entwickelt, die sich in Minderleistung bemerkbar machen, ist es wichtig, rechtzeitig zu intervenieren. Als Lehrperson können Sie entsprechende Schülerinnen und Schüler dabei unterstützen, Lerndefizite aufzuarbeiten, sowie den Kontakt mit außerschulischen Bildungsangeboten oder schulpsychologischen Beratungsstellen und Mentoring-Programmen herstellen (Steenbergen-Hu, Olszewski-Kubilius & Calvert, 2020).

14.6.1 Unterforderung und Langeweile

Stimmen aus der Praxis

Gerade Hochbegabten muss man viel Futter geben und sie fördern. Mögliche Probleme mit hochbegabten Kindern fangen nämlich erst dann an, wenn sie in einen Leerlauf kommen und geistig nicht mehr ausgelastet sind. – Susanne Vogt, Grundschule

Schulische Unterforderung kommt bei Hochbegabten nicht selten vor, da ihre hohen Fähigkeiten oft nicht hinreichend durch das Tempo oder die Art des Unterrichts adressiert werden (Gallagher, Harradine & Coleman, 1997). Sie werden demnach weniger herausgefordert und haben weniger Möglichkeiten sich weiterzuentwickeln. Dies kann eine sogenannte „Spirale der Enttäuschung" auslösen (Wieczerkowski & Prado, 1993). Wir betrachten das an unserem Beispiel von Selina genauer:

Fallbeispiel

Selina kann schon im Kindergarten bis 100 rechnen und freut sich darauf, ihr Können in der Schule anzuwenden. Als sie in die Schule kommt, wird jedoch lange Zeit nur bis 10 gerechnet und die Lehrperson geht nicht auf Selinas Fähigkeiten ein. Selina muss daher ihr Lerntempo an das der Klasse anpassen, sodass ihre Lernmotivation zunehmend sinkt und sie sich langweilt. Dies führt dazu, dass Selina die Lust an der Schule verliert und sich weniger anstrengt. Da sie ihren Mitschülerinnen und Mitschülern im Rechnen weit voraus ist, hat Selina die Erfahrung gemacht, auch ohne Anstrengung gute Leistung erbringen zu können. Dies wirkt sich auch auf die Einschätzung ihrer eigenen schulischen Fähigkeiten aus. Als Selina nun in die Sekundarstufe kommt, steigt das Anforderungsniveau an, sodass sie ihre guten Leistungen aufgrund ihrer geringen Anstrengungsbereitschaft nicht mehr aufrechterhalten kann. Sie ist enttäuscht über ihre schulischen Leistungen. Da sie ihre Fähigkeiten tendenziell überschätzt, schreibt sie diese Misserfolge externen Faktoren zu, die sie selbst nicht beeinflussen kann (z. B. Ablenkung durch andere). Folglich strengt sie sich auch wenig an. Sie steckt also in einer Spirale fest, die durch anhaltende Unterforderung ausgelöst wurde.

Befunde dazu, ob sich Hochbegabte tatsächlich mehr in der Schule langweilen, sind allerdings sehr heterogen. Obwohl Hochbegabte oft von Langeweile im Unterricht berichten (Gallagher et al., 1997), weist die Forschung mehrheitlich darauf hin, dass sich Hochbegabte genauso häufig in der Schule langweilen wie nicht Hochbegabte (Preckel, Götz & Frenzel, 2010). Langweile scheint demnach etwas zu sein, das alle Schülerinnen und Schüler erleben, unabhängig von ihrem Begabungslevel (Tze, Daniels & Klassen, 2016). Diese wirkt sich wiederum meist negativ auf ihre Motivation und Leistung aus (Pekrun & Linnenbrink-Garcia, 2012). Der Grund für die Langeweile kann sich jedoch nach Begabung unterscheiden. Für das Fach Mathematik fand sich beispielsweise, dass Hochbegabte sich häufiger aus Unterforderung und nicht Hochbegabte sich häufiger aus Überforderung langweilen (Preckel et al., 2010). Mangelnde Herausforderung und Langeweile wirkt sich bei Kindern mit hohem Need for Cognition oder Freude am Denken nochmals negativer auf ihr schulisches Engagement und ihre Leistungsmotivation aus (Lavrijsen et al., 2021). Da viele Hochbegabte diese hohe Freude am Denken zeigen (Meier, Vogl & Preckel, 2014), ist für sie schulische Langeweile und Unterforderung sehr kritisch zu bewerten.

Stimmen aus der Praxis
Wiederholen ist für alle Kinder langweilig. Manchmal ist es aber wichtig, etwas zu wiederholen, damit man es versteht. Es kommt darauf an, ob mir das Thema Spaß macht und ob es mich interessiert. Bei Themen, die mich nicht interessieren, speichere ich die Inhalte einfach nicht ab. Das kommt für mich dann in die Kategorie „unwichtig“, weil ich es einfach langweilig finde. – Hochbegabte Drittklässlerin

Auch bei *Underachievern* spielen Unterforderung und Langeweile in der Schule eine Rolle und werden oft als Hauptursachen diskutiert (Reis & McCoach, 2000). Dies bedeutet jedoch nicht, dass Unterforderung immer gleich zu Underachievement führen muss. Viele Schülerinnen und Schüler können für einige Zeit gut mit einer geringeren Forderung im Unterricht umgehen und andere herausfordernde Lerngelegenheiten inner- oder außerhalb der Schule abwarten (Little, 2012). Kritisch wird es aber bei *andauernder* Unterforderung. Zudem werden auch bei nur zeitweise fehlender Herausforderung Lerngelegenheiten verpasst. Mit entsprechenden Angeboten, wie Differenzierungsaufgaben im Unterricht oder dem Besuch einer höheren Klassenstufe in Mathematik, kann Unterforderung vorgebeugt und Motivation und Lernerfolg gesteigert werden (Scager, Akkerman, Pilot & Wubbels, 2014).

14.6.2 Die Rolle von Übung

Stimmen aus der Praxis

Auch bei hochbegabten Schülerinnen und Schülern gibt es manchmal Schwachstellen, an denen man üben muss. Oft fällt es ihnen jedoch schwer die Notwendigkeit einzusehen, dass man sich im einen oder anderen Bereich noch anstrengen muss, der nicht so reibungslos verläuft. – Susanne Vogt, Grundschule

Einige Forscherinnen und Forscher sehen in Übung den entscheidenden Faktor für die Leistungsentwicklung (s. Kapitel 14.3.2). Der *deliberate practice* Ansatz geht beispielsweise davon aus, dass durchdachtes und vorsätzliches Üben, das auf die Leistungsverbesserung zielt und von Lehrpersonen angeleitet wird, nicht nur notwendige, sondern auch hinreichende Bedingung dafür ist, Expertin oder Experte in einem bestimmten Gebiet zu werden (Ericsson, Krampe & Tesch-Römer, 1993). Eine aktuelle Überblicksarbeit zeigt jedoch, dass Unterschiede in der Menge gezielten Übens im Schnitt lediglich 14% der Leistungsunterschiede erklären (Macnamara, Hambrick & Oswald, 2018). Leistungsunterschiede zwischen Personen können nie alleine durch die Übung erklärt werden, denn Übung ist lediglich ein Faktor unter vielen. Was diese Forschung jedoch auch zeigt, ist, dass auch Hochbegabte üben müssen. Genauso wie hochbegabte Musizierende täglich üben, um ihr Spiel zu verbessern, müssen auch Hochbegabte im schulischen Kontext üben, um sich weiterzuentwickeln. Wichtig ist, dass aber tatsächlich das geübt wird, was man noch nicht oder nicht so gut kann. Die Übung muss also zum eigenen Lernstand passen.

14.7 Fazit

Zu Beginn dieses Kapitels haben Sie einige Aussagen über Begabung und Leistung eingeschätzt. Schauen Sie sich diese Einschätzungen nun erneut an. Würden Sie jetzt noch genauso antworten oder hat sich etwas geändert? Welche Befunde haben Sie überrascht und woran könnte das liegen?

Take-Home Message

- Falsche Annahmen über Hochbegabte haben weitreichende Folgen für die Entwicklung der Schülerinnen und Schüler, aber auch für die eigene Motivation als Lehrperson. Durch kontinuierliche Selbstreflexion und Faktenwissen können falsche Annahmen korrigiert werden.
- Begabung ist multidimensional, dynamisch und teilweise domänenspezifisch. Hohe Begabung begünstigt Leistung, garantiert sie jedoch nicht. Einige Hochbegabte können ihr Potenzial nicht in Leistung umsetzen (sog. Underachiever).
- Hochbegabte unterscheiden sich von durchschnittlich Begabten in leistungsbezogenen Merkmalen, darüber hinaus jedoch kaum in ihrer Persönlichkeit oder im sozialen Bereich.
- Förderung in der Schule kann sich auf verschiedene Merkmale wie Fähigkeiten, Persönlichkeit oder Fertigkeiten (z. B. sprachliches Schlussfolgern, Einschätzung eigener Fähigkeiten, Strategien der Selbstregulation) beziehen. Es gibt somit viele Ansatzpunkte für die Begabungsförderung!
- Angemessene Herausforderungen und qualitativ hochwertige Übung sind wichtig für die Begabungsentwicklung.

15 Erkennen

Lernziele

In diesem Kapitel lernen Sie, was pädagogische Diagnostik ist und welche Rolle sie beim Erkennen von Hochbegabung spielt. Sie kennen verschiedene Informationsquellen und Methoden für das Erkennen von Hochbegabung sowie ihre Vor- und Nachteile. Sie erfahren anhand eines praktischen Beispiels mehr über die prozessbezogene Diagnostik von Begabungen im Unterricht.

15.1 Pädagogische Diagnostik

Lernprozess- oder prozessbezogene Diagnostik

Diagnostische Aktivitäten beschreiben generell „die Gewinnung und Verarbeitung von Informationen, die für die Beurteilung von Personen wichtig sind“ (Schrader & Praetorius, 2018, S. 92). Diagnostik wird pädagogische Diagnostik, wenn sie einem pädagogischen Ziel dient. Pädagogische Diagnostik findet größtenteils während des Unterrichts statt. Sie wird auch als Lernprozess- oder prozessbezogene Diagnostik bezeichnet (Hartmann-Kurz & Stege, 2014), da es nicht darum geht, einmalig Informationen zu gewinnen. Vielmehr werden fortlaufend Informationen über eine Schülerin oder einen Schüler gesammelt, um pädagogisches Handeln, wie die adaptive Unterrichtsgestaltung, zu unterstützen und pädagogische Entscheidungen, wie die Notengebung oder die Auswahl für ein Förderprogramm, zu rechtfertigen (Urhahne & Wijnia, 2021; van Ophuysen & Lintorf, 2013).

Pädagogische Diagnostik spielt beim Erkennen und Fördern von Hochbegabung eine wichtige Rolle. Oft sind es Lehrpersonen, denen eine besondere Begabung bei einem Kind auffällt. Sie können Kinder über eine längere Zeit in verschiedenen Situationen beobachten und haben den Vergleich mit Gleichaltrigen. Pädagogische Diagnostik stellt zudem eine sinnvolle Ergänzung zur Durchführung psychometrischer Tests (z. B. Intelligenztests) dar, um ein umfassendes Bild zu verschiedenen Fähigkeiten, Persönlichkeitsmerkmalen und Fertigkeiten von Schülerinnen und Schülern zu erhalten (vgl. TAD-Modell, Kapitel 14.3.3). So kann zum Beispiel eine Lehrperson das Ergebnis aus einem Intelligenztest, der durch eine Schulpsychologin durchgeführt wurde, um ihr eigenes diagnostisches Urteil zum akademischen Selbstkonzept, zur Motivation, zum Vorwissen in einem Unterrichtsfach und den Noten einer Schülerin ergänzen.

Wichtig ist Folgendes: Es geht in der pädagogischen Diagnostik nicht darum, Schülerinnen und Schüler einmalig und abschließend zu beurteilen. Stattdessen werden wiederholt Informationen gesammelt, um das eigene Urteil kontinuierlich zu überprüfen und eventuell zu korrigieren. Pädagogische Diagnostik hat immer das Ziel, das Lernen zu fördern (Jürgens & Sacher, 2008); schön zusammengefasst wird das mit dem Zitat „assessment is for learning" (Wiliam, 2010). Pädagogische Diagnostik ist somit Teil der Förderung von Schülerinnen und Schülern. Damit greifen auch beim Thema Hochbegabung psychologische und pädagogische Diagnostik ineinander.

Nominierung Hochbegabter durch Lehrpersonen

Wie gut können Lehrpersonen nun Hochbegabte erkennen? Hierzu schauen wir uns die Forschung zu Nominierungen an. Bei Nominierungen benennen Lehrpersonen die Schülerinnen und Schüler, die sie für hochbegabt halten. Die Nominierung basiert auf dem individuellen Verständnis der Lehrperson von Hochbegabung sowie ihrem Wissen über die einzuschätzende Person. Nominierungen können durch Hochbegabungs-Stereotype beeinflusst sein. Beispielsweise halten Lehrpersonen eher Jungen und Kinder aus Familien mit einem hohen sozio-ökonomischen Status für hochbegabt (Golle, Schils, Borghans & Rose, 2022). Nominierungen durch Lehrpersonen zeigen eine mittelhohe Übereinstimmung mit leistungsbezogenen Identifikationsmethoden (z. B. IQ-Tests, Schulleistungstests; Acar, Sen & Cayirdag, 2016). Lehrpersonen erkennen bis zu 59 % aller nach objektiven Kriterien beurteilten Hochbegabten. Dies trifft besonders dann zu, wenn Leistungskriterien für die Auswahl herangezogen werden (Acar et al., 2016). Hier machen Lehrpersonen auch genauere Einschätzungen als beispielsweise Eltern oder Schülerinnen und Schüler selbst.

Von einer **falsch positiven** Diagnose wird gesprochen, wenn ein Kind als besonders begabt beurteilt wurde, obwohl es tatsächlich nicht hochbegabt ist. Eine **falsch negative** Diagnose liegt vor, wenn ein Kind **nicht** als besonders begabt beurteilt wird, obwohl es tatsächlich hochbegabt ist.

Arten von Fehlern

Generell können bei der Nominierung zwei *Arten von Fehlern* gemacht werden, falsch positive und falsch negative Nominierungen (Rost, 1991). Welcher Fehler eher verhindert werden sollte, hängt vom Ziel der Identifikation und den damit verbundenen Kosten und Nutzen ab. Im Einzelfall, beispielsweise bei der Auswahl für ein Förderprogramm mit wenigen vorhandenen Plätzen oder bei der Entscheidung, ob eine Klassenstufe übersprungen werden sollte, scheint es sinnvoll, falsch positive Diagnosen zu reduzieren. Dadurch wächst jedoch das Risiko, dass Kinder mit hohem Potenzial übersehen und von der Förderung ausgeschlossen werden. Da im Unterricht der Fokus darauf liegen sollte, möglichst alle Potenziale zu erkennen und zu fördern, sind falsch positive Diagnosen für die Schülerinnen und Schüler hier weniger problematisch als falsch negative Diagnosen. Eine aktuelle Überblicksstudie zeigt, dass mehr falsch positive als falsch negative Diagnosen getroffen werden (61% vs. 41%; Acar et al., 2016).

Zusammenfassend sind Nominierungen durch Lehrpersonen vor allem dann zuverlässig, wenn es um das Erkennen beobachtbarer schulischer Leistungen und Kompetenzen geht. Sie liefern wichtige Informationen über die Schülerinnen und Schüler, die nicht allein durch Tests gewonnen werden können. Dennoch sollte die Nominierung niemals die einzige Informationsquelle sein. Sie sollte durch Beobachtungen im Unterricht ständig überprüft werden – immer mit Blick auf das pädagogische Ziel, das Lernen von Hochbegabten mit geeigneten Fördermaßnahmen zu unterstützen. Ergänzend zum eigenen Eindruck kann es sinnvoll sein, sich objektive diagnostische Informationen einzuholen, zum Beispiel durch Schulpsychologinnen und Schulpsychologen (s. Datenbank zu schulpsychologischen Beratungsstellen in den Bundesländern www.schulpsychologie.de/beratungsstellen). Dies ist vor allem relevant, wenn es um wichtige Entscheidungen, wie die Aufnahme in spezielle Programme oder das Überspringen von Klassen geht oder auch bei Verdacht auf Underachievement (für eine ausführliche Darstellung statistischer Methoden zur Identifikation von Underachievement s. Preckel & Vock, 2021).

Denkanstoß

Verdachtsmomente für Lehrpersonen, die auf Underachievement hinweisen können und weiter diagnostisch abgesichert werden sollten (nach Rost & Sparfeldt, 2009, S. 153 ff.):

- „Die Schülerin bzw. der Schüler zeigt besondere (intellektuelle) Leistungen im außerunterrichtlichen/außerschulischen Bereich.
- Die Schülerin bzw. der Schüler hat sehr gute schulische Leistungen in der Vergangenheit (Grundschule) erbracht. Danach ist jedoch ein massiver Leistungseinbruch erfolgt. (Damit sind weder der „übliche" Leistungsknick beim Übergang in weiterführende Schulen noch der häufig in der Pubertät zu beobachtende vorübergehende Leistungsabfall gemeint.)
- Die Schülerin bzw. der Schüler fällt bei der Einführung neuer Unterrichtsthemen besonders positiv auf (schnelle Auffassungsgabe), scheint aber im weiteren Unterrichtsverlauf „abzuschalten".
- Die Schülerin bzw. der Schüler scheint (von außen betrachtet) nicht aufzupassen oder abwesend zu sein, bringt aber dann und wann (insbesondere bei schwierigen Themen oder bei der Einführung neuer Unterrichtsinhalte) auffallend gute Beiträge.
- Die Schülerin bzw. der Schüler meldet sich nicht im Unterricht, weiß aber die richtige Antwort, wenn man nachfragt.
- Eltern, Nachbarn oder andere Bezugspersonen beobachten trotz schlechter Schulleistungen besondere Fähigkeiten und Expertise in mehreren Inhaltsbereichen."

12.2 Informationsquellen und Methoden für die Diagnostik von Hochbegabung

Generell richtet sich das Erkennen von Hochbegabung nach dem jeweiligen Verständnis. Das können die eigenen Annahmen zu Hochbegabten sein, wie wir beim Thema der Nominierung Hochbegabter durch Lehrpersonen gesehen haben. Besser jedoch ist es, wenn man sich in der Praxis an einem Hochbegabungsmodell orientiert (s. Kapitel 14.3). Zum einen wird man dadurch dem Merkmal der Hochbegabung eher gerecht, zum anderen können sich mehrere Personen (z. B. das Kollegium einer Schule) an denselben Informationsquellen und Merkmalen orientieren und sich darüber verständigen (s. Kapitel 15.3 für ein Beispiel aus der Praxis). Je nach Hochbegabungsmodell stehen etwas andere Merkmale im Fokus. Die Auswahl des Modells sollte sich daher an dem gemeinsamen Begabungsverständnis der Schule und auch an den Zielen der Diagnostik orientieren. Oft sind dies die Förderabsichten und -möglichkeiten der Schule. Ist das Ziel Kreativitätsförderung, passt zum Beispiel das 3-Ringe-Modell; ist das Ziel die Förderung domänenspezifischer Begabung zum Beispiel in Musik oder Naturwissenschaft, eignet sich das TAD-Modell (s. Kapitel 14.3).

Tabelle 11 benennt nun eine Auswahl an gängigen Informationsquellen und Methoden der psychologischen und der pädagogischen Diagnostik zur Identifikation von Hochbegabung. Im Folgenden fokussieren wir Informationsquellen und Methoden der pädagogischen Diagnostik, die Sie als Lehrperson selbst durchführen und nutzen können, um Lernpotenziale bei Schülerinnen und Schülern zu erkennen. Informationen zur psychologischen Diagnostik mittels Tests finden Sie in den Kapiteln zu Intelligenz und Kreativität.

Informationsquelle	**Fokus auf...**	**Beispielmethoden**	**Durchführung von...**
Psychometrische Tests	Begabung • Intelligenz • Kreativität	• IQ-Test (s. Kapitel 7.3) • Kreativitätstest (s. Kapitel 11.1)	• (Schul-)Psychologen und Psychologinnen
Standardisierte Fragebögen mit Selbstauskunft	Motivation und Persönlichkeit	• Interessenfragebogen • Fragebogen zur Leistungsmotivation oder zum akademischen Selbstkonzept	• Lehrpersonen (Beobachtungen während Unterricht) • (Schul-)Psychologen und Psychologinnen (Motivations- & Persönlichkeitsdiagnostik)

Informationsquelle	**Fokus auf...**	**Beispielmethoden**	**Durchführung von...**
Schulleistungen: **Noten**	Leistung • Notendurchschnitt • Fachnoten	• Schriftliche Arbeiten (z. B. Klassenarbeit, Hausaufgaben) • Mündliche Arbeiten (z. B. Mitarbeit, Leseleistung)	• Lehrpersonen
Schulleistungen: **Standardisierte Tests & Vergleichsarbeiten**	Leistung • Wissen und vorhandene Kompetenzen	• DEMAT (Deutscher Mathematiktest) • ELFE II (Leseverständnistest für Erst- bis Siebtklässler) • VERA-8 (Vergleichsarbeiten in der 8. Jahrgangsstufe)	• Zentrale Einrichtungen • Lehrpersonen (Konzeption und Auswertung z. T. durch zentrale Stellen)
Weiteres Leistungsverhalten (auch außerschulisch)	Leistung • Besonderes Engagement/ Hobbies • Wettbewerbsteilnahmen • Eigene Bewerbung (z. B. für Förderprogramm)	• Interviews • Offene Gespräche • Arbeitsproben und Produktbetrachtungen	• Lehrpersonen • Eltern • Schülerin bzw. Schüler
Fremdbeurteilungen	Begabung, Leistung, Persönlichkeit und Entwicklung	• Checklisten • Ratingskalen (z. B. Gifted Rating Scales) • Systematische Beobachtung	• Lehrpersonen • Eltern

Tabelle 11. Auswahl an Informationsquellen und Methoden für die Diagnostik von Hochbegabung. Quellen: Bund-Länder-Kommission für Bildungsplanung und Forschungsförderung [BLK] (2001), Preckel und Vock (2021).

15.2.1 Schulleistungsdiagnostik

Schulleistungen sind in Performanzdefinitionen von Hochbegabung wichtig (s. Kapitel 14.3). Bildet eine solche Definition das gemeinsame Verständnis von Hochbegabung an einer Schule, ist es notwendig, die Schulleistung der Schülerinnen und Schüler für das Erkennen von Hochbegabung zu betrachten. Auch bei bestimmten Förderprogrammen für Hochbegabte liegt der Fokus auf der Förderung der Leistungsexzellenz und es sollten bisherige Leistungen Berücksichtigung finden. Dafür können Schulnoten, standardisierte Leistungstests oder Vergleichsarbeiten herangezogen werden.

Schulnoten

Schulnoten stellen ein Maß für die Schulleistung einer Schülerin oder eines Schülers in einem bestimmten Bereich (z. B. Algebra) zu einem bestimmten Zeitpunkt dar (z. B. Beginn Klasse 9). Ihre Aussagekraft ist höher, wenn sie mehrere Zeitpunkte und unterschiedliche Leistungsbereiche enthalten (z. B. Noten zu Algebra, Geometrie, Stochastik werden zu einer Zeugnisnote am Ende von Klasse 9 aufsummiert). Ein allgemeiner Notenschnitt über mehrere Fächer hinweg, wie beispielsweise die Abiturnote, enthält somit mehr Informationen und stellt einen verlässlicheren Indikator für spätere Leistung dar als Einzelnoten. Werden Einschätzungen verschiedener Lehrpersonen zusammengebracht, entsteht zudem ein umfassenderes Bild (Velten & Schnitzler, 2011). Gleichzeitig gehen durch das Zusammenfassen von Einzelnoten auch Informationen verloren, zum Beispiel zur Leistungsentwicklung einer Schülerin oder zur herausragenden Leistung in einem ganz bestimmten Bereich.

Noten hängen nur gering bis mittel hoch mit der späteren Leistung in Schule, Studium und Beruf zusammen; sie bleiben in ihrer Vorhersagekraft oft hinter standardisierten Tests zurück (Baeriswyl, Trautwein, Wandeler & Lüdtke, 2009; Gasser, 2019; Trapmann, Hell, Weigand & Schuler, 2007). Noten werden von unterschiedlichen Dingen beeinflusst und sind nicht objektiv. Einen Überblick über mögliche Einflussfaktoren gibt die Website www.notenvergabe.de. Hierzu gehören Merkmale der Schülerinnen und Schüler (z. B. Herkunft, äußerliche Merkmale), der Lehrperson (z. B. berufliche Motivation, Ermüdung) oder der Klasse (z. B. soziale Herkunft, durchschnittliches Leistungsniveau). Wenn Noten für die Diagnostik von Hochbegabung einbezogen werden, sollte außerdem beachtet werden, woran man sich bei der Benotung orientiert (z. B. Vergleich mit der Leistung anderer Schülerinnen und Schüler, mit vorher festgesetzten Lernzielen oder mit bisher gezeigten Leistungen der Schülerin oder des Schülers). Beispielsweise sollte bei einem sozialen Vergleich berücksichtigt werden, dass Schülerinnen und Schüler mit vergleichbar guten Leistungen in unterschiedlich starken Klassen unterschiedlich bewertet werden. Kinder in stärkeren Klassen erhalten zum Teil schlechtere Noten als sie in schwächeren Klassen erhalten würden. Mit der mittleren Klassenleistung kann sich also der Maßstab verschieben, was sich auch auf die Nominierung für Förderprogramme auswirken und zu ungerechten Entscheidungen führen kann.

Standardisierte Leistungstests

Standardisierte Leistungstests werden zumeist in einer bestimmten Domäne (z. B. Mathematik mit dem DEMAT2+, Krajewski, Dix &

Schneider, 2004) oder einem domänenspezifischen Teilbereich (z. B. Lesen mit dem Test ELFE II; Lenhard, Lenhard & Schneider, 2018) durchgeführt und erfassen das Leistungsniveau einer Schülerin oder eines Schülers. Sie sind objektiver und genauer als Schulnoten. Leistungstests werden im Rahmen international vergleichender Schulleistungsstudien, wie PISA (Programme of International Student Assessment) oder TIMMS (Trends in International Mathematics and Science Study), verwendet oder auch im Rahmen von nationalen *Vergleichsarbeiten* (z. B. VERA). Die Ergebnisse unterscheiden sich von Schulnoten vor allem darin, dass sie sich zumeist auf einen größeren Zeitraum beziehen. Das Ziel von Vergleichsarbeiten ist es, zu überprüfen, welche Kompetenzen Schülerinnen und Schüler in einem oder mehreren Fächern zu einem bestimmten Zeitpunkt der Schullaufbahn erreicht haben (z. B. Ende Klasse 3) beziehungsweise welche Kompetenzen sie bis zu einem bestimmten Zeitpunkt noch erwerben müssen (z. B. bis Ende der Grundschulzeit; Institut zur Qualitätsentwicklung im Bildungswesen, 2021). Auch im Rahmen der Hochbegabungsdiagnostik können die Ergebnisse Informationen darüber liefern, wo die Schülerinnen und Schüler stehen. Wenn es um das Überspringen einer Klassenstufe geht, sind darüber hinaus Vergleiche mit den Leistungen von Schülerinnen und Schülern aus höheren Klassenstufen relevant. Die gewonnenen Informationen können also dafür genutzt werden, Fördermaßnahmen zu begründen und zu planen.

15.2.2 Checklisten und Ratingskalen

Oft werden *Checklisten und Ratingskalen* zur Unterstützung von Nominierungen durch Lehrpersonen angeboten (z. B. Gifted Rating Scale; Pfeiffer & Jarosewich, 2003). Diese enthalten Merkmale, die typisch für eine Hochbegabung sein sollen, wie zum Beispiel: „Das Kind überrascht häufig durch originelle Ideen oder Vorschläge“ oder „Das Kind ist sehr selbstständig“ (BLK, 2001). Durch das Ankreuzen jener Merkmale, die auf das Kind zutreffen, kann die Hochbegabung augenscheinlich nach Anleitung erkannt werden. Doch ist es tatsächlich so einfach? In der Praxis hat sich gezeigt, dass Checklisten für das Erkennen von Hochbegabung wenig geeignet sind. Sie enthalten oft nur sehr allgemeine Merkmale (z. B. „Detailwissen“, „Selbstständigkeit“), die auf viele Kinder zutreffen. Die Merkmalsausprägungen sind dementsprechend auch sehr vage und allgemein formuliert (z. B. „häufig“, „außergewöhnlich gut“; vgl. Perleth, 2010). In der Regel sind diese Merkmale auch nicht wissenschaftlich überprüft. Weiterhin fehlen in solchen Listen zumeist Merkmale, die im Einzelfall und in bestimmten Bereichen relevant sein können (z. B. hohes wissenschaftliches Denken für den naturwissenschaftlichen Bereich). Darüber hinaus liegt kein Auswertungsschlüssel vor, welcher angibt, wie viele der Merkmale zutreffen und wie stark diese ausgeprägt sein sollten. Passend dazu zeigt die Forschung, dass der Einsatz solcher Checklisten oder Ratingskalen die Identifikation von Hochbegabung nicht generell verbessert (z. B. Marsili & Pellegrini, 2022). Sie ersetzen keine ausführliche pädagogische und psychologische Diagnostik durch Fachkräfte. Aber sie können dabei helfen, den Blick auf Begabungsmerkmale zu lenken und Lehrpersonen für das Erkennen relevanter Merkmale zu sensibilisieren und den Identifikationsprozess zu strukturieren.

15.3 Das LUPE-Projekt – Ein praktisches Beispiel

„Leistung unterstützen, Potenziale erkennen" (LUPE)

Anhand eines diagnostischen Projekts wollen wir Ihnen nun eine Vorstellung davon geben, wie ein theoretisches Begabungsmodell auf die Unterrichtspraxis angewandt werden kann, um Materialien für die Begabungsdiagnostik zu entwickeln und einzusetzen. Das LUPE-Projekt ist ein Teilprojekt der vom Bundesministerium für Bildung und Forschung geförderten Initiative „Leistung macht Schule" (LemaS). Diese hat zum Ziel, leistungsstarke und potenziell leistungsfähige Schülerinnen und Schüler innerhalb ihrer Domäne besser zu erkennen und zu fördern. Im Projekt LUPE werden dafür praxistaugliche Materialen entwickelt, die Lehrpersonen dabei unterstützen, im Fach Mathematik und im Sachunterricht in den Klassenstufen 1 bis 4 aktiv und strukturiert nach Leistungspotenzialen bei Schülerinnen und Schülern zu suchen und diese zu finden. Die Materialien werden durch LemaS frei zugänglich gemacht. Zu ihnen gehören ganze Unterrichtseinheiten sowie einzelne Interviews und Fragebögen, die mit den Schülerinnen und Schülern durchgeführt werden können. Diese werden auf wissenschaftlicher Grundlage konzipiert und gemeinsam mit den Lehrpersonen weiterentwickelt und erprobt. Eine wichtige Voraussetzung für die Zusammenarbeit stellt das gemeinsame und wissenschaftlich fundierte Begabungsverständnis dar. Dieses legt den Grundstein dafür, welche Merkmale der Schülerinnen und Schüler das leistungsbezogene Entwicklungspotenzial und damit Begabung in einem Bereich ausmachen und im Unterricht fokussiert werden sollten. Im LUPE-Projekt wurde dafür das TAD-Modell (s. Kapitel 14.3.3) zugrunde gelegt und für den mathematischen und naturwissenschaftlichen Bereich ausgearbeitet (vgl. Mack, Breit, Krischler, Gnas & Preckel, 2021). Die entwickelten Unterrichtseinheiten bieten den Lehrpersonen Beobachtungsgelegenheiten, in denen sie mithilfe von Beobachtungsbögen auf einzelne Begabungsmerkmale bei ihren Schülerinnen und Schülern fokussieren können. Ergänzend dazu können durch den Einsatz von Interviews und Fragebögen vertiefende Informationen gesammelt werden. Dabei stehen, in Anlehnung an das TAD-Modell, Fähigkeiten (z. B. Kreativität, Beobachtungsfähigkeit), Persönlichkeitsmerkmale (z. B. Interessen, Selbstkonzept) und Fertigkeiten (z. B. wissenschaftliches Denken, Arbeitsverhalten) im Fokus.

Ziel ist es, die Materialien über die gesamte Grundschulzeit hinweg modular einzusetzen und zu kombinieren. Im Sinne der prozessbezogenen pädagogischen Diagnostik können so verschiedene Eindrücke und Beobachtungen zum Potenzial und zur Leistung der Schülerinnen und Schüler zu vielen unterschiedlichen Zeitpunkten gesammelt und in einem individuellen Potenzialportfolio für jede Schülerin und jeden Schüler integriert werden. Die gesammelten Informationen können genutzt werden, um mit der Schülerin oder dem Schüler, den Eltern oder anderen Lehrpersonen über die Lernprozesse der Schülerin oder des Schülers zu sprechen oder um deren Selbsteinschätzung mit den Beobachtungen der Lehrpersonen abzugleichen. Weiterhin bilden sie eine Grundlage, um Fördermaßnahmen abzuleiten. Die Lehrpersonen werden für das Erkennen relevanter Begabungsprädiktoren für den MINT-Bereich sensibilisiert und entwickeln Expertise für das Erkennen von Potenzial mit Blick auf diese Prädiktoren (Krischler et al., 2021). Das langfristige Ziel von LUPE ist es, dass Lehrpersonen dazu befähigt werden, selbstständig Materialien mit Bezug zu relevanten Begabungsprädiktoren zu identifizieren und einzusetzen.

Einsatz diagnostischer Unterrichtsmaterialien

Das prozessbezogene Vorgehen ist für das Erkennen von besonders hoher Begabung relevant. Wie Sie im Kapitel zu Intelligenz bereits lesen konnten, kann sich diese im frühen Alter noch stark verändern (s. Kapitel 6.5). Außerdem wissen Sie, dass der alleinige Blick auf die Intelligenz nicht ausreichend ist, um Hochbegabung zu erkennen. Es muss also auch bei der Hochbegabung kontinuierlich hingeschaut werden und verschiedene Begabungsprädiktoren müssen betrachtet werden, die Hinweise auf eine hohe Begabung in einer bestimmten Domäne liefern können. Hierfür eignet sich der Einsatz von offenen Aufgaben, die genügend Spielraum nach oben lassen und durch Förderung Begabungen sichtbar machen (förderbasierte Diagnostik, s. Kapitel 16.2.1). Wir wollen dieses Vorgehen nun mithilfe der LUPE-Materialien am Beispiel von Herrn Benekes genauer betrachten.

In Herrn Benekes dritter Klasse gibt es einen aufgeweckten Jungen mit großem Interesse an Zahlen. Herr Benekes ist sich jedoch unsicher, ob dieser wirklich Potenzial im mathematischen Bereich hat oder sich nur für Zahlen interessiert, weil seine Mutter bei der Bank arbeitet. Er nimmt sich vor, den Schüler in verschiedenen Situationen im Unterricht genauer zu beobachten, um mehr Informationen zu seiner mathematischen Begabung zu erhalten. Zuerst möchte er dafür die numerischen Fähigkeiten seines Schülers genauer unter die Lupe nehmen. Er führt eine LUPE-Stunde für die dritte und vierte Klasse zu Mal-Bäumen durch, in der die Kinder mithilfe von Division und Multiplikation Aufgaben lösen und selbst entwickeln (s. Abb. 23).

Rechne die Mal-Bäume aus.

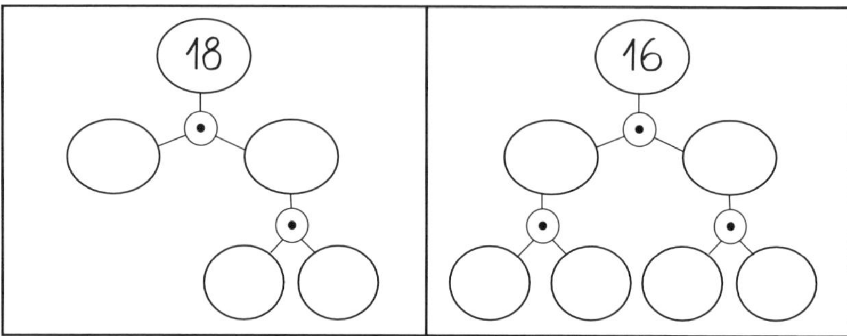

Vervollständige die Mal-Bäume.

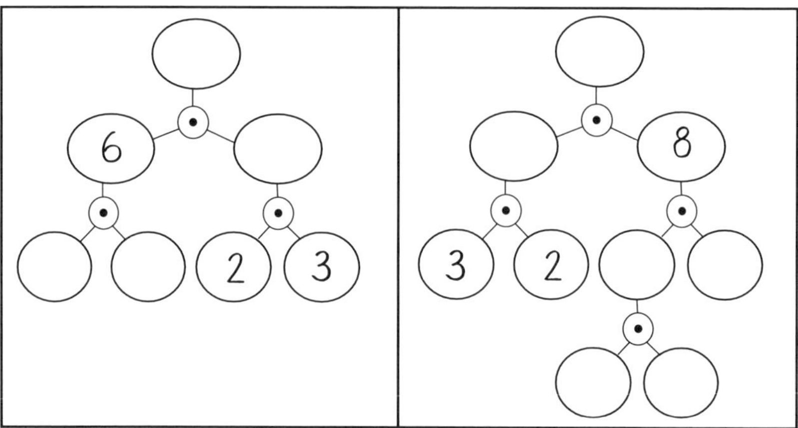

Erfinde nun Mal-Bäume mit den folgenden Bedingungen und nummeriere sie:

1. Erfinde einen Mal-Baum mit 2 Stufen.
2. Erfinde einen Mal-Baum mit 3 Stufen.
3. Erfinde einen Mal-Baum mit 3 Stufen, bei dem auf der zweiten Stufe von einer Zahl keine weiteren Äste abgehen.

Abbildung 23. Beispielaufgaben aus den LUPE-Stunden zu numerischen Fähigkeiten

Aufgrund verschiedener Differenzierungsmöglichkeiten (z. B. Tipp-Karten, Wortspeicher) können die Kinder allein und in ihrem Tempo arbeiten, sodass Herrn Benekes genug Zeit für die Beobachtung seines Schülers bleibt. Dafür nutzt er einen Beobachtungsbogen (s. Abb. 24) und stellt dem Schüler zusätzlich vertiefende Fragen zu seinem Vorgehen (z. B. Wie hast du diese Aufgabe gelöst? Ist dir das schwergefallen?).

Herr Benekes konnte in der Stunde beobachten, dass sein Schüler sehr schnell darin war, die Division korrekt auf die Mal-Bäume anzuwenden und das Ergebnis aufzuschreiben. Beim Generieren eigener Mal-Bäume benötigte er etwas mehr Zeit, um sich eine geeignete Strategie zu überlegen, konnte anschließend jedoch viele eigene Mal-Bäume mit verschiedenen Stufen und Schwierigkeiten erstellen. Herr Benekes konnte bei seinem Schüler damit hohe numerische Fähigkeiten, also Potenzial im mathematischen Bereich, feststellen.

Um diese Beobachtung zu überprüfen und vertiefende Informationen über die Begabung seines Schülers zu erhalten, nutzt Herr Benekes ein Interesseninterview und einen Fragebogen zum mathematischen Selbstkonzept seines Schülers. Hier zeigt sich, dass der Schüler

Beobachtung	Schüler/in: Adam	Fragen und Hinweise
Numerische Fähigkeiten		
Anwendung der Multiplikation & Division	-- - o + ++ (X bei ++) Kann Division sicher und schnell anwenden	– Vervollständigt Mal-Bäume erfolgreich und zügig – Versteht, dass es sich um Multiplikation & Division und nicht um Addition & Subtraktion handelt – Wendet Rechenregeln korrekt an
Zeigen des Verständnisses von Mal-Bäumen	-- - o + ++ (X bei +) Hat sich eigene Strategie überlegt, fängt unten an, malt Mal-Bäume mit verschiedenen Stufen	Wie geht das Kind vor? – Hat den Aufbau von Mal-Bäumen verstanden und kann dies bei eigenen Mal-Bäumen anwenden – Kann die Größe des Mal-Baums zeitig abschätzen und die Platznutzung daran anpassen – Erkennt, dass die Aufgabe einfacher ist, wenn es den Mal-Baum von unten nach oben aufbaut – Erkennt, wenn Zahlen nicht mehr teilbar sind

Abbildung 24. Ausschnitt aus dem Beobachtungsbogen mit Notizen der Lehrperson

Interesse an Zahlen und an mathematischen Knobelaufgaben hat, die er mit großer Freude und selbstbestimmt zu Hause löst und anschließend seiner Familie oder Freunden erklärt. Seine eigenen mathematischen Fähigkeiten schätzt der Schüler mittel hoch ein. Herr Benekes beschließt daraufhin die mathematischen Fähigkeiten seines Schülers zu fördern, indem er eine „Aufgabe des Monats“ erstellt (z. B. „denke dir eine Frage aus, die du in der Schule untersuchen kannst und befrage die anderen Kinder dazu. Stelle deine Ergebnisse in einem Diagramm dar“). Hinsichtlich des mathematischen Selbstkonzepts seines Schülers möchte Herr Benekes zukünftig bei der Leistungsrückmeldung die positiven Lernfortschritte des Schülers betonen und ihm vermitteln, dass Fehler zu jedem Lernprozess gehören und nicht auf seine mathematischen Fähigkeiten zurückzuführen sind.

Der Blick auf einzelne Begabungsprädiktoren und einzelne Schülerinnen und Schüler mag zu Beginn kontraintuitiv für Lehrpersonen sein, denn im Unterricht steht traditionell häufig das Lernen und der Ausgleich von Schwächen im Fokus. Die Konzentration auf einzelne Schülerinnen und Schüler sowie Begabungsmerkmale kann jedoch hilfreich sein, um sich selbst für das Erkennen von Potenzial zu sensibilisieren. Dadurch fällt es zunehmend leichter, mehrere Schülerinnen und Schüler gleichzeig zu beobachten und das diagnostische Potenzial von Aufgaben zu erkennen.

Stimmen aus der Praxis

Sich bei der Beobachtung auf einzelne Schüler zu fokussieren, ist für uns als Lehrperson erstmal schwierig, weil wir immer alle Kinder im Blick haben möchten und helfen wollen. Die Kinder einfach arbeiten zu lassen, sich zurückzunehmen und zu beobachten, ist eine neue Erfahrung. – Mira Rommelspacher & Mirjam Rehm, Grundschule

Die Stunden haben einen anderen Fokus. Man schaut genau auf das Kind und darauf, wie es beim Bearbeiten der Aufgaben vorgeht, im Gegensatz zu anderen Stunden, in denen eher die Wissensvermittlung im Fokus steht. Ich möchte einfach Mut machen, die LUPE-Stunden auszuprobieren und sich nicht entmutigen zu lassen, wenn es mit der Beobachtung am Anfang noch nicht so gut funktioniert. Das wird mit zunehmender Erfahrung einfacher. Die Stunden bieten ein sehr großes Potenzial, die Kinder einmal auf andere Weise wahrzunehmen – in ihrem Denken, ihrem Vorgehen. Das erweitert den Horizont und den Blick, den man auf die Kinder hat. – Michaela Streicher, Grundschule

15.4 Fazit

Die pädagogische Diagnostik macht einen wertvollen Beitrag beim Erkennen und Fördern von Hochbegabung. Ihr prozessbezogener Ansatz passt dazu, dass sich Begabungen entwickeln und in Abhängigkeit von Förderangeboten verändern können. Sie ergänzt dadurch die psychologische Diagnostik, die vor allem durch standardisierte Tests und Fragebögen wertvolle objektive Informationen bereitstellt. Generell geht es beim Erkennen von Hochbegabung darum, Informationen aus verschiedenen Quellen zu kombinieren und die gewonnenen Eindrücke im zeitlichen Verlauf immer wieder zu überprüfen.

Take-Home Message

- Die Kombination aus pädagogischer und psychologischer Diagnostik ermöglicht es, ein ganzheitliches Bild von Schülerinnen und Schülern beim Erkennen von Hochbegabung zu erhalten.
- Begabungen in der Schule zu erkennen, erfordert ein Grundverständnis von Begabung und die Klärung von Förderabsichten und -möglichkeiten der Schule. Beim Erkennen geht es darum, eine Kongruenz zwischen beidem herzustellen. Für eine Schule ist es damit wichtig, sich zu beiden Fragen zu verständigen.
- Viele Hochbegabte zeigen gute Schulleistungen, die mithilfe von Noten relativ einfach erfasst werden können. Einzelne Noten sind jedoch wenig zuverlässig. Standardisierte Schulleistungstests sind aussagekräftiger und bieten die Möglichkeit, Leistungen der Schülerin oder des Schülers mit denen höherer Klassenstufen zu vergleichen. Beim Fokus auf Schulleistungen werden hochbegabte Underachiever jedoch übersehen.
- Nominierungen durch Lehrpersonen können systematischen Urteilsfehlern unterliegen und sollten kontinuierlich überprüft und durch andere Informationsquellen ergänzt werden. Checklisten stellen dabei kein zuverlässiges Hilfsmittel dar, können jedoch helfen, für das Erkennen relevanter Merkmale zu sensibilisieren.
- Das Erkennen von Begabungen in der Schule wird erleichtert, wenn man einzelne Begabungsmerkmale und Schülerinnen bzw. Schüler fokussiert (s. zum Beispiel LUPE-Projekt).

16 Fördern

Lernziele

In diesem Kapitel erfahren Sie mehr über die Relevanz der Hochbegabtenförderung. Sie lernen die Säulen der Begabungsförderung sowie zugehörige Fördermethoden kennen. Sie kennen die Gelingensbedingungen und Wirksamkeit der Methoden für die Förderung von hochbegabten Schülerinnen und Schülern.

16.1 Hochbegabtenförderung und Bildungsgerechtigkeit

Denkanstoß

- Ist die Förderung von hochbegabten Schülerinnen und Schülern für Sie genauso wichtig wie die Förderung von weniger begabten Schülerinnen und Schülern?
- Warum oder warum nicht?

Bildungsgerechtigkeit und Chancengleichheit

Im Sinne der Bildungsgerechtigkeit und Chancengleichheit haben alle Schülerinnen und Schüler ein Recht darauf, ihre Potenziale bestmöglich entfalten zu können – unabhängig von ihrer Herkunft, ihrem Geschlecht oder ihrer bisher gezeigten Leistung (Weigand, 2020). Chancengleichheit meint demnach nicht Chancenausgleich, sondern ein an die Voraussetzungen der Schülerinnen und Schüler angepasstes Lern- und Förderangebot (W. Schneider, Stumpf & Preckel, 2014). Hochbegabtenförderung in der Schule wurde lange Zeit mit segregierenden Angeboten verbunden, wie speziellen Schulen oder Klassen, Begabten-AGs oder Wettbewerben. Der eigentliche Unterricht rückte erst später in den Fokus. Die allermeisten Hochbegabten verbringen jedoch einen Großteil ihrer Zeit im regulären Unterricht; insofern ist es entscheidend, auch hier ausreichendes und gesichertes Wissen zur Förderung Hochbegabter zu haben. Im Jahr 2015 wurde die gemeinsame Initiative von Bund und Ländern „Leistung macht Schule“ (LemaS) zur Förderung leistungsstarker und potenziell besonders leistungsfähiger Schülerinnen und Schüler beschlossen (Kultusministerkonferenz, 2016). Diese hat zum Ziel, wissenschaftlich fundierte Konzepte und Materialien für die Förderung dieser Schülerinnen und Schüler im Unterricht zu entwickeln. Zudem wird mit den Schulen gemeinsam an ihrem schulischen Leitbild mit Ausrichtung auf eine leistungsfördernde Schulentwicklung und den Aufbau einer kooperativen Netzwerkstruktur gearbeitet (s. www.leistung-macht-schule.de und www.lemas-forschung.de).

Stimmen aus der Praxis

Ich kann nur jeder Schule empfehlen, sich als Kollegium gemeinsam und ganz bewusst dafür zu entscheiden, mit der Diagnostik und Förderung von Begabung zu starten. Da war LemaS ein Glücksfall für uns. – Imona Otte, Grundschule

Die Qualität der Förderung hängt von vielen verschiedenen Faktoren ab, wie finanziellen Ressourcen oder der Professionalisierung von Lehrpersonen (Callahan, Moon & Oh, 2017). Doch oft fehlen Weiterbildungsmöglichkeiten sowie passende Unterrichtsmaterialien für die Förderung. Im Folgenden geht es darum, was Sie als Lehrperson für die Förderung von Hochbegabten tun können und wo Sie weitere Informationen sowie geeignete Materialien finden. Dazu stellen wir Ihnen einige Förderansätze vor, die sich in der Hochbegabtenförderung etabliert haben.

16.2 Säulen der Begabtenförderung

Denkanstoß

- Wie gehen Sie mit Leistungsunterschieden zwischen Schülerinnen und Schülern um?
- Was ist Ihr erster Gedanke, wenn Sie an Hochbegabtenförderung denken?
- Welches Förderkonzept fällt Ihnen als erstes ein?
- Welche Erfahrungen haben Sie damit ggf. bereits gemacht?

Vier Säulen der Förderung hochbegabter Schülerinnen und Schüler

Es gibt zahlreiche Ansätze für die Förderung hochbegabter Schülerinnen und Schüler. Diese können unter vier Säulen zusammengefasst werden (Tab. 12). Die Förderansätze unterscheiden sich darin, ob sie im regulären Klassenverband stattfinden (Integration; s. Säule 1) oder ob neue Kontexte geschaffen werden, beispielsweise spezielle Klassen für Hochbegabte (Separation; s. Säule 4). Da Hochbegabte keine homogene Gruppe mit einheitlichen Lernbedürfnissen bilden, kann es auch kein Förderprogramm geben, das für alle gleichermaßen passt. Stattdessen werden unterschiedliche Ansätze und Methoden benötigt, sodass die individuelle Situation und die Potenziale einzelner Hochbegabter beachtet werden können (Callahan et al., 2017). Für eine erfolgreiche Umsetzung spielen weiterhin ausreichende Ressourcen und die Akzeptanz der Maßnahme durch alle Beteiligten eine große Rolle (Gronostaj & Vock, 2014).

Säulen der Begabtenförderung	Mögliche Förderansätze	Beispiele	Benötigte Ressourcen
Innere Differenzierung Fördermöglichkeiten im Unterricht mithilfe unterschiedlicher Aufgabenstellungen und Arbeitsformen	Individualisierung und Differenzierung	Variation der Lerninhalte, Lernziele, Vorgaben und Arbeitsmaterialien	Liegt in der Hand der Lehrperson; keine zusätzlichen Ressourcen oder finanziellen Mittel nötig
	Kooperative Lernformen	Partner- oder Gruppenarbeit	
	Selbstständige Lernformen	Planung und Steuerung des eigenen Lernens	

Säulen der Begabtenförderung	Mögliche Förderansätze	Beispiele	Benötigte Ressourcen
	Offener Unterricht	Flexible Gestaltung von Raum, Zeit, Sozialform sowie Lernmethoden	
Akzeleration Schnelleres oder früheres Durchlaufen des Curriculums	Vorzeitige Einschulung	Je nach Bundesland: Einschulung vor Beginn oder Vollendung des sechsten Lebensjahrs; Entscheidung aufgrund des individuellen Entwicklungsstands	Abstimmung mit Kollegium und Schulleitung; keine zusätzlichen finanziellen Mittel nötig
	Schnelleres Durchlaufen der Eingangsstufe	Jahrgangsübergreifender Unterricht der ersten beiden Grundschuljahre; Durchlaufen der Schuljahre in individuellem Tempo	
	Überspringen der Klasse	Vorversetzung in höhere Jahrgangsstufe	
	Unterricht in höheren Klassen in einzelnen Fächern	Besuch einer höheren Jahrgangsstufe in einzelnen Fächern	
Enrichment Zusätzliche Förderangebote zum Unterricht, die innerhalb oder außerhalb der Schule stattfinden Vertieftes Lernen: Vertiefung von curricularen Themen (vertikales Enrichment); Verbreitertes Lernen: Anreicherung des Lernstoffs durch Behandlung zusätzlicher Themen (horizontales Enrichment)	Arbeitsgemeinschaften	Klassen- oder jahrgangsübergreifende Lerngruppen, Schülertutoren	Abstimmung mit Kollegium und Schulleitung; zusätzliche finanzielle und personelle Mittel nötig
	Wahl zusätzlicher (Leistungs-)Kurse	Je nach Interessen können zusätzliche Kurse belegt werden als eigentlich im Stundenplan vorgesehen	
	Ferienakademien für Schülerinnen und Schüler	Während der Ferien stattfindende Angebote zu unterschiedlichen Themen	
	Pull-Out-Programme (zeitweilige Herausnahme aus dem regulären Unterricht für spezielle Förderprogramme)	Entdeckertag, Kinderuni, Kooperationen mit Forschungseinrichtungen oder Unternehmen	

Säulen der Begabtenförderung	Mögliche Förderansätze	Beispiele	Benötigte Ressourcen
	Schülerwettbewerbe	Einmalig stattfindende Wettbewerbe in einzelnen Bereichen, z. B. Jugend forscht, Bundesjugendspiele, Bundeswettbewerb Fremdsprachen, Jugend musiziert	
	Schüleraustauschprogramme	Halb- oder ganzjähriger Auslandsaufenthalt	
Spezielle Klassen und Schulen Speziell für Hochbegabte eingerichtete Klassen oder Schulen, in denen Akzeleration und Enrichment kombiniert werden	Schulen mit besonderen Profilen	Schule mit Schwerpunkt auf einzelnen Fächern (z. B. naturwissenschaftliches Profil)	Zusätzliche finanzielle und personelle Mittel nötig
	Schulen mit Hochbegabten-klassen	Einzelne Klassen in Regelschulen, die speziell für die Förderung von Hochbegabten ausgerichtet sind	
	Spezialschulen für Hochbegabte	Eigens für Hochbegabte eingerichtete Schulen mit einer intensiven Förderung der Schülerinnen und Schüler	

Tabelle 12. Die vier Säulen der Begabtenförderung. Quellen: Holling et al. (2015), Preckel und Vock (2021).

16.2.1 Innere Differenzierung im Unterricht

Stimmen aus der Praxis

Durch die hochbegabten Schülerinnen und Schüler entsteht eine noch viel größere Heterogenität in der Klasse. Aber ich finde, ein breiteres Spektrum im Klassenverband macht den Unterricht spannend und man kann besser mit- und voneinander lernen. Das ist im Alltag ein großer Gewinn auch für die Kinder. – Susanne Vogt, Grundschule

Anpassung des Unterrichts an individuelle Bedürfnisse

Je größer die Fähigkeitsheterogenität in einer Klasse ist, desto weniger kann ein Unterricht mit denselben Anforderungen und demselben Tempo allen gerecht werden. Bei der inneren Differenzierung wird der

Unterricht deshalb an die individuellen Bedürfnisse der Schülerinnen und Schüler – hinsichtlich Potenzial, Lernstand, Persönlichkeitsfaktoren und Motivationslage – angepasst (Kultusministerkonferenz, 2015). Während bei der Individualisierung die *einzelne* Schülerin oder der einzelne Schüler im Fokus stehen, betrifft die Differenzierung ganze *Gruppen* von Schülerinnen und Schülern (Lipowsky, 2015). Bei beiden Formen der inneren Differenzierung erhalten die Schülerinnen und Schüler unterschiedliche Lernangebote oder -bedingungen durch eine Variation der Lerninhalte, Lernziele, Vorgaben (z. B. Bearbeitungszeit, Aufgabenstellung) oder Arbeitsmaterialien (z. B. Art und Umfang; Preckel & Vock, 2021). Darüber hinaus können Übungsphasen verkürzt und der Lernstoff schneller durchlaufen werden, um unnötige Wiederholungen zu vermeiden (Reis, Renzulli & Burns, 2021). Es können demnach sowohl Prinzipien der Akzeleration (z. B. schnelleres Durchlaufen des Lernstoffs) als auch des Enrichment (Anreicherung des Lernstoffs, z. B. zusätzliche Projektarbeit zu eigenem Interessensgebiet) im Unterricht angewendet werden. Für die Umsetzung eignen sich wiederum offene Unterrichtsformen, wie Wochenplanarbeit, freie Arbeit oder Stationslernen.

Differenzierender Unterricht wird zwar seit langem gefordert, findet in der Praxis jedoch selten statt (Westphal, Gronostaj, Vock, Emmrich & Harych, 2016). Die Umsetzung erfordert von der Lehrperson, dass diese regelmäßig den Lernstand aller Schülerinnen und Schüler diagnostiziert, um Unterricht und Lerngeschwindigkeit daran anzupassen (Vock et al., 2020). Diagnostik und Förderung gehen somit Hand in Hand und stellen einen dynamischen Prozess dar. Damit sich Begabungen entwickeln können, müssen sie gefördert werden (förderbasierte Diagnostik). Gleichzeitig funktioniert die Förderung sehr gut nach dem Prinzip der individuellen Passung (diagnosebasierte Förderung). Dies fordert von der Lehrperson neben zeitlichen Ressourcen auch hohe organisatorische Fähigkeiten, diagnostische Kompetenzen sowie pädagogische und methodische Expertise im Umgang mit offenen Unterrichtsformen (Kultusministerkonferenz, 2015). Hier können Kooperationen mit anderen Kolleginnen und Kollegen hilfreich sein (Richter & Pant, 2016).

Offene Aufgaben

Weiterhin eigenen sich besonders offene Aufgaben zur Differenzierung in heterogenen Klassen (vgl. Kapitel 8.2.1). Sie fordern Schülerinnen und Schüler heraus, ungewohnt und neu zu denken und ihr Leistungspotenzial auszuschöpfen (Sullivan, 2011). Leistungsschwächere Kinder können bei offenen Aufgaben selbstgesteuert Lösungswege mit geringeren Anforderungen wählen und leistungsstärkere können ihre Aufgabenlösungen schwieriger gestalten. So können die Kinder auf ihrem individuellen Niveau arbeiten und Unterforderung kann vermieden werden. Dies kann sich auch positiv auf das Selbstkonzept auswirken und soziale Vergleiche mit Mitschülerinnen und Mitschülern verringern (Lipowsky, Kastens, Lotz & Faust, 2011; s. auch Leseempfehlungen für weitere Aufgabenbeispiele). Differenzierungsangebote eignen sich demnach sowohl für schwächere als auch stärkere Kinder.

Fallbeispiel
Offene Aufgaben für den Mathematik- und Deutsch- bzw. Geschichtsunterricht (entnommen aus ÖZBF, 2017, S. 24 & S. 59):

- Lege mit diesen unterschiedlich geformten Plättchen ein Fünfeck. Wie viele Möglichkeiten findest du?
- Ich sehe durch den unteren Türspalt eines Stalls 32 Beine. Wie viele Hühner, Kühe und Schweine könnten im Stall sein?
- Zum Märchen der Bremer Stadtmusikanten: Schreibe als Reporter einen Bericht für die Zeitung „Hausbesetzung im Wald“.
- „Wenn die Tiere Menschen wären…“ Überlege dir, wie die Geschichte der Bremer Stadtmusikanten in unserer Zeit unter Menschen aussehen könnte.

Stimmen aus der Praxis
Ich bin ein totaler Fan von offenen Aufgaben. Ich finde, das erleichtert den Unterrichtsalltag sehr, wenn alle an der gleichen Sache arbeiten, aber der Rahmen und in welchem Bereich gearbeitet wird ist offen. So kann sich jedes Kind auf dem eigenen Niveau herausfordern und motiviert daran arbeiten. Gerade hochbegabte Schülerinnen und Schüler nehmen das sehr gerne an, weil sie nicht das Gefühl haben, sie werden irgendwie nach oben gedeckelt oder haben eine Sonderstellung im Klassenverband. – Susanne Vogt, Grundschule

Kooperative und selbstständige Lernformen

Weitere Förderansätze der inneren Differenzierung stellen beispielsweise kooperative sowie selbstständige Lernformen dar. Nicht alle differenzierenden Methoden sind für alle Schülerinnen und Schüler gleichermaßen geeignet und effektiv. Kooperative Lernformen, wie Gruppenarbeiten in leistungsheterogenen Gruppen, haben sich als effektiv in Bezug auf die Leistung und Motivation von Schülerinnen und Schülern erwiesen (Kyndt et al., 2013). Für hochbegabte Schülerinnen und Schüler scheint dies im Speziellen jedoch weniger zuzutreffen. Hier konnte gezeigt werden, dass diese tendenziell lieber allein arbeiten (French, Walker & Shore, 2011). Dies liegt zum Teil daran, dass Aufgaben in Gruppenarbeiten oft nicht komplex und herausfordernd genug sind oder es manchmal dazu kommt, dass die anderen Gruppenmitglieder nicht vergleichbar zur Arbeit beitragen (Preckel & Vock, 2021). Gruppenarbeit in heterogenen Leistungsgruppen kann sich bei Hochbegabten zwar positiv auf ihr Selbstkonzept der eigenen Fähigkeiten auswirken und ihr soziales Lernen fördern, ist aber für ihre Leistungsentwicklung und ihr schulisches Wohlbefinden weniger förderlich (Adams-Byers, Whitsell & Moon, 2004; Belfi, Goos, de Fraine & van Damme, 2012). Hierfür eigenen sich fähigkeitshomogene Gruppen, also Gruppenarbeit mit anderen hochbegabten Schülerinnen und Schülern, besser.

Selbstständige Lernformen stellen eine passende Methode für die Förderung von Hochbegabten dar. Während weniger begabte Kinder mit Formaten wie Projektarbeiten, bei denen Lernprozesse selbstständig gesteuert und strukturiert werden müssen, oftmals überfordert sind und mehr Anleitung benötigen (Kirschner, Sweller & Clark, 2006), bevorzugen viele Hochbegabte diese Art des Unterrichts (Kanevsky, 2011). Doch auch Hochbegabte müssen sich selbstständiges Lernen erst aneignen. Dazu gehören verschiedene kognitive und metakognitive Strategien, eine hohe Selbstregulation sowie ein gutes Zeit- und Ressourcenmanagement. Diese Kompetenzen lassen sich für unterschiedliche Fächer jedoch gut trainieren (Stoeger & Ziegler, 2005).

Insgesamt stellen Förderansätze der inneren Differenzierung effektive Maßnahmen dar, um Hochbegabte im Klassenverband zu fördern. Jedoch sind manche Hochbegabte ihren gleichaltrigen Mitschülerinnen und Mitschülern so weit voraus, dass ein gemeinsames Lernen kaum noch möglich ist. In diesem Falle bietet es sich an, Förderansätze der anderen Säulen ergänzend einzusetzen, um eine bessere Passung zwischen den Kompetenzen der Schülerinnen und Schüler und dem Lernangebot der Schule zu ermöglichen.

16.2.2 Akzeleration

Vorzeitige Einschulung, Überspringen von Klassenstufen oder Teilnahme am Unterricht höherer Klassenstufen

Die Akzeleration meint das Durchlaufen eines Bildungsprogramms in einer kürzeren Zeit oder einem jüngeren Alter als üblicherweise vorgesehen (Pressey, 1949). Die Schülerinnen und Schüler können durch vorzeitige Einschulung, Überspringen von Klassenstufen oder Teilnahme am Unterricht höherer Klassenstufen in einzelnen Fächern den vorgesehenen Lernstoff vorzeitig beginnen oder schneller absolvieren. Es müssen demnach kein spezielles Curriculum für Hochbegabte entwickelt oder zusätzliche Programme angeboten werden, sodass diese Fördermaßnahmen in der Regel keine Kosten verursachen und relativ einfach umzusetzen sind (Gronostaj & Vock, 2014). Akzelerationsmaßnahmen, insbesondere das Überspringen einer Klassenstufe, werden von Lehrpersonen oftmals eher skeptisch betrachtet und seltener empfohlen als andere Fördermaßnahmen. Dies trifft besonders auf (angehende) Lehrpersonen zu, die bisher noch keine Erfahrung damit gemacht haben (Troxclair, 2013). Die größten Bedenken äußern sie dabei für den sozialen Bereich (Siegle, Wilson & Little, 2013). Dennoch hat sich die Bewertung des Überspringens durch Lehrpersonen in den letzten Jahren verbessert, möglicherweise aufgrund vermehrter positiver Erfahrung und Wissen über die Auswirkungen von Akzelerationsmaßnahmen. Gleichwohl traut sich nur gut ein Drittel aller Lehrpersonen zu, Eltern zur Akzeleration angemessen beraten zu können (Westphal, Vock & Stubbe, 2017). Hier scheint es demnach noch Fortbildungsbedarf zu geben. Im Folgenden wollen wir Ihnen deshalb aufzeigen, wie gut sich Akzelerationsmaßnahmen tatsächlich für die Förderung von Hochbegabten eignen und welche Umstände für oder gegen den Einsatz einer Akzeleration sprechen.

Positive Effekte auf die akademische Leistungsentwicklung

Insgesamt ist die Effektivität der Akzeleration sehr gut erforscht und konnte in zahlreichen Studien belegt werden. Dabei wurden positive Effekte auf die akademische Leistungsentwicklung von Hochbegabten (Steenbergen-Hu & Moon, 2011; Steenbergen-Hu, Makel & Olszewski-Kubilius, 2016) sowie auf deren spätere Leistung im Studium gefunden (McClarty, 2015). Auch in einer groß angelegten Überblicksstudie (Hattie, 2009) hat sich die Akzeleration als eine der effektivsten Interventionen, mit Blick auf die schulische Leistung von Schülerinnen und Schülern, herausgestellt. Schülerinnen und Schüler mit überdurchschnittlichen kognitiven Fähigkeiten und einem höheren Lerntempo können übersprungenen Unterrichtsstoff meist sehr gut aufholen und zählen nach kurzer Zeit schon wieder zu den Leistungsbesten der Klasse (Kretschmann, Vock, Lüdtke & Gronostaj, 2016). Ohne Akzeleration zeigen sich hingegen die negativen Folgen dauerhafter schulischer Unterforderung (s. Kapitel 14.6). Oft wird jedoch argumentiert, dass sich die Akzeleration negativ auf die sozio-emotionale Entwicklung von Schülerinnen und Schüler auswirken könnte, da diese ihrem biologischen Alter zwar intellektuell jedoch nicht emotional und körperlich voraus seien (Heinbokel, 2012). Doch auch hier zeigen sich eher positive Auswirkungen der Akzeleration auf die sozio-emotionale Entwicklung von Schülerinnen und Schülern, wenn auch weniger stark als für die Leistungsentwicklung (Steenbergen-Hu & Moon, 2011). Hochbegabte Schülerinnen und Schüler haben in ihrer ursprünglichen Klasse zum Teil das Gefühl am falschen Platz zu sein, da sie andere Interessen als die Mitschülerinnen und Mitschüler haben. Sie berichten zudem, dass Lehrpersonen ihren Lernbedürfnissen nicht gerecht werden können und sie nicht bei der Integration in die Klasse unterstützen (Gronostaj, Werner, Bochow & Vock, 2016). Das Überspringen einer Klassenstufe kann dann die Situation verbessern und wird von Hochbegabten zumeist positiv erlebt.

Risikofaktoren

Es gibt jedoch auch einige Risikofaktoren für das Gelingen einer Akzelerationsmaßnahme. Hierzu zählen Defizite in sozialen Bereichen oder im Durchhaltevermögen, die sich beim Überspringen negativ auf die Leistungsentwicklung auswirken können (Faust, Kratzmann & Wehner, 2012). Die Beziehung zu den (älteren) Klassenkameraden kann ebenfalls schwieriger werden und die soziale Integration behindern (Kretschmann et al., 2016). Hinzu kommt, dass es bei einer Akzeleration von weniger Begabten zur Überforderung kommen kann (BLK, 2001). Fühlt sich eine hochbegabte Schülerin oder ein hochbegabter Schüler in der Klasse wohl und akzeptiert und wird sie oder er intellektuell ausreichend herausgefordert und unterstützt, so kann es demnach sinnvoller sein, keine Klasse zu überspringen (Gronostaj et al., 2016).

Bei der Entscheidung für oder gegen eine Akzelerationsmaßnahme müssen also, neben einer ausführlichen psychologischen und pädagogischen Diagnostik, immer die individuelle Situation und die Bedürfnisse der Schülerinnen und Schüler berücksichtigt werden. Dazu können in Gesprächen mit allen Beteiligten verschiedene Perspektiven eingeholt werden. Insgesamt sprechen die Forschungsbefunde jedoch klar für Akzelerationsmaßnahmen als wirksame Fördermethoden für Schülerinnen und Schülern, die ihren Peers kognitiv weit voraus und auch in anderen Bereichen gut entwickelt sind (BLK, 2001).

16.2.3 Enrichment

Zusätzliche Förderangebote zum regulären Unterricht

Akzeleration allein reicht für die Förderung oft nicht aus. Enrichmentangebote können eine sinnvolle Ergänzung sein und die Leistungsentwicklung begünstigen (McClarty, 2015). Mit Enrichment sind zusätzliche Förderangebote zum regulären Unterricht gemeint, die inner- oder außerhalb der Schule stattfinden. Sie sollen den regulären Lernstoff anreichern und vertieftes Lernen unterstützen. Innerhalb der Schule können beispielsweise klassen- oder jahrgangsübergreifende Lerngruppen gebildet werden, in denen besonders Begabte gemeinsam an komplexen Themen oder zu speziellen Interessensgebieten arbeiten (z. B. Schach-AG oder Bläserklasse in Kooperation mit einer Musikschule). Außerhalb der Schule können Ferienprogramme oder universitäre Veranstaltungen besucht werden.

Eine aktuelle Überblicksarbeit zeigt, dass Enrichmentprogramme die Leistungsentwicklung und die sozio-emotionale Entwicklung von hochbegabten Schülerinnen und Schülern nachweislich unterstützen (M. Kim, 2016). Für die akademische Leistung fanden sich die größten Effekte in höheren Jahrgangsstufen und für Sommerferienprogramme (z. B. Angebote der Deutschen SchülerAkademie). Der Effekt für jüngere Kinder und für schuljahresbegleitende Programme (z. B. wochentags oder samstags) war vergleichsweise geringer. Mit Blick auf die sozio-emotionale Entwicklung (z. B. soziale Kompetenzen, Motivation) fanden sich hingegen die größten Effekte in den Klassen 5 bis 9, in einem Alter, in dem Beziehungen zu anderen Jugendlichen immer wichtiger werden. Auch hier zeigten Sommerferienprogramme die größten Effekte. Aber auch schuljahresbegleitende Enrichmentprogramme (z. B. Pull-Out-Programme) weisen positive Effekte sowohl auf die Leistung als auch die sozio-emotionale Entwicklung auf (M. Kim, 2016). Enrichmentangebote sind vielfältig. Wichtig ist auch hier die Passung zwischen Möglichkeiten und Bedürfnissen der Schülerinnen und Schüler und Anforderungen des Angebots (BLK, 2001). Eine Grundlage dafür stellt ein methodisch solides und transparentes Auswahlverfahren dar, beispielsweise mittels Fähigkeitstests, Verhaltensbeobachtungen, Nominierungen durch Lehrpersonen oder Gesprächen mit Eltern oder Schülerinnen und Schülern selbst (Vock, Preckel & Holling, 2007).

Ein Beispiel für ein Enrichmentprogramm sind die Hektorkinderakademien für Grundschulkinder in Baden-Württemberg. Besonders begabte und hochbegabte Grundschulkinder können zusätzlich zum regulären Schulunterricht an einem für sie entwickelten Förderprogramm teilnehmen. Über ein Schuljahr hinweg gibt es regelmäßige Kursangebote (z. B. zwei Stunden pro Woche) an ausgewählten Grundschulen oder Einrichtungen (z. B. Bibliotheken, Hochschulen). Die Angebote gehen dabei über das reguläre Curriculum hinaus und beinhalten vertikales wie auch horizontales Enrichment (vgl. Tab. 12) zu verschiedenen Themen (z. B. Schach, Mathematik, Sprachen, Astronomie, Informatik, Sport). Die Lehrpersonen können hochbegabte Kinder aus ihrer Klasse für eine Hektorakademie nominieren. Die Nominierung soll dabei unterschiedliche Charakteristika der Schülerin oder des Schülers berücksichtigen, wie zum Beispiel kognitive Fähigkeiten, Kreativität, Interessen und Motivation. Ziel der Hektorkinderakademien ist eine umfassende Förderung dieser Charakteristiken, wobei vor allem positive Effekte auf die akademische Leistung gefunden wurden (vgl. Golle et al., 2018; s. auch www.hector-kinderakademie.de/Startseite)

Denkanstoß

Wo kann ich weitere Informationen zu Enrichmentangeboten in Deutschland finden?

- Deutsche Schülerakademien für die Klassenstufen 7 bis 12: www.schuelerakademien.de
- Aktuelle Schülerwettbewerbe: www.km-bw.de/,Lde/startseite/service/wettbewerbe
- Mentoring-Programm für Mädchen in MINT: www.cybermentor.de
- Datenbank zu weiteren (regionalen und deutschlandweiten) Förderangeboten für Schülerinnen und Schüler sowie ein umfassendes Informationsangebot: www.begabungslotse.de

Wo kann ich mich selbst weiterbilden?

- Datenbank zu Weiterbildungen zum Thema Begabungsförderung: www.fachportal-hochbegabung.de/weiterbildung-anbieter
- E-Learning-Reihe „Erkennen und Fördern begabter und leistungsstarker Schülerinnen und Schüler“: www.begabungerkennenundfoerdern.de

Kombination aus Akzeleration und Enrichment

Eine Kombination aus Akzeleration und Enrichment lässt sich im sogenannten Drehtürmodell wiederfinden, in dem Schülerinnen und Schüler zeitweise vom Unterricht befreit werden, um selbstständig an Aufgabenstellungen oder Projekten zu arbeiten. Dadurch können unnötige Wiederholungen in bestimmten Bereichen vermieden und der Lernstoff durch andere Inhalte angereichert werden. In der Oberstufe ist weiterhin die Teilnahme an einem universitären Frühstudium möglich. Die Schülerinnen und Schüler sind dazu verpflichtet, verpasste Inhalte nachzuholen und an Klassenarbeiten teilzu-nehmen.

16.2.4 Spezielle Klassen und Schulen

Kombination aus Akzeleration und Enrichment

Eine Kombination aus Akzeleration und Enrichment findet sich auch in speziellen Klassen oder Schulen für Hochbegabte. Hier werden sie getrennt von nicht hochbegabten Schülerinnen und Schülern unterrichtet. Oftmals haben solche Klassen oder Schulen bestimmte Förderschwerpunkte (z. B. Sprachen, Naturwissenschaften, Musik). Dabei wird das Curriculum sowohl in der Breite als auch in der Tiefe an die Voraussetzungen der hochbegabten Schülerinnen und Schüler angepasst. Gleichzeitig kommen hier auch Methoden der inneren Differierung zum Einsatz, da sich hochbegabte Schülerinnen und Schüler in ihren Fähigkeiten und Leistungen deutlich voneinander unterscheiden können. Spezielle Klassen und Schulen für Hochbegabte sind die aufwändigste und ressourcenintensivste Methode der Förderung. Oft gehen ihnen auch aufwändige Auswahlverfahren voraus, die verschiedene Tests, Bewerbungsgespräche oder Probeunterricht beinhalten (Preckel & Vock, 2021). Eine umfassende Diagnostik ist jedoch sehr sinnvoll, da spezielle Klassen oder Schulen für Hochbegabte deutlich anspruchsvoller und mit größeren Veränderungen für die Schülerinnen und Schüler verbunden sind.

Der Besuch spezieller Klassen oder Schulen für Hochbegabte wirkt sich nachweislich positiv auf die Leistungsentwicklung aus (Steenbergen-Hu et al., 2016). Dies liegt auch daran, dass Lehrpersonen in speziellen Klassen oder Schulen besser auf die Förderung von Hochbegabten vorbereitet werden und der Lehrplan an die Zielgruppe angepasst wird (z. B. mehr Differenzierung, selbstständiges Lernen, Enrichmentangebote). Die Schülerinnen und Schüler fühlen sich in Hochbegabtenklassen stärker sozial akzeptiert, sie bewerten ihre Beziehungen zu Lehrpersonen positiver und berichten insgesamt ein höheres schulisches Interesse als in Regelklassen (Vogl & Preckel, 2014).

Etwas differenzierter fallen die Befunde zu Folgen für das Selbstkonzept der eigenen schulischen Fähigkeiten aus. Dieses sogenannte akademische Selbstkonzept hängt eng mit der Leistungsentwicklung von Schülerinnen und Schülern zusammen und ist daher im Lernkontext sehr wichtig (Wu, Guo, Yang, Zhao & Guo, 2021). Das akademische Selbstkonzept wird dabei von der Bezugsgruppe beeinflusst, mit der sich eine Schülerin oder ein Schüler vergleicht (z. B. die eigene Klasse). Die Folge davon ist, dass vergleichbar fähige Schülerinnen und Schüler ihre eigenen Fähigkeiten in einer leistungsstarken Klasse niedriger einschätzen als in einer leistungsschwächeren Klasse (Marsh, 1986). Da in Hochbegabtenklassen das Leistungsniveau deutlich höher ist als in Regelklassen, ist es nicht verwunderlich, dass der Besuch einer solchen Klasse bei Schülerinnen und Schülern zu einem Abfall des eigenen akademischen Selbstkonzepts führen kann. Dies scheint vor allem zu Beginn des Übertritts in eine Hochbegabtenklasse und für Mädchen der Fall zu sein (Preckel et al., 2010; Preckel & Brüll, 2010). Dennoch wirkt sich eine Gruppierung in speziellen Klassen oder Schulen nicht immer negativ auf das akademische Selbstkonzept aus (Preckel et al., 2019). Dies kann daran liegen, dass die Schülerinnen und Schüler von der herausfordernderen Lernumgebung profitieren und ihre Gruppenzugehörigkeit schätzen und stolz drauf sind (Preckel & Brüll, 2010). Dennoch kann der Abfall im Selbstkonzept ungünstige Folgen für die Lern- und Leistungsentwicklung haben. Es müssen demnach die Vorteile (z. B. angemessene Herausforderung und Förderung, Zuwachs der Motivation und des Interesses) und Nachteile (möglicher Abfall im akademischen Selbstkonzept) im Einzelfall abgewogen werden.

16.3 Fazit

Sie haben in diesem Kapitel verschiedene Methoden für die Förderung von Hochbegabten kennengelernt, die sich den vier Säulen *inneren Differenzierung, Akzeleration, Enrichment* und *spezielle Klassen und Schulen* zuordnen lassen. Diese haben zum Ziel, Unterforderung vorzubeugen und die Entwicklung von hochbegabten Schülerinnen und Schülern zu unterstützen.

Take-Home Message

- Hochbegabte unterscheiden sich stark in ihren Fähigkeiten und Bedürfnissen. Demnach kann es keinen Förderansatz geben, der auf alle gleichermaßen passt. Bei der Auswahl ist immer die Passung zwischen den Fähigkeiten und Bedürfnissen der Schülerin oder des Schülers und den Anforderungen der Fördermethode zu beachten.
- Die Wirksamkeit vieler Methoden ist bereits recht gut untersucht und einige lassen sich ohne großen Aufwand oder zusätzliche Ressourcen umsetzen.
- Als Lehrperson können sie vor allem durch innere Differenzierung im Unterricht zur Förderung beitragen. Aber auch durch eine gute Beratung zu Akzelerationsmaßnahmen und Enrichmentangeboten können Sie einen Beitrag zur Förderung leisten.
- Akzelerationsmaßnahmen eignen sich vor allem bei leistungsstarken Schülerinnen und Schülern mit überdurchschnittlich hohen kognitiven Fähigkeiten. Bei der Entscheidung für oder gegen eine Akzeleration ist immer die Perspektive der hochbegabten Person selbst zu berücksichtigen. Eine Absprache mit Kolleginnen und Kollegen kann ebenfalls hilfreich sein!
- Oft reicht eine einzelne Methode zur Förderung nicht aus. Methoden aus verschiedenen Säulen lassen sich jedoch gut miteinander kombinieren.

17 Leseempfehlungen

17.1 Printmedien

Fischer, C., Fischer-Ontrup, C., Käpnick, F., Neuber, N., Solzbacher, C. & Zwitserlood, P. (Hrsg.). (2020). *Begabungsförderung, Leistungsentwicklung, Bildungsgerechtigkeit – für alle! Beiträge aus der Begabungsforschung*. Münster: Waxmann. https://doi.org/10.25656/01:21037

Preckel, F. & Vock, M. (2021). *Hochbegabung. Ein Lehrbuch zu Grundlagen, Diagnostik und Fördermöglichkeiten* (2., überarbeitete Auflage). Göttingen: Hogrefe. https://doi.org/10.1026/02850-000

Südkamp, A. & Praetorius, A.K. (2017). *Diagnostische Kompetenz von Lehrkräften. Theoretische und methodische Weiterentwicklungen* (Pädagogische Psychologie und Entwicklungspsychologie, Band 94). Münster: Waxmann.

Weigand, G., Fischer, C., Käpnick, F., Perleth, C., Preckel, F., Vock, M. et al. (Hrsg.). (2022). *Dimensionen der Begabungs- und Begabtenförderung in der Schule. Zwischenstand zum Projekt Leistung macht Schule (LemaS)* (1. Aufl.). Bielefeld: wbv Publikation. https://doi.org/10.3278/9783763967858

17.2 Onlineressourcen

Deutsches Zentrum für Lehrkräftebildung Mathematik (Hrsg.). (2009). *PIKAS*. Verfügbar unter: https://pikas.dzlm.de/ [Fördermaterialien]

Internationales Centrum für Begabungsforschung, Stiftung Bildung & Landeskompetenzzentrum für Individuelle Förderung (Hrsg.). (2007). *Individuelle Förderung – Begabtenförderung. Beispiele aus der Praxis*. Verfügbar unter: http://www.stiftung-bildung.com/leitfaden.pdf [Fördermaterialien und -projekte]

Österreichisches Zentrum für Begabungsförderung und Begabungsforschung. (2017). *Wege in der Begabungsförderung. Eine Methodensammlung für die Praxis* (2. überarbeitete und ergänzte Auflage). Salzburg. Verfügbar unter: https://www.oezbf.at/wp-content/uploads/2017/03/Methodenskript_Neuauflage_WEB.pdf [Fördermaterialien]

Schlusswort

Intelligenz, Kreativität und Hochbegabung sind wertvolle Ressourcen in der Persönlichkeits- und Leistungsentwicklung von Schülerinnen und Schülern. Ihre Entwicklung ist kein Selbstläufer, sondern auf Anregung und Unterstützung angewiesen. Die Schule spielt dabei eine wesentliche Rolle – Bildung macht nachgewiesenermaßen intelligent! Ohne entsprechende Anregung und Unterstützung können diese Ressourcen auch wieder verkümmern und gerade Schülerinnen und Schüler, deren Umfeld und Herkunft ihnen hier weniger Unterstützung und Möglichkeiten bieten, sind darauf angewiesen, dass Lehrpersonen ihre Potenziale erkennen und fördern. Doch auch Schülerinnen und Schüler aus anregenden und unterstützenden Umwelten haben das Recht darauf, in der Schule in ihrer Persönlichkeits- und Leistungsentwicklung gefördert zu werden. Auch sie benötigen Gelegenheiten, Neues lernen zu können. Lernen in der Schule erfolgt immer auch in sozialen Beziehungen und gerade die Haltung von Lehrpersonen zu Intelligenz, Kreativität und Hochbegabung und ihrer Förderung macht hier einen großen Unterschied! Wir haben daher dieses Buch mit einem Kapitel zu Annahmen von Lehrpersonen zu Intelligenz, Kreativität und Hochbegabung begonnen und in die folgenden Kapitel immer wieder Anregungen zur Reflexion der eigenen Annahmen aufgenommen. Aus unserer Sicht ist die Haltung von Lehrpersonen eine wesentliche Grundlage jeder Förderung. Allein die Kommunikation, dass eine entsprechende Heterogenität unter den Lernenden anerkannt wird, dass Potenziale wertgeschätzt, aber nicht mit dem Wert eines Menschen verwechselt werden, dass eine positive Entwicklung der eigenen Potenziale erwünscht ist und unterstützt wird, kann Unterricht und das Lernklima verändern. Nichtsdestotrotz erfordert der professionelle Umgang mit unterschiedlich intelligenten, kreativen und begabten Schülerinnen und Schülern Wissen und Fertigkeiten. Hierzu gehören diagnostische Kompetenzen und auch pädagogisches Wissen zu Fördermöglichkeiten. Wir hoffen, dass dieses Buch mit den jeweiligen Inhalten zum *Verstehen, Erkennen und Fördern* von Intelligenz, Kreativität und Hochbegabung Ihnen hier einen gelungenen Einstieg ermöglicht hat. Wir konnten nicht alle Inhalte unterbringen, die aus unserer Sicht relevant sind, sondern haben eine Auswahl vorgenommen, die uns für die Bildung von Lehrpersonen besonders bedeutsam erschien. Über Rückmeldungen hierzu und weitere Anregungen Ihrerseits freuen wir uns!

Literaturverzeichnis

Abdulla, A. M. & Cramond, B. (2017). After six decades of systematic study of creativity: What do teachers need to know about what it is and how it is measured? *Roeper Review, 39*(1), 9–23. https://doi.org/10.1080/02783193.2016.1247398

Abdulla Alabbasi, A. M., Ayoub, A. E. & Ziegler, A. (2021). Are gifted students more emotionally intelligent than their non-gifted peers? A meta-analysis. *High Ability Studies, 32*(2), 189–217. https://doi.org/10.1080/13598139.2020.1770704

Acar, S., Sen, S. & Cayirdag, N. (2016). Consistency of the performance and nonperformance methods in gifted identification: A multilevel meta-analytic review. *Gifted Child Quarterly, 60*(2), 81–101. https://doi.org/10.1177/0016986216634438

Ackerman, P. L. (1996). A theory of adult intellectual development. Process, personality, interests, and knowledge. *Intelligence, 22*(2), 227–257. https://doi.org/10.1016/S0160-2896(96)90016-1

Adams-Byers, J., Whitsell, S. S. & Moon, S. M. (2004). Gifted students' perceptions of the academic and social/emotional effects of homogeneous and heterogeneous grouping. *Gifted Child Quarterly, 48*(1), 7–20. https://doi.org/10.1177/001698620404800102

Aktamış, H., Pekmez, E. Ş., Can, B. T. & Ergin, Ö. (2005). Developing scientific creativity test. Verfügbar unter: http://www.clab.edc.uoc.gr/2nd/pdf/58.pdf

Alexander, J. M., Johnson, K. E., Leibham, M. E. & DeBauge, C. (2005). Constructing domain-specific knowledge in kindergarten. Relations among knowledge, intelligence, and strategic performance. *Learning and Individual Differences, 15*(1), 35–52. https://doi.org/10.1016/j.lindif.2004.07.001

Amabile, T. M. (1983). The social psychology of creativity: A componential conceptualization. *Journal of Personality and Social Psychology, 45*(2), 357–376. https://doi.org/10.1037/0022-3514.45.2.357

Anders, Y., McElvany, N. & Baumert, J. (2010). Die Einschätzung lernrelevanter Schülermerkmale zum Zeitpunkt des Übergangs von der Grundschule auf die weiterführende Schule: Wie differenziert urteilen Lehrkräfte? In N. McElvany, K. Maaz, Y. Anders, C. Gresch, J. Baumert, M. Becker et al. (Hrsg.), *Der Übergang von der Grundschule in die weiterführende Schule. Leistungsgerechtigkeit und regionale, soziale und ethnisch-kulturelle Disparitäten* (Bildung Ideen zünden!, Bd. 34, S. 313–330). Bonn: Bundesministerium für Bildung und Forschung (BMBF) Referat Bildungsforschung.

Aschenbrenner, S., Tucha, O. & Lange, K. W. (2001). *Regensburger Wortflüssigkeits-Test (RWT)*. Göttingen: Hogrefe.

Baer, J. (2010). Is creativity domain specific? In J. C. Kaufman & R. J. Sternberg (Eds.), *The Cambridge handbook of creativity* (pp. 321–341). Cambridge: Cambridge University Press.

Baeriswyl, F., Trautwein, U., Wandeler, C. & Lüdtke, O. (2009). Wie gut prognostizieren subjektive Lehrerempfehlungen und schulische Testleistungen beim Übertritt die Mathematik und Deutschleistung in der Sekundarstufe I? In J. Baumert, K. Maaz & U. Trautwein (Hrsg.), *Bildungsentscheidungen* (Zeitschrift für Erziehungswissenschaft Sonderheft, S. 352–372). Wiesbaden: Verlag für Sozialwissenschaften. https://doi.org/10.1007/978-3-531-92216-4_15

Bangel, N. J., Moon, S. M. & Capobianco, B. M. (2010). Preservice teachers' perceptions and experiences in a gifted education training model. *Gifted Child Quarterly, 54*(3), 209–221. https://doi.org/10.1177/0016986210369257

Baudson, T. G. (2016). The mad genius stereotype: Still alive and well. *Frontiers in Psychology, 7,* 368. https://doi.org/10.3389/fpsyg.2016.00368

Baudson, T. G. (2019). Lieblingsfach: KREA! In J. S. Haager & T. G. Baudson (Hrsg.), *Kreativität in der Schule – finden, fördern, leben* (S. 270–281). Wiesbaden: Springer.

Baudson, T. G. & Preckel, F. (2016). Teachers' conceptions of gifted and average-ability students on achievement-relevant dimensions. *Gifted Child Quarterly, 60*(3), 212–225. https://doi.org/10.1177/0016986216647115

Baudson, T. G., Wollschläger, R. & Preckel, F. (2016). *Test zur Erfassung der Intelligenz im Grundschulalter (THINK 1–4).* Göttingen: Hogrefe.

Becker, M., Lüdtke, O., Trautwein, U., Köller, O. & Baumert, J. (2012). The differential effects of school tracking on psychometric intelligence. Do academic-track schools make students smarter? *Journal of Educational Psychology, 104*(3), 682–699. https://doi.org/10.1037/a0027608

Belfi, B., Goos, M., de Fraine, B. & van Damme, J. (2012). The effect of class composition by gender and ability on secondary school students' school well-being and academic self-concept: A literature review. *Educational Research Review, 7*(1), 62–74. https://doi.org/10.1016/j.edurev.2011.09.002

Bergold, S., Hastall, M. R. & Steinmayr, R. (2021). Do mass media shape stereotypes about intellectually gifted individuals? Two experiments on stigmatization effects from biased newspaper reports. *Gifted Child Quarterly, 65*(1), 75–94. https://doi.org/10.1177/0016986220969393

Betsch, T., Funke, J. & Plessner, H. (2011). *Denken – Urteilen, Entscheiden, Problemlösen. Mit 14 Tabellen* (Allgemeine Psychologie im Bachelor). Berlin: Springer.

Bianco, M., Harris, B., Garrison-Wade, D. & Leech, N. (2011). Gifted girls: Gender bias in gifted referrals. *Roeper Review, 33*(3), 170–181. https://doi.org/10.1080/02783193.2011.580500

Borland, J. H. (2021). The trouble with conceptions of giftedness. In R. J. Sternberg & D. Ambrose (Eds.), *Conceptions of giftedness and talent* (1st ed., pp. 37–49). Cham: Palgrave Macmillan.

Bos, W., Lankes, E. M., Prenzel, M., Schwippert, K., Valtin, R. & Walther, G. (2004). *IGLU: Einige Länder der Bundesrepublik Deutschland im nationalen und internationalen Vergleich.* Münster: Waxmann.

Bouchard, T. J. (1997). Experience producing drive theory. How genes drive experience and shape personality. *Acta Paediatrica, 422,* 60–64. https://doi.org/10.1111/j.1651-2227.1997.tb18347.x

Breit, M., Brunner, M. & Preckel, F. (2020). General intelligence and specific cognitive abilities in adolescence: Tests of age differentiation, ability differentiation, and their interaction in two large samples. *Developmental Psychology, 56*(2), 364–384. https://doi.org/10.1037/dev0000876

Breit, M., Scherrer, V. & Preckel, F. (2022). Temporal stability and change in manifest intelligence scores: Four complementary analytic approaches. *MethodsX, 9,* 101613. https://doi.org/10.1016/j.mex.2021.101613

Brown, M. I., Wai, J. & Chabris, C. F. (2021). Can you ever be too smart for your own good? Comparing linear and nonlinear effects of cognitive ability on life outcomes. *Perspectives on Psychological Science, 16*(6), 1337–1359. https://doi.org/10.1177/1745691620964122

Bundesministerium für wirtschaftliche Zusammenarbeit und Entwicklung.. *Agenda 2030.* Verfügbar unter: https://www.bmz.de/de/agenda-2030

Bund-Länder-Kommission für Bildungsplanung und Forschungsförderung. (2001). *Begabtenförderung – ein Beitrag zur Förderung von Chancengleichheit in Schulen – Orientierungsrahmen* (Materialien zur Bildungsplanung und zur Forschungsförderung, H. 91). Bonn: Bund-Länder-Kommision für Bildungsplanung und Forschungsförderung.

Bünger, A., Grieder, S., Schweizer, F. & Grob, A. (2021). The comparability of intelligence test results: Group- and individual-level comparisons of seven intelligence tests. *Journal of School Psychology, 88,* 101–117. https://doi.org/10.1016/j.jsp.2021.09.002

Burnette, J. L., Billingsley, J., Banks, G. C., Knouse, L. E., Hoyt, C. L., Pollack, J. M. et al. (2022). A systematic review and meta-analysis of growth mindset interventions: For whom, how, and why might such interventions work? *Psychological Bulletin.* https://doi.org/10.1037/bul0000368

Cacioppo, J. T. & Petty, R. E. (1982). The need for cognition. *Journal of Personality and Social Psychology, 42*(1), 116–131. https://doi.org/10.1037/0022-3514.42.1.116

Cacioppo, J. T., Petty, R. E., Feinstein, J. A. & Jarvis, W. B. G. (1996). Dispositional differences in cognitive motivation: The life and times of individuals varying in need for cognition. *Psychological Bulletin, 119*(2), 197–253. https://doi.org/10.1037/0033-2909.119.2.197

Callahan, C. M. & Azano, A. P. (2021). Overcoming structural challenges related to identification and curricula for gifted students in high-poverty rural schools. In R. J. Sternberg & D. Ambrose (Eds.), *Conceptions of giftedness and talent* (1st ed., pp. 51–64). Cham: Palgrave Macmillan.

Callahan, C. M., Moon, T. R. & Oh, S. (2017). Describing the status of programs for the gifted: A call for action. *Journal for the Education of the Gifted, 40*(1), 20–49. https://doi.org/10.1177/0162353216686215

Carroll, J. B. (1993). *Human cognitive abilities. A survey of factor-analytic studies.* Cambridge: Cambridge University Press. https://doi.org/10.1017/CBO9780511571312

Cattell, R. B. (1963). Theory of fluid and crystallized intelligence: A critical experiment. *Journal of Educational Psychology, 54*(1), 1–22. https://doi.org/10.1037/h0046743

Chen, C.-H. & Yang, Y.-C. (2019). Revisiting the effects of project-based learning on students' academic achievement: A meta-analysis investigating moderators. *Educational Research Review, 26,* 71–81. https://doi.org/10.1016/j.edurev.2018.11.001

Cimpian, J. R., Kim, T. H. & McDermott, Z. T. (2020). Understanding persistent gender gaps in STEM. *Science, 368*(6497), 1317–1319. https://doi.org/10.1126/science.aba7377

Coleman, L. J. & Cross, T. L. (2000). Social-emotional development and the personal experience of giftedness. In K. A. Heller, F. J. Mönks, R. F. Subotnik & R. J. Sternberg (Eds.), *International handbook of giftedness and talent* (2nd ed., pp. 203–212). s.l.: Elsevier science.

Cropley, A. J. (1990). Kreativität im Alltag: Über Grundsätze kreativitätsorientierten Lehrens und Lernens. *International Review of Education, 36*(3), 329–344. https://doi.org/10.1007/BF01876001

Dai, D. Y. & Chen, F. (2013). Three paradigms of gifted education: In search of conceptual clarity in research and practice. *Gifted Child Quarterly, 57*(3), 151–168. https://doi.org/10.1177/0016986213490020

Davies, D., Jindal-Snape, D., Digby, R., Howe, A., Collier, C. & Hay, P. (2014). The roles and development needs of teachers to promote creativity: A systematic review of literature. *Teaching and Teacher Education, 41*, 34–41. https://doi.org/10.1016/j.tate.2014.03.003

De Jesus, S. N., Rus, C. L., Lens, W. & Imaginário, S. (2013). Intrinsic motivation and creativity related to product: A meta-analysis of the studies published between 1990–2010. *Creativity Research Journal, 25*(1), 80–84. https://doi.org/10.1080/10400419.2013.752235

De Ruiter, N. M. P., van der Klooster, K. N. & Thomaes, S. (2020). "Doing" mindsets in the classroom: A coding scheme for teacher and student mindset-related verbalizations. *Journal for Person-Oriented Research,* 6(2), 103–119. https://doi.org/10.17505/jpor.2020.22404

Deary, I. J., Strand, S., Smith, P. & Fernandes, C. (2007). Intelligence and educational achievement. *Intelligence, 35*(1), 13–21. https://doi.org/10.1016/j.intell.2006.02.001

Deci, E. L. & Ryan, R. M. (1993). Die Selbstbestimmungstheorie der Motivation und ihre Bedeutung für die Pädagogik. *Zeitschrift für Pädagogik, 39*, 223–228.

Desmet, O. & Pereira, N. (2021). Gifted boys' perceptions of their academic underachievement. *Gifted Education International, 38*(2), 229–255. https://doi.org/10.1177/02614294211050294

Dweck, C. S. (1999). *Self-theories. Their role in motivation, personality, and development.* New York, NY: Psychology Press.

Dweck, C. S. (2008). *Mindsets and math/science achievement.* Prepared for the carnegie corporation of New York-Institute for advanced study commission on mathematics and science education, Stanford University, Institute for Advanced Study, Commission on Mathematics and Science Education. Accessed 04.05.2022. Retrieved from https://belmontteach.files.wordpress.com/2013/12/mindsets-and-maths_science-achievement.pdf

Dweck, C. S., Chiu, C. & Hong, Y. (1995). Implicit theories and their role in judgments and reactions. A world from two perspectives. *Psychological Inquiry,* 6(4), 267–285. Verfügbar unter: https://www.jstor.org/stable/1448940

Dweck, C. S. & Leggett, E. L. (1988). A social cognitive approach to motivation and personality. *Psychological Review, 95*(2), 256–273. https://doi.org/10.1037/0033-295X.95.2.256

Dyer, J., Gregersen, H. B. & Christensen, C. M. (2011). *The innovator's DNA. Mastering the five skills of disruptive innovators.* Boston, MA: Harvard Business Press.

Ericsson, K. A., Krampe, R. T. & Tesch-Römer, C. (1993). The role of deliberate practice in the acquisition of expert performance. *Psychological Review, 100*(3), 363–406. https://doi.org/10.1037/0033-295x.100.3.363

Fagan, J. F. & Holland, C. R. (2007). Racial equality in intelligence: Predictions from a theory of intelligence as processing. *Intelligence, 35*(4), 319–334. https://doi.org/10.1016/j.intell.2006.08.009

Faust, G., Kratzmann, J. & Wehner, F. (2012). Schuleintritt als Risiko für Schulanfänger? *Zeitschrift für Pädagogische Psychologie, 26*(3), 197–212. https://doi.org/10.1024/1010-0652/a000069

Feist, G. J. (2019). The function of personality in creativity. In J. C. Kaufman & R. J. Sternberg (Eds.), *The Cambridge handbook of creativity* (pp. 353–373). Cambridge: Cambridge University Press.

Flensborg-Madsen, T., Falgreen Eriksen, H.-L. & Mortensen, E. L. (2020). Early life predictors of intelligence in young adulthood and middle age. *PloS One, 15*(1), e0228144. https://doi.org/10.1371/journal.pone.0228144

Francis, R., Hawes, D. J. & Abbott, M. (2016). Intellectual giftedness and psychopathology in children and adolescents: A systematic literature review. *Exceptional Children, 82*(3), 279–302. https://doi.org/10.1177/0014402915598779

French, L. R., Walker, C. L. & Shore, B. M. (2011). Do gifted students really prefer to work alone? *Roeper Review, 33*(3), 145–159. https://doi.org/10.1080/02783193.2011.580497

Freund, P. A. & Holling, H. (2008). Creativity in the classroom: A multilevel analysis investigating the impact of creativity and reasoning ability on GPA. *Creativity Research Journal, 20*(3), 309–318. https://doi.org/10.1080/10400410802278776

Freund, P. A. & Kasten, N. (2012). How smart do you think you are? A meta-analysis on the validity of self-estimates of cognitive ability. *Psychological Bulletin, 138*(2), 296–321. https://doi.org/10.1037/a0026556

Funke, J. & Baudson, T. G. (2019). Kreatives Problemlösen in PISA 2012. In J. S. Haager & T. G. Baudson (Hrsg.), *Kreativität in der Schule – finden, fördern, leben* (S. 97–103). Wiesbaden: Springer.

Gagné, F. (1985). Giftedness and talent: Reexamining a reexamination of the definitions. *Gifted Child Quarterly, 29*(3), 103–112. https://doi.org/10.1177/001698628502900302

Gagné, F. (2004). Transforming gifts into talents: The DMGT as a developmental theory. *High Ability Studies, 15*(2), 119–147. https://doi.org/10.1080/1359813042000314682

Gagné, F. (2009). Building gifts into talents: Detailed overview of the DMGT 2.0. In B. MacFarlane & T. Stambaugh (Eds.), *Leading change in gifted education: The festschrift of Dr. Joyce vanTassel-Baska* (pp. 61–80). Waco, TX: Prufrock Press.

Gajda, A., Karwowski, M. & Beghetto, R. A. (2017). Creativity and academic achievement: A meta-analysis. *Journal of Educational Psychology, 109*(2), 269–299. https://doi.org/10.1037/edu0000133

Gallagher, J., Harradine, C. C. & Coleman, M. R. (1997). Challenge or boredom? Gifted students' views on their schooling. *Roeper Review, 19*(3), 132–136. https://doi.org/10.1080/02783199709553808

Gasser, B. (2019). Prädiktive Validität von Noten für Berufsprestige, Einkommen und Arbeitszufriedenheit. *Zeitschrift für Arbeitswissenschaft, 73*(2), 165–176. https://doi.org/10.1007/s41449-018-0118-7

Gerwig, A., Miroshnik, K., Forthmann, B., Benedek, M., Karwowski, M. & Holling, H. (2021). The relationship between intelligence and divergent thinking-A meta-analytic update. *Journal of Intelligence, 9*(2), 23. https://doi.org/10.3390/jintelligence9020023

Gesellschaft für Didaktik des Sachunterrichts e.V. (Hrsg.). (2013). *Perspektivrahmen Sachunterricht* (Vollständig überarbeitete und erweiterte Ausgabe). Bad Heilbrunn: Klinkhardt.

Getzels, J. W. (1979). Problem finding: A theoretical note. *Cognitive Science, 3*(2), 167–172. https://doi.org/10.1207/s15516709cog0302_4

Gl□veanu, V. P. & Kaufman, J. C. (2019). Creativity. A historical perspective. In J. C. Kaufman & R. J. Sternberg (Eds.), *The Cambridge handbook of creativity* (pp. 9–26). Cambridge: Cambridge University Press.

Gnas, J., Mack, E., Matthes, J., Breit, M. & Preckel, F. (2022). Sozio-emotionales Erleben von Schule bei Grundschülerinnen und -schülern: Zusammenhänge mit intellektueller Begabung und Schulleistung. *Zeitschrift für Erziehungswissenschaft.*

Gnas, J., Mack, E. & Preckel, F. (2022). When classmates influence teacher judgment accuracy of students' cognitive ability: Studying frame-of-reference effects in primary school. *Contemporary Educational Psychology, 69,* 102070. https://doi.org/10.1016/j.cedpsych.2022.102070

Golle, J., Schils, T., Borghans, L. & Rose, N. (2022). Who is considered gifted from a teacher's perspective? A representative large-scale study. *Gifted Child Quarterly,* 001698622211040. https://doi.org/10.1177/00169862221104026

Golle, J., Zettler, I., Rose, N., Trautwein, U., Hasselhorn, M. & Nagengast, B. (2018). Effectiveness of a "grass roots" statewide enrichment program for gifted elementary school children. *Journal of Research on Educational Effectiveness, 11*(3), 375–408. https://doi.org/10.1080/19345747.2017.1402396

Grégoire, J. (2016). Understanding creativity in mathematics for improving mathematical education. *Journal of Cognitive Education and Psychology, 15*(1), 24–36. https://doi.org/10.1891/1945-8959.15.1.24

Gronostaj, A. & Vock, M. (2014). Akzeleration der Schullaufbahn. In A. B. Liegmann, I. Mammes & K. Racherbäumer (Hrsg.), *Facetten von Übergängen in Bildungssystem. Nationale und internationale Ergebnisse empirischer Forschung* (S. 191–206). Münster: Waxmann.

Gronostaj, A., Werner, E., Bochow, E. & Vock, M. (2016). How to learn things at school you don't already know: Experiences of gifted grade-skippers in Germany. *Gifted Child Quarterly, 60*(1), 31–46. https://doi.org/10.1177/0016986215609999

Guilford, J. P. (1950). Creativity. *The American Psychologist, 5*(9), 444–454. https://doi.org/10.1037/h0063487

Guilford, J. P. (1967). *The nature of human intelligence.* New York, NY: McGraw-Hill. Verfügbar unter: https://psycnet.apa.org/record/1967-35015-000

Guilford, J. P. & Hoepfner, R. (1976). *Analyse der Intelligenz* (Beltz Monographien). Weinheim: Beltz.

Haag, L. & Stern, E. (2000). Non scholae sed vitae discimus? Auf der Suche nach globalen und spezifischen Transfereffekten des Lateinunterrichts. [Non scholae sed vitae discimus? In search of global and specific transfer effects of learning Latin]. *Zeitschrift für Pädagogische Psychologie, 14*(2–3), 146–157. https://doi.org/10.1024//1010-0652.14.23.146

Haager, J. S. (2019a). Bestandsaufnahme deutscher Schulbildung – Warum Kreativität nun Schule macht. In J. S. Haager & T. G. Baudson (Hrsg.), *Kreativität in der Schule – finden, fördern, leben* (S. 193–206). Wiesbaden: Springer.

Haager, J. S. (2019b). Kreative sind verrückt! Oder? In J. S. Haager & T. G. Baudson (Hrsg.), *Kreativität in der Schule – finden, fördern, leben* (S. 120–132). Wiesbaden: Springer.

Haager, J. S. (2019c). Die Schaffung kreativer Rahmenbedingungen – Was die Schule tun kann. In J. S. Haager & T. G. Baudson (Hrsg.), *Kreativität in der Schule – finden, fördern, leben* (S. 219–235). Wiesbaden: Springer.

Haimovitz, K. & Dweck, C. S. (2017). The origins of children's growth and fixed mindsets: New research and a new proposal. *Child Development, 88*(6), 1849–1859. https://doi.org/10.1111/cdev.12955

Hambrick, D. Z. (2003). Why are some people more knowledgeable than others? A longitudinal study of knowledge acquisition. *Memory & Cognition, 31*(6), 902–917. https://doi.org/10.3758/BF03196444

Hanses, P. & Rost, D. H. (1998). Das „Drama" der hochbegabten Underachiever – „Gewöhnliche" oder „außergewöhnliche" Underachiever? *Zeitschrift für Pädagogische Psychologie, 12*(1), 53–71. Verfügbar unter: https://www.researchgate.net/profile/detlef-rost/publication/284186071_das_drama_der_hochbegabten_underachiever_-_gewohnliche_oder_aussergewohnliche_underachiever_the_drama_of_the_gifted_underachievers_-_ordinary_or_extraordinarty_underachievers/links/564f279308aeafc2aab39f4d/das-drama-der-hochbegabten-underachiever-gewoehnliche-oder-aussergewoehnliche-underachiever-the-drama-of-the-gifted-underachievers-ordinary-or-extraordinarty-underachievers.pdf

Hany, E. A. (1994). The development of basic cognitive components of technical creativity. In R. F. Subotnik & K. D. Arnold (Eds.), *Beyond Terman: Contemporary longitudinal studies of giftedness and talent* (pp. 115–165). Nordwood, NJ: Ablex.

Harris, A. M., Williamson, R. L. & Carter, N. T. (2019). A conditional threshold hypothesis for creative achievement: On the interaction between intelligence and openness. *Psychology of Aesthetics, Creativity, and the Arts, 13*(3), 322–337. https://doi.org/10.1037/aca0000182

Hartmann-Kurz, C. & Stege, T. (2014). *Lernprozesse sichtbar machen. Pädagogische Diagnostik als lernbegleitendes Prinzip*. Stuttgart.

Hattie, J. (2009). *Visible learning. A synthesis of over 800 meta-analyses relating to achievement.* London: Routledge. https://doi.org/10.4324/9780203887332

Heinbokel, A. (2012). *Handbuch Akzeleration. Was Hochbegabten nützt* (Hochbegabte, Bd. 11, 2. Aufl.). Münster: LIT.

Heller, K. A. (1995). The role of creativity in explaining giftedness and exceptional achievement. *European Journal of High Ability, 6*(1), 7–26. https://doi.org/10.1080/0937445950060102

Helmke, A. (2021). *Unterrichtsqualität und Lehrerprofessionalität. Diagnose, Evaluation und Verbesserung des Unterrichts* (Schule weiterentwickeln, Unterricht verbessern, 8. Aufl.). Hannover: Klett / Kallmeyer.

Hennessey, B. A. (2019). Motivation and creativity. In J. C. Kaufman & R. J. Sternberg (Eds.), *The Cambridge handbook of creativity* (pp. 374–395). Cambridge: Cambridge University Press.

Herreen, D. & Zajac, I. T. (2018). The reliability and validity of a self-report measure of cognitive abilities in older adults: More personality than cognitive function. *Journal of Intelligence, 6*(1). https://doi.org/10.3390/jintelligence6010001

Heyder, A., Bergold, S. & Steinmayr, R. (2018). Teachers' knowledge about intellectual giftedness: A first look at levels and correlates. *Psychology Learning & Teaching, 17*(1), 27–44. https://doi.org/10.1177/1475725717725493

Hill, B. D., Foster, J., Elliott, E. M., Shelton, J. T., McCain, J. & Gouvier W. D. (2013). Need for cognition is related to higher general intelligence, fluid intelligence, and crystallized intelligence, but not working memory. *Journal of Research in Personality, 47*(1), 22–25. https://doi.org/10.1016/j.jrp.2012.11.001

Hodges, J. & Gentry, M. (2021). Underrepresentation in gifted education in the context of rurality and socioeconomic status. *Journal of Advanced Academics, 32*(2), 135–159. https://doi.org/10.1177/1932202X20969143

Hodges, J., Mun, R. & Rinn, A. (2022). Disentangling inequity in gifted education: The need for nuance in racial/ethnic categories, socioeconomic status, and geography. *Gifted Child Quarterly, 66*(2), 154–156. https://doi.org/10.1177/00169862211040533

Holling, H., Preckel, F. & Vock, M. (2004). *Intelligenzdiagnostik* (Kompendien psychologische Diagnostik, Bd. 6). Göttingen: Hogrefe.

Holling, H., Preckel, F., Vock, M., Roßbach, H.-G., Baudson, T. G., Gronostaj, A. et al. (2015). *Begabte Kinder finden und fördern. Ein Ratgeber für Eltern, Erzieherinnen und Erzieher, Lehrerinnen und Lehrer.* Berlin: BMBF. Verfügbar unter: https://orbilu.uni.lu/bitstream/10993/32976/1/2015-bmbf-begabte%20kinder%20finden%20und%20f%c3%b6rdern.pdf

Hong, Y., Chiu, C., Dweck, C. S., Lin, D. M.-S. & Wan, W. (1999). Implicit theories, attributions, and coping: A meaning system approach. *Journal of Personality and Social Psychology, 77*(3), 588–599. https://doi.org/10.1037/0022-3514.77.3.588

Hui, A. N. N., He, M. W. J. & Wong, W. (2019). Understanding the development of creativity across the life span. In J. C. Kaufman & R. J. Sternberg (Eds.), *The Cambridge handbook of creativity* (pp. 69–87). Cambridge: Cambridge University Press.

Hutmacher, F. & Haager, J. S. (2019). Kreativität und Persönlichkeit, oder: Wie sind die Kreativen? In J. S. Haager & T. G. Baudson (Hrsg.), *Kreativität in der Schule – finden, fördern, leben* (S. 103–117). Wiesbaden: Springer.

Hyde, J. S. (2005). The gender similarities hypothesis. *The American Psychologist, 60*(6), 581–592. https://doi.org/10.1037/0003-066X.60.6.581

Hyde, J. S. (2014). Gender similarities and differences. *Annual Review of Psychology, 65*, 373–398. https://doi.org/10.1146/annurev-psych-010213-115057

Ilagan, M. J. & Patungan, W. (2018). The relationship between intelligence and creativity: On methodology for necessity and sufficiency. *Archives of Scientific Psychology,* 6(1), 193–204. https://doi.org/10.1037/arc0000050

Institut zur Qualitätsentwicklung im Bildungswesen. (2021). *Wie entsteht ein VERA-Test?* Verfügbar unter: https://www.iqb.hu-berlin.de/vera/ueberblick/testentwicklung

Jacob, N.-C. (2019). Kreativ denken mit Struktur. Was Lehrkräfte von kreativen Vordenkerinnen und Vordenkern lernen können. In J. S. Haager & T. G. Baudson (Hrsg.), *Kreativität in der Schule – finden, fördern, leben* (S. 283–302). Wiesbaden: Springer.

Jäger, A. O. (1982). Mehrmodale Klassifikation von Intelligenztestleistungen: Experimentell kontrollierte Weiterentwicklung eines deskriptiven Intelligenzstrukturmodells. *Diagnostica, 28*(3), 196–226.

Jäger, A. O. (1984). Intelligenzstrukturforschung: Konkurrierende Modelle, neue Entwicklungen, Perspektiven. *Psychologische Rundschau, 35*(1), 21–35.

Jäger, A. O., Holling, H., Preckel, F., Schulze, R., Vock, M., Süß, H.-M. et al. (2006). *Berliner Intelligenzstrukturtest für Jugendliche: Begabungs- und Hochbegabungsdiagnostik (BIS-HB)*. Göttingen: Hogrefe.

Jesson, J. (2012). *Developing creativity in the primary school.* Maidenhead: Open University Press.

Jones, S. & Myhill, D. (2004). 'Troublesome boys' and 'compliant girls': Gender identity and perceptions of achievement and underachievement. *British Journal of Sociology of Education, 25*(5), 547–561. https://doi.org/10.1080/0142569042000252044

Jürgens, E. & Sacher, W. (2008). *Leistungserziehung und pädagogische Diagnostik in der Schule. Grundlagen und Anregungen für die Praxis* (Schulpädagogik). Stuttgart: Kohlhammer.

Kahveci, N. G. & Akgul, S. (2019). The relationship between mathematical creativity and intelligence: A study on gifted and general education students. *Gifted and Talented International, 34*(1–2), 59–70. https://doi.org/10.1080/15332276.2019.1693311

Kanevsky, L. (2011). Deferential differentiation: What types of differentiation do students want? *Gifted Child Quarterly, 55*(4), 279–299. https://doi.org/10.1177/0016986211422098

Karg-Stiftung (Hrsg.). (2013). *Fachportal Hochbegabung.* Verfügbar unter: https://www.fachportal-hochbegabung.de/intelligenz-tests/

Karwowski, M., Czerwonka, M., Wiśniewska, E. & Forthmann, B. (2021). How is intelligence test performance associated with creative achievement? A meta-analysis. *Journal of Intelligence, 9*(2), 1–19.

Karwowski, M. & Lebuda, I. (2016). The big five, the huge two, and creative self-beliefs: A meta-analysis. *Psychology of Aesthetics, Creativity, and the Arts, 10*(2), 214–232. https://doi.org/10.1037/aca0000035

Kaufman, A. S. & Kaufman, N. L. (2015). *Kaufman Assessment Battery for Children (KABC-II)*. Frankfurt am Main: Pearson (Deutsche Bearbeitung hrsg. von P. Melchers & M. Melchers).

Kaufman, J. C. & Beghetto, R. A. (2009). Beyond big and little: The four C model of creativity. *Review of General Psychology, 13*(1), 1–12. https://doi.org/10.1037/a0013688

Kaufman, J. C., Beghetto, R. A. & Dilley, A. (2016). Understanding creativity in the schools. In A. A. Lipnevich, F. Preckel & R. D. Roberts (Eds.), *Psychosocial skills and school systems in the 21st century. Theory, research, and practice* (The Springer Series on Human Exceptionality, pp. 133–153). Cham: Springer International Publishing. https://doi.org/10.1007/978-3-319-28606-8_6

Kell, H. J., Lubinski, D. & Benbow, C. P. (2013). Who rises to the top? Early indicators. *Psychological Science, 24*(5), 648–659. https://doi.org/10.1177/0956797612457784

Kim, K. H. (2008). Meta-analyses of the relationship of creative achievement to both IQ and divergent thinking test. *The Journal of Creative Behavior, 42*(2), 106–130.

Kim, M. (2016). A meta-analysis of the effects of enrichment programs on gifted Students. *Gifted Child Quarterly, 60*(2), 102–116. https://doi.org/10.1177/0016986216630607

Kirschner, P. A., Sweller, J. & Clark, R. E. (2006). Why minimal guidance during instruction does not work: An analysis of the failure of constructivist, discovery, problem-based, experiential, and inquiry-based teaching. *Educational Psychologist, 41*(2), 75–86. https://doi.org/10.1207/s15326985ep4102_1

Klauer, K. J. (2014). Training des induktiven Denkens – Fortschreibung der Metaanalyse von 2008. *Zeitschrift für Pädagogische Psychologie, 28*(1–2), 5–19. https://doi.org/10.1024/1010-0652/a000123

Klieme, E., Schümer, G. & Knoll, S. (2001). Mathematikunterricht in der Sekundarstufe I. "Aufgabenkultur" und Unterrichtsgestaltung. In Bundesministerium für Bildung und Forschung (Hrsg.), *TIMSS-Impulse für Schule und Unterricht. Forschungsbefunde, Reforminitiativen, Praxisberichte und Video-Dokumente* (S. 43–57). Bonn.

Krajewski, K., Dix, S. & Schneider, W. (2004). *DEMAT 2+. Deutscher Mathematiktest für zweite Klassen.* Göttingen: Hogrefe.

Krampen, G. (2013). *Entspannungsverfahren in Therapie und Prävention* (3., überarbeitete und erweiterte Auflage). Göttingen: Hogrefe.

Krampen, G. (2019). *Psychologie der Kreativität. Divergentes Denken und Handeln in Forschung und Praxis* (1. Aufl.). Göttingen: Hogrefe. https://doi.org/10.1026/02982-000

Krampen, G., Freilinger, J. & Wilmes, L. (1990). Mehrdimensionale Kreativitätsdiagnostik bei Kindern. *Zeitschrift für Differentielle und Diagnostische Psychologie,* (11), 1–15. Verfügbar unter: https://www.uni-trier.de/fileadmin/fb1/prof/psy/kpw/1990_mehrdimensional_kreativitaetsdiagnostik.pdf

Kretschmann, J., Vock, M., Lüdtke, O. & Gronostaj, A. (2016). Skipping to the bigger pond: Examining gender differences in students' psychosocial development after early acceleration. *Contemporary Educational Psychology, 46,* 195–207. https://doi.org/10.1016/j.cedpsych.2016.06.001

Krischler, M., Mack, E., Gnas, J., Breit, M., Matthes, J. & Preckel, F. (2021). A research-practice cooperation to support elementary school teachers' diagnostic competencies based on a working theory of talent development in STEM. *Gifted and Talented International, 36*(1–2), 69–81. https://doi.org/10.1080/15332276.2021.1961329

Kubinger, K. D. & Holocher-Ertl, S. (2014). *Adaptives Intelligenz Diagnostikum 3 (AID 3).* Göttingen: Hogrefe.

Kultusministerkonferenz. (2005). *Bildungsstandards der Kultusministerkonferenz. Erläuterungen zur Konzeption und Entwicklung.* München: Luchterhand.

Kultusministerkonferenz. (2015, 11. Juni). *Förderstrategie für leistungsstarke Schülerinnen und Schüler.* Verfügbar unter: https://www.kmk.org/fileadmin/Dateien/pdf/350-KMK-TOP-011-Fu-Leistungsstarke_-_neu.pdf

Kultusministerkonferenz. (2016). *Gemeinsame Initiative von Bund und Ländern zur Förderung leistungsstarker und potenziell besonders leistungsfähiger Schülerinnen und Schüler,* Kultusministerkonferenz. Verfügbar unter: https://www.kmk.org/fileadmin/Dateien/pdf/PresseUndAktuelles/2016/2016-11-28_Gem.Initiative_Leistungsstarke-Beschluss.pdf

Kuncel, N. R. & Hezlett, S. A. (2007). Assessment. Standardized tests predict graduate students' success. *Science, 315*(5815), 1080–1081. https://doi.org/10.1126/science.1136618

Kunter, M., Baumert, J., Blum, W., Klusmann, U., Krauss, S. & Neubrand, M. (2011). *Professionelle Kompetenz von Lehrkräften: Ergebnisse des Forschungsprogramms COACTIV.* Münster: Waxmann.

Kyndt, E., Raes, E., Lismont, B., Timmers, F., Cascallar, E. & Dochy, F. (2013). A meta-analysis of the effects of face-to-face cooperative learning. Do recent studies falsify or verify earlier findings? *Educational Research Review, 10,* 133–149. https://doi.org/10.1016/j.edurev.2013.02.002

Lavrijsen, J., Preckel, F., Verachtert, P., Vansteenkiste, M. & Verschueren, K. (2021). Are motivational benefits of adequately challenging schoolwork related to students' need for cognition, cognitive ability, or both? *Personality and Individual Differences, 171,* 110558. https://doi.org/10.1016/j.paid.2020.110558

Lawlor, D. A., Najman, J. M., Batty, G. D., O'Callaghan, M. J., Williams, G. M. & Bor, W. (2006). Early life predictors of childhood intelligence: Findings from the Mater-University study of pregnancy and its outcomes. *Paediatric and Perinatal Epidemiology, 20*(2), 148–162. https://doi.org/10.1111/j.1365-3016.2006.00704.x

Lee, L. (2002). Young gifted girls and boys: Perspectives through the lens of gender. *Contemporary Issues in Early Childhood, 3*(3), 383–399. https://doi.org/10.2304/ciec.2002.3.3.6

Leikin, R. (2013). Evaluating mathematical creativity: The interplay between multiplicity and insight. *Psychological Test and Assessment Modeling,* (55), 385–400. Verfügbar unter: https://www.psychologie-aktuell.com/fileadmin/download/ptam/4-2013_20131217/04_leikin.pdf

LemaS Forschungsverbund. (2022). *LemaS Glossar.* Verfügbar unter: https://www.lemas-forschung.de/glossar

Lenhard, W., Lenhard, A. & Schneider, W. (2018). *ELFE II. Ein Leseverständnistest für Erst- bis Siebtklässler – Version II* (4 Aufl.). Göttingen: Hogrefe.

Leroy, N., Bressoux, P., Sarrazin, P. & Trouilloud, D. (2007). Impact of teachers' implicit theories and perceived pressures on the establishment of an autonomy supportive climate. *European Journal of Psychology of Education, 22*(4), 529–545. https://doi.org/10.1007/BF03173470

Lipowsky, F. (2015). Unterricht. In E. Wild & J. Möller (Hrsg.), *Pädagogische Psychologie* (2. Aufl., S. 69–105). Berlin: Springer. https://doi.org/10.1007/978-3-642-41291-2_4

Lipowsky, F. & Hess, M. (2019). Warum es manchmal hilfreich sein kann, das Lernen schwerer zu machen. Kognitive Aktivierung und die Kraft des Vergleichens. In K. Schöppe & F. Schulz (Hrsg.), *Kreativität & Bildung – Nachhaltiges Lernen* (S. 77–132). München: kopaed.

Lipowsky, F., Kastens, C., Lotz, M. & Faust, G. (2011). Aufgabenbezogene Differenzierung und Entwicklung des verbalen Selbstkonzepts im Anfangsunterricht. *Zeitschrift für Pädagogik, 57*(6), 868–884. https://doi.org/10.25656/01:8786

Little, C. A. (2012). Curriculum as motivation for gifted students. *Psychology in the Schools, 49*(7), 695–705. https://doi.org/10.1002/pits.21621

Lothwesen, K. S. & Lehmann, A. C. (2018). Komposition und Improvisation. In A. C. Lehmann & R. Kopiez (Hrsg.), *Handbuch Musikpsychologie* (1. Aufl., S. 341–366). Bern: Hogrefe.

Lubinski, D. & Benbow, C. P. (2006). Study of mathematically precocious youth after 35 years: Uncovering antecedents for the development of math-science expertise. *Perspectives on Psychological Science, 1*(4), 316–345. https://doi.org/10.1111/j.1745-6916.2006.00019.x

Luria, A. R. (1973). *The working brain: An introduction to neuropsychology.* New York, NY: Basic Books.

Machts, N., Kaiser, J., Schmidt, F. T. & Möller, J. (2016). Accuracy of teachers' judgments of students' cognitive abilities: A meta-analysis. *Educational Research Review, 19,* 85–103. https://doi.org/10.1016/j.edurev.2016.06.003

Mack, E., Breit, M., Krischler, M., Gnas, J. & Preckel, F. (2021). Talent development in natural science in elementary school: A juxtaposition of research and practice. *Teaching and Teacher Education, 104,* 103366. https://doi.org/10.1016/j.tate.2021.103366

Mackintosh, N. J. (2011). *IQ and human intelligence* (2nd ed.). Oxford: Oxford University Press.

Macnamara, B. N. & Burgoyne, A. P. (2022). Do growth mindset interventions impact students' academic achievement? A systematic review and meta-analysis with recommendations for best practices. *Psychological Bulletin.* https://doi.org/10.1037/bul0000352

Macnamara, B. N., Hambrick, D. Z. & Oswald, F. L. (2018). Corrigendum: Deliberate practice and performance in music, games, sports, education, and professions: A meta-analysis. *Psychological science, 29*(7), 1202–1204. https://doi.org/10.1177/0956797618769891

Maresch, G. (2015). How to develop spatial ability? Factors, strategies, and gender specific findings. *Journal for Geometry and Graphics, 19*(1), 133–157.

Marsh, H. W. (1986). Verbal and math self-concepts: An internal/external frame of reference model. *American Educational Research Journal, 23*(1), 129–149. https://doi.org/10.3102/00028312023001129

Marsili, F. & Pellegrini, M. (2022). The relation between nominations and traditional measures in the gifted identification process: A meta-analysis. *School Psychology International, 43*(4), 321-338. https://doi.org/10.1177/01430343221105398

Martin, L. T., Burns, R. M. & Schonlau, M. (2010). Mental disorders among gifted and nongifted youth: A selected review of the epidemiologic literature. *Gifted Child Quarterly, 54*(1), 31–41. https://doi.org/10.1177/0016986209352684

Matheis, S., Eulberg, H., Hagelauer, M.-L. & Preckel, F. (2019). Akzeptanz, Erwartungen, Vorurteile – Vorstellungen von Lehrkräften zu Hochbegabten. In Deutsche Gesellschaft für das hochbegabte Kind (DGhK) (Hrsg.), *Gesichter von Hochbegabung. Die Vielfalt von Begabungen und Talenten* (S. 47–73). Frankfurt am Main: Info3 Verlag.

Matheis, S., Kronborg, L., Schmitt, M. & Preckel, F. (2017). Threat or challenge? Teacher beliefs about gifted students and their relationship to teacher motivation. *Gifted and Talented International, 32*(2), 134–160. https://doi.org/10.1080/15332276.2018.1537685

Matthews, M. S. & McBee, M. T. (2007). School factors and the underachievement of gifted students in a talent search summer program. *Gifted Child Quarterly, 51*(2), 167–181. https://doi.org/10.1177/0016986207299473

McClarty, K. L. (2015). Life in the fast lane: Effects of early grade acceleration on high school and college outcomes. *Gifted Child Quarterly, 59*(1), 3–13. https://doi.org/10.1177/0016986214559595

Meier, E., Vogl, K. & Preckel, F. (2014). Motivational characteristics of students in gifted classes: The pivotal role of need for cognition. *Learning and Individual Differences, 33,* 39–46. https://doi.org/10.1016/j.lindif.2014.04.006

Mindset Works (Hrsg.). (2017). *Programs that motivate students and teachers.* Verfügbar unter: https://www.mindsetworks.com/Free-Resources/

Moosbrugger, H. & Kelava, A. (Hrsg.). (2012). *Testtheorie und Fragebogenkonstruktion* (Lehrbuch Psychologie, 2. aktualisierte und überarbeitete Aufl.). Berlin, Heidelberg: Springer.

Mosing, M. A., Madison, G., Pedersen, N. L., Kuja-Halkola, R. & Ullén, F. (2014). Practice does not make perfect: No causal effect of music practice on music ability. *Psychological Science, 25*(9), 1795–1803. https://doi.org/10.1177/0956797614541990

Mullet, D. R., Willerson, A., Lamb, K. N. & Kettler, T. (2016). Examining teacher perceptions of creativity: A systematic review of the literature. *Thinking Skills and Creativity, 21*, 9–30. https://doi.org/10.1016/j.tsc.2016.05.001

Nakano, T. d. C., Da Oliveira, K. S. & Zaia, P. (2021). Gender differences in creativity: A systematic literature review. *Psicologia: Teoria e Pesquisa, 37*. https://doi.org/10.1590/0102.3772e372116

Neisser, U., Boodoo, G., Bouchard, T. J., Boykin, A. W., Brody, N., Ceci, S. J. et al. (1996). Intelligence: Knowns and unknowns. *The American psychologist, 51*(2), 77–101. https://doi.org/10.1037/0003-066x.51.2.77

Neubauer, A. C., Pribil, A., Wallner, A. & Hofer, G. (2018). The self-other knowledge asymmetry in cognitive intelligence, emotional intelligence, and creativity. *Heliyon, 4*(12), e01061. https://doi.org/10.1016/j.heliyon.2018.e01061

Neubauer, A. C. & Stern, E. (2007). *Lernen macht intelligent. Warum Begabung gefördert werden muss* (2. Aufl.). München: DVA Verlag.

Nussbaum Technologies. (2015). *Produktprogramm. Version 01/2015*. Zugriff am 02.03.2022. Verfügbar unter: http://nusstech.w19l.t4n.io/uploads/pdf/NBT_Katalog_V012015_DE_mail.pdf

O'Connor, J. (2012). Is it good to be gifted? The social construction of the gifted child. *Children & Society, 26*(4), 293–303. https://doi.org/10.1111/j.1099-0860.2010.00341.x

Obergriesser, S. & Stoeger, H. (2015). The role of emotions, motivation, and learning behavior in underachievement and results of an intervention. *High Ability Studies, 26*(1), 167–190. https://doi.org/10.1080/13598139.2015.1043003

OECD. (2019). *Organization for Economic Cooperation & Development Lernkompass 2030. OECD-Projekt future of education and skills 2030* (Rahmenkonzept des Lernens; deutsche Übersetzung des OECD Learning Compass 2030). Verfügbar unter: https://www.oecd.org/education/2030-project/contact/OECD_Lernkompass_2030.pdf

Ogurlu, U. (2020). Are gifted students perfectionistic? A meta-analysis. *Journal for the Education of the Gifted, 43*(3), 227–251. https://doi.org/10.1177/0162353220933006

Ogurlu, U. & Özbey, A. (2021). Personality differences in gifted versus non-gifted individuals: A three-level meta-analysis. *High Ability Studies*, 1–25. https://doi.org/10.1080/13598139.2021.1985438

Olszewski-Kubilius, P. & Corwith, S. (2018). Poverty, academic achievement, and giftedness: A literature review. *Gifted Child Quarterly, 62*(1), 37–55. https://doi.org/10.1177/0016986217738015

Österreichisches Zentrum für Begabungsförderung und Begabungsforschung. (2017). *Wege in der Begabungsförderung. Eine Methodensammlung für die Praxis* (2. überarbeitete und ergänzte Auflage). Salzburg. Verfügbar unter: https://www.oezbf.at/wp-content/uploads/2017/03/Methodenskript_Neuauflage_WEB.pdf

Pekrun, R. & Linnenbrink-Garcia, L. (2012). Academic emotions and student engagement. In S. L. Christenson, A. L. Reschly & C. Wylie (Eds.), *Handbook of research on student engagement* (pp. 259–282). Boston, MA: Springer. https://doi.org/10.1007/978-1-4614-2018-7_12

Perleth, C. (2010). Checklisten in der Hochbegabungsdiagnostik. In F. Preckel, W. Schneider & BLK (Bund-Länder-Kommision für Bildungsplanung und Forschungsförderung) (Hrsg.), *Diagnostik von Hochbegabung. Tests und Trends* (1. Aufl., 65–87). Göttingen: Hogrefe.

Petermann, F. (2017). *WISC–V. Wechsler Intelligence Scale for Children – Fifth Edition. Deutschsprachige Adaptation der WISC-V von David Wechsler.* Frankfurt am Main: Pearson Assessment.

Petersen, J. L. (2013). Gender differences in identification of gifted youth and in gifted program participation: A meta-analysis. *Contemporary Educational Psychology, 38*(4), 342–348. https://doi.org/10.1016/j.cedpsych.2013.07.002

Peyre, H., Ramus, F., Melchior, M., Forhan, A., Heude, B. & Gauvrit, N. (2016). Emotional, behavioral and social difficulties among high-IQ children during the preschool period: Results of the EDEN mother–child cohort. *Personality and Individual Differences, 94*, 366–371. https://doi.org/10.1016/j.paid.2016.02.014

Pfeiffer, S. I. & Jarosewich, T. (2003). *GRS: Gifted rating scales.* San Antonio, TX: The Psychological Corporation.

Pitta-Pantazi, D., Sophocleous, P. & Christou, C. (2013). Spatial visualizers, object visualizers and verbalizers: Their mathematical creative abilities. *ZDM, 45*(2), 199–213. https://doi.org/10.1007/s11858-012-0475-1

Plomin, R. (1994). *Genetics and experience.* Thousand Oaks, CA: Sage Publications.

Plomin, R. & Deary, I. J. (2015). Genetics and intelligence differences: Five special findings. *Molecular Psychiatry, 20*(1), 98–108. https://doi.org/10.1038/mp.2014.105

Plucker, J. A., Makel, M. C. & Qian, M. (2019). Assessment of creativity. In J. C. Kaufman & R. J. Sternberg (Eds.), *The Cambridge handbook of creativity* (pp. 44–68). Cambridge: Cambridge University Press.

Praetorius, A.-K., Klieme, E., Herbert, B. & Pinger, P. (2018). Generic dimensions of teaching quality: The German framework of Three Basic Dimensions. *ZDM, 50*(3), 407–426. https://doi.org/10.1007/s11858-018-0918-4

Preckel, F. (2014). Assessing need for cognition in early adolescence. *European Journal of Psychological Assessment, 30*(1), 65–72. https://doi.org/10.1027/1015-5759/a000170

Preckel, F. & Baudson, T. G. (2013). *Hochbegabung. Erkennen, Verstehen, Fördern* (1. Aufl.). München: C. H. Beck.

Preckel, F. & Brüll, M. (2010). The benefit of being a big fish in a big pond: Contrast and assimilation effects on academic self-concept. *Learning and Individual Differences, 20*(5), 522–531. https://doi.org/10.1016/j.lindif.2009.12.007

Preckel, F., Golle, J., Grabner, R. H., Jarvin, L., Kozbelt, A., Müllensiefen, D. et al. (2020). Talent development in achievement domains: A psychological framework for within- and cross-domain research. *Perspectives on Psychological Science, 15*(3), 691–722. https://doi.org/10.1177/1745691619895030

Preckel, F., Götz, T. & Frenzel, A. (2010). Ability grouping of gifted students: Effects on academic self-concept and boredom. *The British Journal of Educational Psychology, 80*(3), 451–472. https://doi.org/10.1348/000709909X480716

Preckel, F., Schmidt, I., Stumpf, E., Motschenbacher, M., Vogl, K., Scherrer, V. et al. (2019). High-ability grouping: Benefits for gifted students' achievement development without costs in academic self-concept. *Child Development, 90*(4), 1185–1201. https://doi.org/10.1111/cdev.12996

Preckel, F. & Vock, M. (2021). *Hochbegabung. Ein Lehrbuch zu Grundlagen, Diagnostik und Fördermöglichkeiten* (2., überarbeitete Auflage). Göttingen: Hogrefe. https://doi.org/10.1026/02850-000

Preiser, S. (2019). Erfassung kreativer Lernumgebungen. In J. S. Haager & T. G. Baudson (Hrsg.), *Kreativität in der Schule – finden, fördern, leben* (S. 207–217). Wiesbaden: Springer.

Preiser, S. & Buchholz, N. (2004). *Kreativität. Ein Trainingsprogramm für Alltag und Beruf* (völlig neu bearb. u. ausgest. 2. Aufl.). Heidelberg: Asanger.

Pressey, S. L. (1949). *Educational acceleration; appraisals and basic problems* (31. Aufl.). Columbus, OH: Ohio State University.

Rakoczy, K., Klieme, E., Drollinger-Vetter, B., Lipowsky, F., Pauli, C. & Reusser, K. (2007). Structure as a quality feature in mathematics instruction: Cognitive and motivational effects of a structured organisation of the learning environment vs. a structured presentation of learning content. In M. Prenzel (Ed.), *Studies on the educational quality of schools. The final report on the DFG Priority Program* (pp. 102–121). Münster: Waxmann.

Rauscher, F. H., Shaw, G. L. & Ky, K. N. (1993). Music and spatial task performance. *Nature, 365*(6447), 611. https://doi.org/10.1038/365611a0

Reeve, C. L. & Bonaccio, S. (2011). On the myth and the reality of the temporal validity degradation of general mental ability test scores. *Intelligence, 39*(5), 255–272. https://doi.org/10.1016/j.intell.2011.06.009

Reis, S. M. & McCoach, D. B. (2000). The underachievement of gifted students: What do we know and where do we go? *Gifted Child Quarterly, 44*(3), 152–170. https://doi.org/10.1177/001698620004400302

Reis, S. M. & Renzulli, J. S. (1991). The assessment of creative products in programs for gifted and talented students. *Gifted Child Quarterly, 35*(3), 128–134. https://doi.org/10.1177/001698629103500304

Reis, S. M., Renzulli, J. S. & Burns, D. E. (2021). *Curriculum compacting. A guide to differentiating curriculum and instruction through enrichment and acceleration* (2nd ed.). New York, NY: Routledge. https://doi.org/10.4324/9781003234036

Renkl, A. (1996). Vorwissen und Schulleistung. In J. Möller (Hrsg.), *Emotionen, Kognitionen und Schulleistung* (Pädagogische Psychologie Motivationspsychologie, S. 175–190). Weinheim: Beltz Psychologie Verlags Union.

Renzulli, J. S. (1978). What makes giftedness? Reexamining a definition. *Phi Delta Kappan, 60*(3), 180–185. Verfügbar unter: https://eric.ed.gov/?id=ej190430

Renzulli, J. S. & Reis, S. M. (1997). *The schoolwide enrichment model: A guide for developing defensible programs for the gifted and talented.* Mansfield Center, CT: Creative Learning Press. Verfügbar unter: https://eric.ed.gov/?id=ed461244

Renzulli, J. S. & Reis, S. M. (2009). A technology-based application of the schoolwide enrichment model and high-end learning theory. In L. V. Shavinina (Ed.), *International handbook on giftedness* (pp. 1203–1223). Dordrecht: Springer. https://doi.org/10.1007/978-1-4020-6162-2_62

Reynolds, M. R., Hajovsky, D. B. & Caemmerer, J. M. (2022). The sexes do not differ in general intelligence, but they do in some specifics. *Intelligence, 92,* 101651. https://doi.org/10.1016/j.intell.2022.101651

Rhodes, M. (1961). An analysis of creativity. *Phi Delta Kappan, 42*(7), 305–310. Verfügbar unter: http://www.jstor.org/stable/20342603

Richter, D. & Pant, H. A. (2016). *Lehrerkooperation in Deutschland. Eine Studie zu kooperativen Arbeitsbeziehungen bei Lehrkräften der Sekundarstufe I,* Bertelsmann Stiftung; Robert Bosch Stiftung; Stiftung Mercator; Deutsche Telekom Stiftung. Verfügbar unter: https://www.bosch-stiftung.de/sites/default/files/publications/pdf/2018-04/Studie%20Lehrerkooperation%20in%20Deutschland.pdf

Ritchie, S. J. & Tucker-Drob, E. M. (2018). How much does education improve intelligence? A meta-analysis. *Psychological Science, 29*(8), 1358–1369. https://doi.org/10.1177/0956797618774253

Ritchotte, J. A., Matthews, M. S. & Flowers, C. P. (2014). The validity of the achievement-orientation model for gifted middle school students. *Gifted Child Quarterly, 58*(3), 183–198. https://doi.org/10.1177/0016986214534890

Rost, D. H. (1991). Identifizierung von „Hochbegabung". *Zeitschrift für Entwicklungspsychologie und pädagogische Psychologie, 23*(3), 197–231.

Rost, D. H. (Hrsg.). (2009). *Hochbegabte und hochleistende Jugendliche. Befunde aus dem Marburger Hochbegabtenprojekt* (2., erweiterte Aufl.). Münster: Waxmann.

Rost, D. H. (2013). *Handbuch Intelligenz* (1. Aufl.). Weinheim: Beltz.

Rost, D. H. & Sparfeldt, J. R. (2009). Hochbegabt und niedrig leistend-Underachievement aus psychologischer und pädagogischer Sicht. In S. Lin-Klitzing, D. Di Fuccia & G. Müller-Frerich (Hrsg.), *Begabte in der Schule – Fördern und Fordern: Beiträge aus neurobiologischer, pädagogischer und psychologischer Sicht* (S. 138–159). Bad Heilbrunn: Klinkhardt.

Roth, B., Becker, N., Romeyke, S., Schäfer, S., Domnick, F. & Spinath, F. M. (2015). Intelligence and school grades: A meta-analysis. *Intelligence, 53,* 118–137. https://doi.org/10.1016/j.intell.2015.09.002

Runco, M. A. (1990). The divergent thinking of young children: Implications of the research. *Gifted Child Today Magazine, 13*(4), 37–39.

Runco, M. A. & Acar, S. (2019). Divergent thinking. In J. C. Kaufman & R. J. Sternberg (Eds.), *The Cambridge handbook of creativity* (pp. 224–254). Cambridge: Cambridge University Press. https://doi.org/10.1017/9781316979839.013

Scager, K., Akkerman, S. F., Pilot, A. & Wubbels, T. (2014). Challenging high-ability students. *Studies in Higher Education, 39*(4), 659–679. https://doi.org/10.1080/03075079.2012.743117

Schiepe-Tiska, A. (2019). School tracks as differential learning environments moderate the relationship between teaching quality and multidimensional learning goals in mathematics. *Frontiers in Education, 4.* https://doi.org/10.3389/feduc.2019.00004

Schneider, M. & Preckel, F. (2017). Variables associated with achievement in higher education: A systematic review of meta-analyses. *Psychological Bulletin, 143*(6), 565–600. https://doi.org/10.1037/bul0000098

Schneider, W., Bullock, M. & Sodian, B. (1998). Die Entwicklung des Denkens und der Intelligenzunterschiede zwischen Kindern. In F. E. Weinert (Hrsg.), *Entwicklung im Kindesalter* (S. 53–74). Weinheim: Psychologie Verlags Union.

Schneider, W. & McGrew, K. S. (2018). The Cattell–Horn–Carroll theory of cognitive abilities. In D. P. Flanagan & E. M. McDonough (Eds.), *Contemporary intellectual assessment. Theories, tests, and issues* (pp. 73–163). New York, NY: The Guilford Press. Retrieved from https://psycnet.apa.org/record/2018-36604-003

Schneider, W., Stumpf, E. & Preckel, F. (2014). Schulische Förderung von Hochbegabten: Ergebnisse nationaler und internationaler Studien. In W. Schneider, F. Preckel & E. Stumpf (Hrsg.), *Hochbegabtenförderung in der Sekundarstufe. Ergebnisse der PULSS-Studie zur Untersuchung der gymnasialen Begabtenklassen in Bayern und Baden-Württemberg* (Karg Hefte – Beiträge zur Begabtenförderung und Begabungsforschung, Heft 7, S. 10–20). Frankfurt am Main: Karg Stiftung.

Schrader, F.-W. & Praetorius, A.-K. (2018). Diagnostische Kompetenz von Eltern und Lehrern. In D. H. Rost, J. R. Sparfeldt & S. R. Buch (Hrsg.), *Handwörterbuch Pädagogische Psychologie* (92-98). Weinheim: Beltz.

Schuler, H., Gelléri, P., Winzen, J. & Görlich, Y. (2013). *DBK-PG: Diagnose berufsbezogener Kreativität. Planung und Gestaltung* (1. Aufl.). Göttingen: Hogrefe.

Seifer, R. (2001). Socioeconomic status, multiple risks, and development of intelligence. In R. J. Sternberg & E. L. Grigorenko (Eds.), *Environmental effects on cognitive abilities* (pp. 59–81). Mahwah, NJ: Lawrence Erlbaum Associates Publishers.

Sheppard, L. D. & Vernon, P. A. (2008). Intelligence and speed of information-processing. A review of 50 years of research. *Personality and Individual Differences, 44*(3), 535–551. https://doi.org/10.1016/j.paid.2007.09.015

Siegle, D. (2018). Understanding underachievement. In S. I. Pfeiffer (Ed.), *Handbook of giftedness in children* (pp. 285–297). Cham: Springer International Publishing.

Siegle, D., Wilson, H. E. & Little, C. A. (2013). A sample of gifted and talented educators' attitudes about academic Acceleration. *Journal of Advanced Academics, 24*(1), 27–51. https://doi.org/10.1177/1932202X12472491

Simonton, D. K. (2004). *Creativity in science. Chance, logic, genius, and zeitgeist.* Cambridge: Cambridge University Press. https://doi.org/10.1017/CBO9781139165358

Spearman, C. (1904). "General intelligence," objectively determined and measured. *The American Journal of Psychology, 15*(2), 201–293. https://doi.org/10.2307/1412107

Spinath, B. & Schöne, C. (2003). Subjektive Überzeugungen bezüglich Bedingungen von Erfolg in Lern- und Leistungskontexten und deren Erfassung. In J. Stiensmeier-Pelster & F. Rheinberg (Hrsg.), *Diagnostik von Selbstkonzept und Motivation* (Tests und Trends, Jahrbuch der pädagogisch-psychologischen Diagnostik N.F., Bd. 2, S. 29–40). Göttingen: Hogrefe.

Sriraman, B. (2004). The characteristics of mathematical creativity. *Mathematics Educator, 14*(1), 19–34.

Stang, J. & Urhahne, D. (2016). Wie gut schätzen Lehrkräfte Leistung, Konzentration, Arbeits-und Sozialverhalten ihrer Schülerinnen und Schüler ein? Ein Beitrag zur diagnostischen Kompetenz von Lehrkräften. *Psychologie in Erziehung und Unterricht*, (63), 204–219. Verfügbar unter: https://psycnet.apa.org/record/2016-40015-004

Steenbergen-Hu, S., Makel, M. C. & Olszewski-Kubilius, P. (2016). What one hundred years of research says about the effects of ability grouping and acceleration on K–12 students' academic achievement. *Review of Educational Research, 86*(4), 849–899. https://doi.org/10.3102/0034654316675417

Steenbergen-Hu, S. & Moon, S. M. (2011). The effects of acceleration on high-ability learners: A meta-Analysis. *Gifted Child Quarterly, 55*(1), 39–53. https://doi.org/10.1177/0016986210383155

Steenbergen-Hu, S., Olszewski-Kubilius, P. & Calvert, E. (2020). The effectiveness of current interventions to reverse the underachievement of gifted students: Findings of a meta-analysis and systematic review. *Gifted Child Quarterly, 64*(2), 132–165. https://doi.org/10.1177/0016986220908601

Stern, E. (2015). Intelligence, prior knowledge, and learning. In J. D. Wright (Ed.), *International encyclopedia of the social & behavioral sciences* (2nd ed., pp. 323–328). Oxford: Elsevier.

Stern, W. (1920). *Die Intelligenz der Kinder und Jugendlichen und die Methoden ihrer Untersuchung*. Leipzig: Johann Ambrosius Barth.

Sternberg, R. J. (2007). Who are the bright children? The cultural context of being and acting intelligent. *Educational Researcher, 36*(3), 148–155. https://doi.org/10.3102/0013189X07299881

Sternberg, R. J. (2019). Enhancing people's creativity. In J. C. Kaufman & R. J. Sternberg (Eds.), *The Cambridge handbook of creativity* (pp. 88–101). Cambridge: Cambridge University Press.

Sternberg, R. J. & Lubart, T. I. (1991). An investment theory of creativity and its development. *Human Development, 34*(1), 1–31. https://doi.org/10.1159/000277029

Sternberg, R. J. & Zhang, L. (1995). What do we mean by giftedness? A pentagonal implicit theory. *Gifted Child Quarterly, 39*(2), 88–94. https://doi.org/10.1177/001698629503900205

Stoeger, H. & Ziegler, A. (2005). Evaluation of an elementary classroom self-regulated learning program for gifted mathematics underachievers. *International Education Journal, 6*(2), 261–271.

Strenze, T. (2007). Intelligence and socioeconomic success: A meta-analytic review of longitudinal research. *Intelligence, 35*(5), 401–426. https://doi.org/10.1016/j.intell.2006.09.004

Stricker, J., Buecker, S., Schneider, M. & Preckel, F. (2020). Intellectual giftedness and multidimensional perfectionism: A meta-analytic review. *Educational Psychology Review, 32*(2), 391–414. https://doi.org/10.1007/s10648-019-09504-1

Strobel, A. [Anja] & Strobel, A. [Alexander]. (2016). Freude am Denken. Grundlagen und Anwendungsperspektiven des Need for cognition. *Report Psychologie, 41*(7–8), 298–306.

Su, R., Rounds, J. & Armstrong, P. I. (2009). Men and things, women and people: A meta-analysis of sex differences in interests. *Psychological Bulletin, 135*(6), 859–884. https://doi.org/10.1037/a0017364

Südkamp, A., Kaiser, J. & Möller, J. (2012). Accuracy of teachers' judgments of students' academic achievement: A meta-analysis. *Journal of Educational Psychology, 104*(3), 743–762. https://doi.org/10.1037/a0027627

Sullivan, P. (2011). Teaching mathematics: Using research-informed strategies. *Australian Education Review, 59.*

Suzuki, L. A., Larson-Konar, D., Short, E. L. & Lee, C. S. (2020). Differences in intelligence in the United States. Multicultural perspectives. In R. J. Sternberg (Ed.), *The Cambridge handbook of intelligence* (pp. 346–372). Cambridge: Cambridge University Press.

Tao, V. Y. K., Li, Y., Lam, K. H., Leung, C. W., Sun, C. I. & Wu, A. M. S. (2021). From teachers' implicit theories of intelligence to job stress: The mediating role of teachers' causal attribution of students' academic achievement. *Journal of Applied Social Psychology, 51*(5), 522–533. https://doi.org/10.1111/JASP.12754

Tegmark, M. (2017). *Life 3.0. Being human in the age of artificial intelligence.* New York, NY: Alfred A. Knopf.

Thurstone, L. L. (1946). Theories of intelligence. *The Scientific Monthly, 62*(2), 101–112. Verfügbar unter: https://www.jstor.org/stable/18854

Tiedemann, J. (2000). Gender-related beliefs of teachers in elementary school mathematics. *Educational Studies in Mathematics, 41*(2), 191–207. https://doi.org/10.1023/A:1003953801526

Toivainen, T., Papageorgiou, K. A., Tosto, M. G. & Kovas, Y. (2017). Sex differences in nonverbal and verbal abilities in childhood and adolescence. *Intelligence, 64*, 81–88. https://doi.org/10.1016/j.intell.2017.07.007

Torrance, E. P. (1963). *Education and the creative potential.* Minneapolis, MN: University of Minnesota Press.

Torrance, E. P. (2008). *Torrance tests of creative thinking: Norms-technical manual, vebal forms A and B.* Bensenville, IL: Scholastic Testing Service.

Trapmann, S., Hell, B., Weigand, S. & Schuler, H. (2007). Die Validität von Schulnoten zur Vorhersage des Studienerfolgs – eine Metaanalyse. *Zeitschrift für Pädagogische Psychologie, 21*(1), 11–27. https://doi.org/10.1024/1010-0652.21.1.11

Troxclair, D. A. (2013). Preservice teacher attitudes toward giftedness. *Roeper Review, 35*(1), 58–64. https://doi.org/10.1080/02783193.2013.740603

Tucker-Drob, E. M. (2018). Theoretical concepts in the genetics of expertise. In D. Z. Hambrick, G. Campitelli & B. N. Macnamara (Eds.), *The science of expertise. Behavioral, neural, and genetic approaches to complex skill* (pp. 241–252). New York, NY: Routledge.

Tucker-Drob, E. M., de la Fuente, J., Köhncke, Y., Brandmaier, A. M., Nyberg, L. & Lindenberger, U. (2022). A strong dependency between changes in fluid and crystallized abilities in human cognitive aging. *Science Advances, 8*(5), eabj2422. https://doi.org/10.1126/sciadv.abj2422

Tze, V. M. C., Daniels, L. M. & Klassen, R. M. (2016). Evaluating the relationship between boredom and academic outcomes: A meta-analysis. *Educational Psychology Review, 28*(1), 119–144. https://doi.org/10.1007/s10648-015-9301-y

Urban, K. K. (1993). Neuere Aspekte in der Kreativitätsforschung. *Psychologie in Erziehung und Unterricht,* (40), 161–181.

Urhahne, D., Chao, S.-H., Florineth, M. L., Luttenberger, S. & Paechter, M. (2011). Academic self-concept, learning motivation, and test anxiety of the underestimated student. *The British Journal of Educational Psychology, 81*(1), 161–177. https://doi.org/10.1348/000709910X504500

Urhahne, D. & Wijnia, L. (2021). A review on the accuracy of teacher judgments. *Educational Research Review, 32*, 100374. https://doi.org/10.1016/j.edurev.2020.100374

Vaci, N., Edelsbrunner, P., Stern, E., Neubauer, A. C., Bilali□, M. & Grabner, R. H. (2019). The joint influence of intelligence and practice on skill development throughout the life span. *Proceedings of the National Academy of Sciences of the United States of America, 116*(37), 18363–18369. https://doi.org/10.1073/pnas.1819086116

Valgeirsdottir, D. & Onarheim, B. (2017). Studying creativity training programs: A methodological analysis. *Creativity and Innovation Management, 26*(4), 430–439. https://doi.org/10.1111/caim.12245

Van der Zanden, P. J. A. C., Meijer, P. C. & Beghetto, R. A. (2020). A review study about creativity in adolescence: Where is the social context? *Thinking Skills and Creativity, 38*, 100702. https://doi.org/10.1016/j.tsc.2020.100702

Van Ophuysen, S. & Lintorf, K. (2013). Pädagogische Diagnostik im Schulalltag. In S.-I. Beutel, R. Porsch & W. Bos (Hrsg.), *Lernen in Vielfalt. Chance und Herausforderung für Schul- und Unterrichtsentwicklung* (S. 55–76). Münster: Waxmann.

VanTassel-Baska, J. & Wood, S. (2010). The integrated curriculum model (ICM). *Learning and Individual Differences, 20*(4), 345–357. https://doi.org/10.1016/j.lindif.2009.12.006

Velten, S. & Schnitzler, A. (2011). Prognose von Ausbildungserfolg. Welche Rolle spielen Schulnoten und Einstellungstests? *Berufsbildung in Wissenschaft und Praxis, 40*(6), 44–47.

Vock, M. & Gronostaj, A. (2017). *Umgang mit Heterogenität in Schule und Unterricht* (Schriftenreihe des Netzwerk Bildung, 40.2). Berlin: Friedrich-Ebert-Stiftung.

Vock, M. & Jurczok, A. (2019). Hochbegabte Kinder erkennen und fördern – Was sagt die Forschung? In Deutsche Gesellschaft für das hochbegabte Kind (DGhK) (Hrsg.), *Gesichter von Hochbegabung. Die Vielfalt von Begabungen und Talenten* (S. 13–46). Frankfurt am Main: Info3 Verlag.

Vock, M., Köller, O. & Nagy, G. (2013). Vocational interests of intellectually gifted and highly achieving young adults. *The British Journal of Educational Psychology, 83*, 305–328. https://doi.org/10.1111/j.2044-8279.2011.02063.x

Vock, M., Preckel, F. & Holling, H. (2007). *Förderung Hochbegabter in der Schule. Evaluationsbefunde und Wirksamkeit von Maßnahmen* (Hochbegabung). Göttingen: Hogrefe.

Vock, M., Weigand, G., Preckel, F., Fischer, C., Käpnick, F., Perleth, C. et al. (2020). Wissenschaftlicher Hintergrund des LemaS-Projekts. Forschungsstand zur Förderung leistungsstarker und potenziell besonders leistungsfähiger Schülerinnen und Schüler. In G. Weigand, C. Fischer, F. Käpnick, C. Perleth, F. Preckel, M. Vock et al. (Hrsg.), *Leistung macht Schule. Förderung leistungsstarker und potenziell besonders leistungsfähiger Schülerinnen und Schüler* (S. 23–30). Weinheim: Beltz.

Vogl, K. & Preckel, F. (2014). Full-time ability grouping of gifted students: Impacts on social self-concept and school-related attitudes. *Gifted Child Quarterly, 58*(1), 51–68. https://doi.org/10.1177/0016986213513795

Von Stumm, S. & Ackerman, P. L. (2013). Investment and intellect: A review and meta-analysis. *Psychological Bulletin, 139*(4), 841–869. https://doi.org/10.1037/a0030746

Wallas, G. (1926). *The art of thought.* New York, NY: Harcourt Brace.

Wang, K. T., Fu, C.-C. & Rice, K. G. (2012). Perfectionism in gifted students: Moderating effects of goal orientation and contingent self-worth. *School Psychology Quarterly, 27*(2), 96–108. https://doi.org/10.1037/a0029215

Wang, S., Rubie-Davies, C. M. & Meissel, K. (2018). A systematic review of the teacher expectation literature over the past 30 years. *Educational Research and Evaluation, 24*(3–5), 124–179. https://doi.org/10.1080/13803611.2018.1548798

Wang, T., Ren, X. & Schweizer, K. (2017). Learning and retrieval processes predict fluid intelligence over and above working memory. *Intelligence, 61,* 29–36. https://doi.org/10.1016/j.intell.2016.12.005

Warne, R. T. & Burningham, C. (2019). Spearman's g found in 31 non-western nations: Strong evidence that g is a universal phenomenon. *Psychological Bulletin, 145*(3), 237–272. https://doi.org/10.1037/bul0000184

Watermann, R., Daniel, A. & Maaz, K. (2014). Primäre und sekundäre Disparitäten des Hochschulzugangs: Erklärungsmodelle, Datengrundlagen und Entwicklungen. *Zeitschrift für Erziehungswissenschaft, 17,* 233–261. https://doi.org/10.1007/s11618-013-0470-5

Weigand, G. (2020). Leistung macht Schule – Eine Einführung. In G. Weigand, C. Fischer, F. Käpnick, C. Perleth, F. Preckel, M. Vock et al. (Hrsg.), *Leistung macht Schule. Förderung leistungsstarker und potenziell besonders leistungsfähiger Schülerinnen und Schüler* (S. 13–22). Weinheim: Beltz.

Weinert, F. E. (1997). Wissen und Denken. Die unterschätzte Bedeutung des Gedächtnisses für das menschliche Denken. *Naturwissenschaftliche Rundschau, 50*(5), 169–174.

Weiß, R. H. (2019). *CFT 20-R mit WS/ZF-R. Grundintelligenztest Skala 2 – Revision mit Wortschatztest und Zahlenfolgentest* (2. überarbeitete Aufl. mit aktualisierten und erweiterten Normen). Göttingen: Hogrefe.

Weiss, S., Steger, D., Schroeders, U. & Wilhelm, O. (2020). A reappraisal of the threshold hypothesis of creativity and intelligence. *Journal of Intelligence, 8*(4), 38. https://doi.org/10.3390/jintelligence8040038

Westphal, A., Gronostaj, A., Vock, M., Emmrich, R. & Harych, P. (2016). Differenzierung im gymnasialen Mathematik und Deutschunterricht – vor allem bei guten Diagnostiker/innen und in heterogenen Klassen? *Zeitschrift für Pädagogik, 62*(1), 131–148. https://doi.org/10.25656/01:16709

Westphal, A., Vock, M. & Stubbe, T. (2017). Grade skipping from the perspective of teachers in Germany. *Gifted Child Quarterly, 61*(1), 73–86. https://doi.org/10.1177/0016986216670727

Weyns, T., Preckel, F. & Verschueren, K. (2021). Teachers-in-training perceptions of gifted children's characteristics and teacher-child interactions: An experimental study. *Teaching and Teacher Education, 97,* 103215. https://doi.org/10.1016/j.tate.2020.103215

White, S. L. J., Graham, L. J. & Blaas, S. (2018). Why do we know so little about the factors associated with gifted underachievement? A systematic literature review. *Educational Research Review, 24,* 55–66. https://doi.org/10.1016/j.edurev.2018.03.001

Wieczerkowski, W. & Prado, T. M. (1993). Spiral of disappointment: Decline in achievement among gifted adolescents. *European Journal of High Ability, 4*(2), 126–141. https://doi.org/10.1080/0937445930040202

Wiliam, D. (2010). The role of formative assessment in effective learning environments. In H. Dumont, D. Istance & F. Benavides (Eds.), *The nature of learning. Using research to inspire practice* (pp. 135–159). Paris: OECD.

Wilson, R. S. (1986). Continuity and change in cognitive ability profile. *Behavior Genetics, 16*(1), 45–60. https://doi.org/10.1007/BF01065478

Wirthwein, L., Bergold, S., Preckel, F. & Steinmayr, R. (2019). Personality and school functioning of intellectually gifted and nongifted adolescents: Self-perceptions and parents' assessments. *Learning and Individual Differences, 73*, 16–29. https://doi.org/10.1016/j.lindif.2019.04.003

Wollschläger, R. (2016). *Diagnostic competencies of teachers. Accuracy of judgment, sources of bias, and consequences of (mis-)judgment.* Unpublished dissertation. University of Trier, Trier.

Wu, H., Guo, Y., Yang, Y., Zhao, L. & Guo, C. (2021). A meta-analysis of the longitudinal relationship between academic self-concept and academic achievement. *Educational Psychology Review, 33*(4), 1749–1778. https://doi.org/10.1007/s10648-021-09600-1

Zaboski, B. A., Kranzler, J. H. & Gage, N. A. (2018). Meta-analysis of the relationship between academic achievement and broad abilities of the Cattell-Horn-Carroll theory. *Journal of School Psychology, 71*, 42–56. https://doi.org/10.1016/j.jsp.2018.10.001

Zeidner, M. & Shani-Zinovich, I. (2011). Do academically gifted and nongifted students differ on the big-five and adaptive status? Some recent data and conclusions. *Personality and Individual Differences, 51*(5), 566–570. https://doi.org/10.1016/j.paid.2011.05.007